Südtirol West

Vinschgau – Meran – Sarntal – Kalterer See

52 Touren zwischen Stilfser Joch und Sterzing, Schnals und Salurn

Gerhard Hirtlreiter

Vorwort

Almen und Palmen, Gletscher und Weinberge, einsame Täler und reizvolle Ortschaften – in Südtirol findet man all das und noch viel mehr. Ein Netz von Wanderwegen und alpinen Pfaden erschließt Landschaften, die gegensätzlicher kaum sein könnten: Zwischen den vergletscherten Dreieinhalbtausendern am Ötztaler Hauptkamm und den Weinbergen um Meran sind es nur wenige Kilometer Luftlinie. So kann man arktische und mediterran angehauchte Klimaverhältnisse an einem Tag erleben.

Je nach Wetter und Konstitution, Lust und Laune sind manchmal lange oder kurze Touren, leichte Wanderungen oder knackige Bergtouren gefragt. Auch ein noch so engagierter Bergsteiger ist manchmal froh um eine kurze und trotzdem erlebnisreiche Wanderung – sei es, weil er ein halbtägiges Schönwetterfenster nutzen oder einfach nur mal richtig ausschlafen will. Andererseits werden Wanderer, die zunächst kaum alpine Ambitionen haben, sich mit der Zeit steigern wollen – zumal in Südtirol richtig hohe Gipfel in der Welt des ewigen Schnees locken, die man auch ohne Gletscherausrüstung besteigen kann. Daher decken die ausgewählten Touren das ganze Spektrum dessen ab, was man mit dem Begriff »Wandern« umschreiben kann: von genussvollen Promenaden auf gepflegten Spazierwegen bis zu Hochgebirgstouren für erfahrene Alpin-Wanderer. Trotz der großen Spannweite wendet sich der Großteil der hier vorgestellten Unternehmungen an ganz normale Bergwanderer, denen es nichts ausmacht, mal ins Schwitzen zu kommen, die für ihr Glück aber nicht ständig »Luft unter den Sohlen« brauchen. Die Mehrzahl der vorgestellten Ziele sind rundum attraktive »Idealtouren«. Darüber hinaus sind aber auch einige Touren beschrieben, die vielleicht nicht jedermanns Geschmack sind, weil sie zum Beispiel keinen prominenten Gipfel bieten – doch so ein vermeintliches Manko bedeutet meist geringeren Andrang, was Freunde einsamer Touren wiederum erfreuen wird. Die meisten »schwarzen« Touren eignen sich bei Beschränkung auf talnahe Etappen auch für gemäßigte Bergwanderer.

Die Wegbeschreibungen sind so ausführlich wie nötig und so knapp wie möglich. Komplizierte, schlecht markierte Streckenverläufe werden also detaillierter beschrieben, während bei verlässlich beschilderten, einfachen und logischen Wegführungen auch für längere Strecken auf entbehrliche Textbegleitung verzichtet wird – man will unterwegs ja schließlich mehr in die Landschaft schauen als in den Text.

Dass Bergwandern auch mit Gefahren verbunden sein kann, ist bekannt. Daher schadet es nicht, sich unterwegs immer wieder mit Wetter, Gelände, Wegzustand und eigener Verfassung zu beschäftigen. Dies ist passionierten Bergwanderern in der Regel keine Last, es gibt vielmehr das gute Gefühl, Teil der Natur zu sein. Solches Empfinden stärkt wohl bei den meisten Menschen den Respekt vor der Großartigkeit der Natur – und damit auch das Bewusstsein für die Bedeutung umweltschonenden Verhaltens.

Viel Freude mit diesem Büchlein, sowohl bei der Auswahl und Planung der Touren als auch unterwegs im wohl schönsten Land der Alpen.

Gerhard Hirtlreiter

Inhalt

	Vorwort	2
	Allgemeine Hinweise	6
	Land und Leute	12
	Touristische Infos	17
	Literatur und Karten	19

▶ 1 **Piz Lat (Piz Lad), 2808 m**
Von Südosten auf einen Eckpfeiler Südtirols — 20

▶ 2 **Endkopf (Jaggl), 2652 m**
Über die Grauner Alm ins Edelweißparadies — 22

▶ 3 **Langtauferer Eiswände, 3000 m**
Über die Weißkugelhütte zum Gepatschferner — 24

▶ 4 **Oberetteshütte, 2677 m**
Hüttenrunde mit alpinem Abstieg — 27

▶ 5 **Sesvennascharte (Furkel), 2819 m**
Über die Sesvennahütte zur Schweizer Grenze — 30

▶ 6 **S-charl-Jöchl (Cruschetta), 2296 m**
Von der Mangitzer Alm durchs stille Avignatal — 34

▶ 7 **Mitterwaal, Taufers i. Münstertal, 1240 m**
Von Glurns durchs Münstertal — 36

▶ 8 **Wormisionssteig, Rötlspitz, 3026 m**
Goldseeweg vom Stilfser Joch zur Furkelhütte — 40

▶ 9 **Hinteres Schöneck, 3128 m**
Von Sulden über die Düsseldorfer Hütte — 43

▶ 10 **Ins Rosimtal, bis ca. 2900 m**
Von der Kanzel zum Rosimferner — 46

▶ 11 **Hintere Schöntaufspitze, 3325 m**
Von Sulden über die Schaubachhütte — 48

▶ 12 **Schildspitze, 3461 m**
Gletscherfreie Route auf richtig hohen Gipfel — 51

▶ 13 **Konzenlacke, Marteller Hütte, 2610 m**
Vom Gasthof Enzianhütte über die Zufallhütte — 54

▶ 14 **Hintere Rotspitze, 3347 m**
Über den Nordostgrat — 56

▶ 15 **Gelbsee und Kleiner Grünsee, 2741 m**
Vom Zufrittsee durchs Zufrittal — 60

▶ 16 **Hintere(r) Eggenspitz(e), 3442 m**
Über Höchster Hütte und Weißbrunner Ferner — 62

▶ **17 Cima Careser, 3189 m**
Übers Schwärzer Joch und die Dorigoni-Hütte — 65

▶ **18 Gleckspitze, 2957 m**
Vom Kirchbergtal über die Haselgruber Hütte — 68

▶ **19 Hasenöhrl (Hasenohr), 3257 m**
Von der Kuppelwieser Alm über den Nordostgrat — 72

▶ **20 Tarscher Jochwaal, Latscher Joch, 2507 m**
Von der Tarscher zur Latscher Alm — 74

▶ **21 Vermoispitze, 2929 m**
Von Sankt Martin im Kofel über den Ochsenbühel — 77

▶ **22 Im Hintern Eis, 3269 m**
Von Kurzras über die »Schöne Aussicht« — 80

▶ **23 »Ötzi«-Fundstelle, 3210 m**
Durchs Tisental und über die Similaunhütte — 82

▶ **24 Hochwilde, 3480 m**
Durchs Pfossental und über die Stettiner Hütte — 84

▶ **25 Roteck, 3337 m**
Über die Lodnerhütte und den Ostgrat — 88

▶ **26 Franz-Huber-Steig, bis ca. 2300 m**
Über die Lodnerhütte zum Hochganghaus — 92

▶ **27 Spronser Rötelspitze, 2625 m**
Über den Hochgang zur Spronser Seenplatte — 95

▶ **28 Tappeinerweg und Schloss Tirol, 647 m**
Rundweg über Dorf Tirol und den Tiroler Steig — 98

▶ **29 Hirzer, 2781 m**
Von der Seilbahn über die Hirzerhütte — 101

▶ **30 Texelrunde, Lazinser Rötelspitze, 3037 m**
Über die Lodnerhütte und die Spronser Seen — 104

▶ **31 Pfelderer Höhenweg, Stettiner Hütte, 2875 m**
Durch die Südostflanke des Ötztaler Hauptkamms — 109

▶ **32 Hinterer Seelenkogel, 3470 m**
Über die Zwickauer Hütte und den Ostgrat — 112

▶ **33 Über die Schneebergscharte, 2687 m**
Schneeberghütte und Poschhaus aus dem Passeier — 116

▶ **34 Wilder Freiger, 3418 m**
Aus dem Ridnauntal übers Becherhaus — 119

▶ **35 Hoher Zahn, 2924 m**
Aus dem Pflerschtal über die Tribulaunhütte — 124

▶ 36	**Fleckner(spitze), 2331 m** Von der Römerkehre über den Rinner Sattel	127
▶ 37	**Jaufenspitze, 2481 m** Vom Jaufenhaus über den Nordwestrücken	130
▶ 38	**Penser Weißhorn, 2705 m** Vom Penser Joch übers Gröller Joch	132
▶ 39	**Jakobspitze, 2742 m** Von Durnholz über die Flaggerschartenhütte	135
▶ 40	**Latzfonser-Kreuz-Hütte, 2302 m** Über die Fortschellscharte zum Durnholzer See	138
▶ 41	**Getrumalm, 2083 m** Von der Pichlbergalm ins Getrumtal	142
▶ 42	**Kratzberger See, 2119 m** Am Gebirgsjägersteig zum Missensteinerjoch	144
▶ 43	**Saltner Höhe, 1450 m** Über den Gschnofer Stall zum Tschaufenhaus	146
▶ 44	**Große Laugenspitze, 2434 m** Über den Laugensee und die Laugenalm	149
▶ 45	**Penegal, 1737 m** Vom Mendelpass in die Furglauer Schlucht	152
▶ 46	**Monte Roen, 2116 m** Vom Mendelpass über die Roenalm	155
▶ 47	**Rastenbachklamm und Altenburg, 614 m** Vom Kalterer See nach Altenburg	158
▶ 48	**Frühlingstal, Montiggler Seen, 519 m** Vom Kalterer See zu den Montiggler Seen	161
▶ 49	**Leuchtenburg, Rosszähne, 609 m** Auf den Mitterberg über dem Etschtal	164
▶ 50	**Hornalm (Malga Corno), 1718 m** Auf dem Europäischen Fernwanderweg 5	167
▶ 51	**Meraner Höhenweg, 2895 m** Um und durch den Naturpark Texelgruppe	170
▶ 52	**Sarner Hufeisenrunde mit Hirzer, 2781 m** Klassische Rundtour im Herzen Südtirols	180
	Stichwortverzeichnis	190

Allgemeine Hinweise

Tourenauswahl und -planung

Alle in diesem Buch vorgestellten Touren sind auf ihre jeweils eigene Art attraktiv – allerdings nicht für jeden und nicht unter allen Umständen. Voraussetzung, den Reiz einer Tour genießen zu können, ist die Wahl der gerade »richtigen« Tour: eine Tour, die passt – zu einem selbst und den Tourenpartnern (Erfahrung, Kondition, Können), zur Jahres- und Tageszeit (Exposition zur Sonne?), zum Wetter (Gewittergefahr am Nachmittag? Abbruchmöglichkeiten) und zu den aktuellen Wegverhältnissen (Nässe, Altschnee, Eis). Wichtige Kriterien zur **Tourenauswahl** sind in der vorderen Buchklappe tabellarisch zusammengefasst; so kann man die Eigenschaften der Touren auf einen Blick erfassen und besonders leicht eine passende Tour auswählen. Auf der Innenseite der hinteren Umschlagseite zeigt eine Übersichtskarte die Lage der 52 Touren und erleichtert die Orientierung bei der Anreise.

Das ideale Werkzeug zur **Tourenplanung** ist die KURZINFO.

Wohin des Weges?

KURZINFO

Das ist ein »Steckbrief«, der jeder Tour vorangestellt ist. Darin sind alle wichtigen Informationen zur Vorbereitung einer Tour zusammengefasst. Zu deren Interpretation hier einige Erläuterungen:

▶ Symbole (erklärt auf der vorderen Buchklappe) geben einige Kriterien zur Tourenauswahl. Familienfreundlichkeit und Wintertauglichkeit sind naturgemäß stark von individuellen Voraussetzungen abhängig und können daher nur als grober Anhaltspunkt gesehen werden. Als familienfreundlich ist eine Tour eingestuft, wenn die Wege für Kinder nicht zu gefährlich sind, aber trotzdem ein gewisses Maß an Abwechslung geboten ist bzw. die Wanderung an Orten vorbeiführt, die für Kinder interessant sind (Spielmöglichkeiten in freier Natur, Spielplatz, Wildbach, Wasserfall, Alm mit Tieren). Ein langweiliger Forststraßenhatscher allein kann den Kleinen die Lust am Bergwandern nachhaltig austreiben!

▶ **Talort:** Nächstgelegener Ort mit Höhe und ggf. Angaben zur Erreichbarkeit, auch mit Bahn oder Bus.

▶ **Ausgangspunkt:** Der Ort mit Höhenangabe, ab dem man zu Fuß geht; ggf. mit Beschreibung der Zufahrt und der Parkmöglichkeiten.

▶ **Gehzeit:** Reine Gehzeit für die gesamte Tour, bei Bergtouren also für Auf- und Abstieg. Für Pausen sowie für einen Sicherheitspuffer ist zusätzliche Zeit einzuplanen. Die Zeiten sind gut zu schaffen, wenn man regelmäßig ähnliche Touren im Gebirge unternimmt oder mit mäßiger Intensität einen Ausdauersport betreibt. Je nach Trainingszustand, Tagesform, Alter, Gruppengröße, Wetter- und Geländebedingungen kann die reale Tourendauer deutlich von der angegebenen Gehzeit abweichen. Bei langen Touren, bei denen sich eine Hüttenübernachtung empfiehlt, stehen in Klammern zusätzlich die Tagesetappen.

▶ **Höhenunterschied:** Bei Touren ohne jegliche Zwischenab- bzw. -aufstiege ist der Wert identisch mit der Höhendifferenz zwischen Ausgangspunkt und höchstem Punkt. Oft sind die Routen aber mit Zwischenauf- bzw. -abstiegen »garniert« – dann übersteigt der angegebene akkumulierte Höhenunterschied die reine Höhendifferenz.

▶ **Anforderungen:** Voraussetzungen, die man für eine Tour mitbringen sollte, wie z. B. Kondition, Trittsicherheit, Schwindelfreiheit, Orientierungssinn. Für die Bewertung der Gesamtschwierigkeit kann naturgemäß nur berücksichtigt werden, was weitgehend unveränderlich ist: das Gelände, die Höhenlage, die Art, Qualität und ggf. die Ausgesetztheit des Weges bzw. Steiges. Bei schlechtem Wetter und/oder problematischem Wegzustand können die Schwierigkeiten höher ausfallen, bei großer Hitze auch die konditionellen Anforderungen.

Die Summe der Anforderungen, die eine Tour bei normalen Wetterbedingungen und intaktem Weg stellt, drückt sich in der **Farbe der Tourennummer** aus. Die Einstufung bezieht sich auf die anspruchsvollsten Passagen der Route. Bei der Suche nach einer passenden Unternehmung sollte man sich nicht zu sehr von der Farbe leiten lassen, da die talnahen **Teiletappen (z. B. bis zur Hütte)** meist leichter sind; umgekehrt bieten manche leichtere Touren auch anspruchsvollere Varianten (z. B. Gipfelabstecher).

Drei Anforderungsniveaus werden unterschieden:

▶ **Leicht**
Wanderungen und leichte Bergwanderungen auf markierten, normalerweise unproblematischen Wegen. Passagen in abschüssigem Gelände gibt es selten – und wenn, dann gut abgesichert. Ein stabiler Tritt schadet nicht, wenn Steine und Wurzeln feucht sind.

▶ **Mittel**
Bergwanderungen und Bergtouren auf Wegen, Steigen und Pfaden, die oft Trittsicherheit erfordern, manchmal auch etwas Schwindelfreiheit. Der Gebrauch der Hände kann stellenweise nötig sein (auch an gesicherten Stellen), Klettern im eigentlichen Sinn muss man aber nicht. Orientierungssinn kann hilfreich sein, weil nicht markierte, ausnahmsweise auch weglose Streckenabschnitte vorkommen können. Das Gelände ist alpin, sodass sich die Schwierigkeiten schon nennenswert erhöhen können, wenn Nebel, Nässe, Schnee, Vereisung oder (z. B. nach einem Starkregen) eine Wegunterbrechung auftritt.

▶ **Schwierig**
Anspruchsvollere Bergtouren in oft hochalpinem Gelände, das streckenweise weglos und unmarkiert sein ist. Auf hohen Zielen dieser Kategorie kann es abschnittsweise über Eis gehen. Firn oder Schnee in hart gefrorenem Zustand (vormittags, an schattigen Hängen auch ganztags) kann den gekonnten Einsatz von Stöcken und Steigeisen (oder Grödel) erforderlich machen. Im Felsgelände kann leichte Kletterei (im Schwierigkeitsgrad I, vereinzelt auch II) gefragt sein. Neben Trittsicherheit, Schwindelfreiheit und gutem Orientierungssinn ist alpine Erfahrung gefordert.

▶ **Einkehr/Übernachtung:** Hütten, Almen, Jausenstationen, Gaststätten, die am Weg liegen (ggf. auch an abgelegenen Ausgangspunkten). Die Öffnungszeiten sind nicht angegeben, da sie sich – insbesondere in den Übergangsjahreszeiten – oft nicht nach fixen Tagen, sondern nach der Wetter-/Schneesituation und bei kleineren Almen manchmal auch danach richten, wie viele Wanderer zu erwarten sind. Dafür wird bei Hütten, die für eine Übernachtung auf einer Tour infrage kommen, die Telefonnummer angegeben, unter der man sich informieren und ggf. anmelden kann. Hütten mit Vergünstigungen für Alpenvereinsmitglieder sind gekennzeichnet mit AVS (für »Alpenverein Südtirol«) oder CAI/Land für die vom CAI (»Club Alpino Italiano«) und dem Land Südtirol gemeinsam getragenen Hütten.

▶ **Varianten/Alternativen:** Kurze Hinweise auf weitere bzw. abweichende Wandermöglichkeiten im Umfeld der beschriebenen Tour. Das Anspruchsniveau der Varianten kann von der Haupttour abweichen.

▶ **Karte(n):** Angabe passender Wanderkarten von Freytag & Berndt im Maßstab 1:50.000 sowie Blätter der genaueren 25.000er-Karten von Tabacco und des Alpenvereins.

Tourenvorbereitung

Vor einer Tour sollte man einen möglichst aktuellen Wetterbericht für die Region einholen, um unterwegs die Wetterzeichen treffend interpretieren zu können. Tourenroute und -ziel sollte man bei Daheimgebliebenen hinterlassen – und diese informieren, falls man umdisponiert oder länger ausbleibt (um unnötige Suchaktionen zu vermeiden). Mit kohlenhydratreicher Kost (Nudeln, Kartoffeln, Pizza) am Vorabend und einem leichten Frühstück mit viel Flüssigkeit (also nicht Kaffee allein) am Morgen ist man gut gerüstet.

Umweltverträgliches und rücksichtsvolles Verhalten

▶ Soweit möglich öffentliche Verkehrsmittel nutzen (bei »Ausgangspunkt« jeweils genannt).
▶ Mehrtägige Aufenthalte vor Ort statt vieler Tagestouren mit langer Anreise (erspart Anfahrtskilometer).
▶ Bei Anreise mit dem Auto möglichst ausgewiesene Parkplätze benutzen; wo solche nicht vorhanden sind, darauf achten, dass keine Zufahrten verstellt und keine Weiden oder Mähwiesen befahren werden.
▶ Fahrverbote auf Wirtschaftswegen und privaten Zufahrten beachten.
▶ Ruhezonen und Schutzgebiete respektieren, dem Wild ausweichen und nur aus Distanz beobachten.
▶ Unnötigen Lärm vermeiden.
▶ Waldgebiete nur auf Wegen oder Forststraßen durchqueren.
▶ Verpackungsmüll nicht den Hüttenwirten »überlassen«, sondern im Tal geordnet entsorgen.
▶ Im Steilgelände keine Steine lostreten.

Gefahren

Das Gebirge birgt vielfältige Gefahren, an die Unbedarfte oft nicht denken. Erst mit reifender Fähigkeit zur Selbsteinschätzung und vertiefter Beschäftigung mit den Naturelementen (Witterung, Wegebeschaffenheit, Hangneigung) bekommt man mit der Zeit ein Gespür für Gefahren. Wer Gefahren erkennt, mit denen er nicht mehr verantwortungsvoll umgehen kann, muss umkehren können (für viele das Schwierigste).

▶ Die offensichtlichste Gefahr ist die Abrutsch-/Absturzgefahr. Um nicht an der falschen Stelle zu stolpern, sollte man konzentriert und ohne Hektik gehen. Wer mit Kindern unterwegs ist oder zu Höhenschwindel neigt, muss auch bei einigen ansonsten leichten Wegen die Abrutschgefahr im Steilgelände ernst nehmen.

▶ Die meistunterschätzte Gefahr geht von gefrorenen Schneefeldern aus. Sie bilden die häufigste Ursache für tödliche Wanderunfälle. Schon bei relativ geringer Hangneigung droht enorme Beschleunigung. Bei einem Ausrutscher sofort ein Bein in die Luft schleudern und mit dem damit erzielten Schwung in die bremsende Liegestützhaltung!

▶ Steile und nasse Grashänge sind ähnlich gefährlich!

▶ Die Steinschlaggefahr kann man minimieren, indem man unter Felswänden nicht unnötig verweilt und gefährliche Zonen nach Regen oder bei Tauwetter ganz meidet.

▶ Verirren kann man sich leichter, als viele glauben! Markierungen und Wegspuren immer im Auge behalten; wenn man den Weg verloren hat, gleich zum letzten bekannten Punkt zurückgehen. Gefährlich wird es, wenn Pfadspuren und Markierungen durch Neuschnee verdeckt sind und man wegen Nebels oder Schneetreibens das Gelände nicht mehr überblicken kann.

▶ Gewitter sind nicht nur wegen möglicher Blitzschläge gefährlich, sondern auch wegen Steinschlag und Murabgängen infolge von Starkregen. Durch gute Zeitplanung und Wetterbeobachtung sollte man versuchen, vor einem Gewitter im Tal oder in der Hütte zu sein.

▶ Giftschlangen sind zwar für Erwachsene weniger gefährlich als oft

Quellbewölkung steigt über den Südhängen des Jaufenkamms auf.

angenommen (ruhiges Verhalten nach einem Biss vorausgesetzt). Trotzdem sollte man beim Wandern schauen, wohin man tritt. Bevor man sich hinsetzt, auf den Boden stampfen, um den Tieren eine Fluchtmöglichkeit zu geben.

▶ Erschöpfungszustände unbedingt vermeiden! Dazu die Tour gemütlich angehen lassen, sich und andere nicht überfordern und viel trinken – am besten mineralreiche Getränke (z. B. Mineralwasser mit Apfelsaft), bei kühler Witterung warmen Tee! Bei der Einkehr ist die fast überall erhältliche Minestrone (Gemüsesuppe) eine ideale Flüssigkeits- und Elektrolytquelle.

Ausrüstung

Die Zeiten sind vorbei, als man grundsätzlich mit schweren Bergstiefeln und einer dicken Bundhose loszog, um als »richtiger« Wanderer zu gelten. Mit **Trekkingschuhen** der mittleren Kategorie ist man auf den meisten »roten« Touren gut gerüstet. Für »blaue« Touren reichen sogar Leichttrekking- bzw. Hikingschuhe oder gut profilierte **Trailrunner** (Geländelaufschuhe), die sich hinsichtlich Bequemlichkeit und

Aussehen kaum mehr von den viel gescholtenen Turnschuhen unterscheiden. Für die Bergtouren der schwarzen Kategorie braucht man allerdings sehr wohl richtige Bergschuhe oder ausgesprochen stabile Trekkingschuhe, allein schon, um Steigeisen oder Grödel anmontieren zu können, falls mal ein hartes, abschüssiges Schneefeld zu überqueren ist.

Als Mindestausstattung sollte man grundsätzlich dabei haben:
▶ Nässeschutz: (»…-TEX«-Material)
▶ Kälteschutz (Fleecejacke, Mütze)
▶ Sonnenschutz (Brille, Kappe/Hut)
▶ Sonnencreme, Lippenschutzcreme
▶ 1 lange Berghose (+1 kurze Hose)
▶ Ersatz-Funktionsunterwäsche
▶ verschließbare, gefüllte Trinkflasche
▶ Verpflegung (Müsliriegel, Brot)
▶ Alu-Rettungsdecke
▶ kleine Rucksackapotheke
▶ multifunktionales Taschenmesser
▶ (Mini-) Taschenlampe
▶ Trillerpfeife
▶ aufgeladenes Mobiltelefon

Für längere Touren ist natürlich ein erweiterter Rucksackinhalt gefragt. Besonders wichtig ist es, komplexe Kohlenhydrate, z. B. in Form von (belegten) Broten, dabei zu haben. Auf mehrtägigen Touren sollte man einen leichten Hüttenschlafsack mitnehmen. Bei nennenswerten Höhenunterschieden erleichtern Teleskopstöcke das Gehen, nicht nur bergab, sondern auch bergauf und auf Schneefeldern (aber nur mit Tellern!). Wo gefrorene Schneefelder zu erwarten sind, sollte man Grödel mitnehmen, bei einigen der Dreitausendertouren können auch Steigeisen und Pickel hilfreich sein. An ausgesetzten Abschnittten kann zur Sicherung von Kindern ein Seil sinnvoll sein (situationsgemäße Anwendung vorausgesetzt).

Notfall/Bergrettung
Wenn trotz aller Vorsicht etwas passiert ist: Ruhig und überlegt handeln!
▶ Sollten Sie alleine sein, versuchen Sie Hilfe herbeizurufen, anstatt sich verletzt weiterzubewegen.
▶ Leisten Sie Hilfe nach eigenem Können und Ihren Möglichkeiten!
▶ Sorgen Sie vor allem für Kälteschutz (Alu-Rettungsdecke)!
▶ Dem Verletzten gut zusprechen, möglichst nicht allein lassen.
▶ Alarmieren sie den Bergrettungsdienst oder beauftragen Sie Hinzukommende damit.

Notruf-Nummern:
▶ Für alle Notfälle, auch für Bergrettung: **Notruf 112**. Sollten Sie kein Netz haben, schalten Sie Ihr Handy aus und wieder ein und geben statt des PIN-Codes direkt die 112 ein. So sucht sich das Handy automatisch das stärkste Netz.
▶ Abschleppservice ACI: 116

Melden Sie den Vorfall nach folgenden »Ws«:
▶ **Wer** meldet? Angabe des eigenen Namens mit (Mobil-) Telefon-Nr.
▶ **Was** geschah? Beschreibung des Unfalls.
▶ **Wo** geschah es? Präzise Angabe des Unfallortes (nach Karte/GPS).
▶ **Wie** viele Verletzte?
▶ **Welche** Verletzungen? Lebensbedrohliche Zustände?

Bei Hubschrauberbergung zusätzlich:
▶ **Wie** sind die Wetterverhältnisse (Sicht und Wind) am Unfallort?
▶ **Wo** ist ein guter Landeplatz für den Hubschrauber (25 x 25 m)?

Besteht keine Möglichkeit für eine Funk-/Telefonverbindung, verwenden Sie das Alpine Notsignal, um auf sich aufmerksam zu machen. Es besteht aus einem hör- oder sichtbaren Zeichen – z. B. Rufen, (Triller-) Pfeifen, Blinken –, das innerhalb einer Minute

sechsmal abgegeben wird. Ggf. nach ca. einer Minute Pause wiederholen. Erhalten Sie darauf ein dreimaliges Zeichen innerhalb einer Minute, ist Ihr Notruf angekommen und die Bergrettung ist/wird verständigt.
Ist mit Hubschrauber-Hilfe zu rechnen, keine losen Gegenstände herumliegen lassen. Zur Kommunikation mit dem Piloten gelten folgende Zeichen bzw. Regeln:
▶ **No – N** (Diagonale mit einem Arm schräg hoch und einem schräg nach unten): Nein, keine Hilfe nötig.
▶ **Yes – Y** (beide Arme schräg in die Höhe): Ja, wir brauchen Hilfe.
▶ **Einweisung:** Nur durch eine Person, die mit dem Rücken gegen den Wind steht und dem Piloten in die Augen schaut (Referenzpunkt für den Piloten).
▶ **Annäherung** an den Hubschrauber erst nach Zeichen des Piloten, nur von vorne in gebückter Haltung, nie von der Bergseite her!
Weitere Infos: Bergrettungsdienst im AVS, Tel. +39 0471 675 000, www.bergrettung.it

Wandern von Hütte zu Hütte

In der Wanderregion gibt es zahlreiche Möglichkeiten für Gebietsdurchquerungen und -umrundungen – für Streckentouren also, bei denen man über mehrere Tage oder auch eine ganze Woche von Hütte zu Hütte wandert. Neudeutsch heißt das Hüttentrekking.
Grundsätzlich kann man sich solche Routen selbst zusammenstellen. Dazu braucht man Alpenvereins- bzw. Gebietsführer (die wichtige Informationen über Verbindungswege enthalten), gute Karten und alpine Erfahrung. Einfacher ist es natürlich, einem ausgearbeiteten Höhenweg zu folgen. Im Westen Südtirols bieten sich z. B. an:

Stielloses Leimkraut an Quarz.

▶ Vinschgauer Höhenweg: von Schloss Juval zur Etschquelle am Reschenpass (Infos: www.vinschgau.net/de/aktivurlaub/wandern-bergtouren/vinschger-hoehenweg.html).
▶ Tiroler Höhenweg: von Innsbruck nach Meran: Im behandelten Gebiet vom Pflerschtal über das Ridnauntal, den Schneeberg, das Passeiertal, das Pfelderer Tal und schließlich durch die Texelgruppe nach Meran (www.eisacktal.info/hoehenweg).
▶ 13-Hütten-Weg: durch die Texelgruppe und die südlichen Stubaier Alpen (www.13h.de).
▶ Europäischer Fernwanderweg Nr. 5 (E5): In Südtirol vom Timmelsjoch durchs Passeiertal, über den südwestlichen Rücken der Sarntaler Alpen und über Bozen in die Eggentaler Berge (gut markiert).
▶ Mendelkamm-Überschreitung: über Gantkofel, Penegal und Roen (in »Dolomiten Höhenwege 8–10«, F. Hauleitner, Rother Bergverlag).
▶ Die attraktivsten Südtiroler Höhenwege sind der Meraner Höhenweg (Tour 51) und die Sarner Hufeisenrunde (Tour 52).

Land und Leute

Das Land

Südtirol firmiert politisch als »Autonome Provinz Bozen« und bildet zusammen mit dem Trentino die »Autonome Region Trentino – Alto Adige/Südtirol« der Republik Italien. Das hier vorgestellte Wandergebiet umfasst die Bezirksgemeinschaften Vinschgau, Burggrafenamt (Meraner Land, Passeiertal, Ultental) und Überetsch/Südtiroler Unterland. Das ist also das Etschtal vom Reschenpass an der Grenze zu Nordtirol bis zur Salurner Klause an der Grenze zum Trentino. Mit dabei sind die Gebirgsregionen um die Nebentäler Langtauferer Tal, Matscher Tal, Schlinigtal, Münstertal, Suldental, Martelltal, Schnalstal, Passeiertal, Pfelderer Tal, Ultental und Sarntal.

Die Geschichte

Bald nach dem Abschmelzen der Eiszeitgletscher wurde das Land besiedelt, etwa ab dem 8. Jahrtausend v. Chr. Kurz vor der Zeitenwende erlangten die Römer die Macht über die ansässigen Räter und bauten v. a. Straßen, so die Via Claudia Augusta über den Reschenpass. Nach dem Zusammenbruch des Römischen Reiches siedelten sich germanische Völker an: Zuerst Ostgoten, dann Langobarden und v. a. Bajuwaren, deren Sprache sich weitgehend durchsetzte. Lange gehörte das Gebiet zum Frankenreich und zum Herzogtum Bayern. Im 12. Jh. entstand die Grafschaft Tirol, die 1363 durch Margarethe von Tirol (»die Maultasch«) an die Habsburger ging. Den Angriffen der napoleonischen Truppen erwehrte sich Tirol mit großem Einsatz, zuletzt unter Führung des Passeiers Andreas Hofer – heute die Symbolfigur für den Tiroler Freiheitswillen.

Nach dem Ersten Weltkrieg wurde Südtirol 1919 Italien zugesprochen. Nachdem 1922 in Rom die Faschisten an die Macht gekommen waren, begann eine harte Zeit, in der z. B. in den Schulen der Gebrauch der angestammten deutschen Sprache verboten war. 1939 mussten sich die Bewohner entscheiden (»optieren«), ob sie Italiener werden oder als Deutsche »ins Reich« umgesiedelt werden wollten. Zur Realisierung der Umsiedlungen kam es nur nur noch teilweise. Nach dem Krieg bekamen die Südtiroler in den Pariser Verträgen wieder Selbstbestimmungsrechte zugestanden, die von

Mühsame Heuernte in Durnholz. Die Kirche St. Nikolaus beherbergt Fresken aus dem 15. Jahrhundert.

Rom allerdings teilweise umgangen wurden. In der Folge kam es zu Protesten, in den 50er und 60er Jahren auch zu Sprengstoffanschlägen (v. a. auf Strommasten und Symbole des Faschismus), aber auch zu Übergriffen italienischer Sicherheitskräfte. Nach langen Verhandlungen unter Mitwirkung Österreichs trat 1972 schließlich ein Autonomiestatut – das »Südtirol-Paket« – in Kraft, das heute in vieler Hinsicht als vorbildlich gilt.

Die Bevölkerung

Die 530.000 Einwohner setzen sich aus folgenden Sprachgruppen zusammen: der deutschen (62,3%), der italienischen (23,4%) der ladinischen (4,1%) und anderen (10,3%). Die deutsche Sprachgruppe spricht eine Tiroler Mundart, die regional variiert. Die italienische Sprachgruppe, die v. a. auf Ansiedlungsmaßnahmen im 20. Jh. zurückgeht, konzentriert sich auf Meran und insbesondere Bozen. Dort, in der 108.000 Einwohner zählenden Hauptstadt, bildet sie die Mehrheit. Bei den Ladinern ist noch eine sehr alte rätoromanische Sprache lebendig, die aber nur noch im Osten des Landes beheimatet ist. Im Vinschgau ist sie ausgestorben, obwohl sie in den benachbarten Engadiner Dörfern aktiv gesprochen wird. In Landschaftsbezeichnungen und Begriffen aus dem Alltag findet man aber auch im Westen Südtirols noch reichlich ladinische Relikte.

Die Landschaft

Es ist kaum möglich, einen typischen Landschaftscharakter für dieses Gebiet auszumachen. Die Landschaften sind einfach zu verschieden, aber genau das macht ja – unter anderem – den Reiz Südtirols

Vielerorts eine Herausforderung: der Schutz vor den Naturgewalten.

aus. Da sind die vergletscherten Hochgebirgsregionen der südlichen Ötztaler und Stubaier Alpen sowie der Ortlergruppe. Letztere kann sich an alpiner Dramatik durchaus mit den großen Westalpen-Szenerien messen. Im starken Kontrast dazu breitet sich um den Kalterer See eine liebliche, mediterran anmutende Mittelgebirgslandschaft aus, in der auch noch guter Wein wächst. Ebenso reizvolle Mittelgebirgslandschaften trifft man ein »Stockwerk« höher z. B. auf dem Tschöggelberg nördlich von Bozen an – ausgesprochene Wanderparadiese mit umfassender Aussicht.

Die Schwarze Wand bei Schlinig (Tour 5), eine Talstufe aus Kalk.

Die Geologie

»Wir haben die Gebirge heute als etwas Starres vor uns liegen, starr wohl nur im Rahmen unserer eigenen Vergänglichkeit, und doch hält deren Struktur hin und hin unzweideutig die Spuren lebendiger Bewegtheit aufbewahrt.« Mit diesem Satz brachte der Bergsteiger und Alpengeologe Otto Ampferer eine grundsätzliche Erkenntnis auf den Punkt, die es auch Laien erleichtert, im Buch der Landschaft zu lesen.

Die Alpen verdanken ihre Existenz der Kollision der Europäischen Kontinentalplatte mit der Afrikanischen Platte und ihrem »Rammsporn«, der Adriatischen Platte – ein Vorgang, der vor rund 100 Millionen Jahren einsetzte und bis heute nicht wirklich abgeschlossen ist. Durch die Raumverengung wurden die Gesteinspakete verschoben, gefaltet oder als »tektonische Decken« von ihrem ursprünglichen Untergrund abgeschert und über andere Decken geschoben. Manche Gesteinspakete wurden auch in die Tiefe gedrückt und dabei metamorphisiert – also durch hohen Druck und hohe Temperaturen verändert. Solche Metamorphite, v. a. Gneise und Glimmerschiefer (beide mit parallel eingeregelten Minerallagen) prägen große Teile des Südtiroler Westens. Die meisten Gesteine im Norden des Gebiets machten aber auch schon lange vor der alpidischen Gebirgsbildung eine Metamorphose durch. Es sind die Gesteine des ostalpinen Altkristallins, das sich zwischen den Brennerbergen und der Sesvennagruppe erstreckt.

Ein besonders edles unter den metamorphisierten Gesteinen ist der aus Kalk hervorgegangene Marmor, der im »Schneeberger Zug« der südlichen Stubaier und Ötztaler Alpen (zwischen Sterzing und der Texelgruppe) sowie in der südlich davon verlaufenden »Laaser Serie« vorkommt. Der weltberühmte Laaser Marmor wird nahe dem namengebenden Ort im Vinschgau bis heute abgebaut. In der Gegend um die Hauptstadt erstreckt sich mit dem 250 Millionen Jahre alten, rötlichen Bozner Quarzporphyr die größte vulkanische Gesteinsmasse des europäischen Festlandes.

Gletscher und Klima

Die Ausgestaltung der Landschaft übernahmen in hohem Maße die Gletscher: Während der Eiszeitphasen stieß durch das Etschtal ein riesiger Eisstrom mehrmals über den Alpenrand hinaus bis in die Poebene vor. Letztmals war das in der Würmeiszeit vor rund 18.000 Jahren der Fall. Vor 10.000 Jahren begann mit der Nacheiszeit eine Phase mit geringen Klimaveränderungen (± 1°), in der sich die Menschheit so richtig entwickeln konnte. Mehrere kalte und niederschlagsreiche Phasen der Nacheiszeit bewirkten Gletschervorstöße, die immer wieder Dimensionen wie zuletzt um 1850 erreichten. Dabei wurden die mächtigen Moränenwälle abgelagert, die man jetzt – mit noch kaum bewachsenen Innenseiten – oft kilometerweit vor den Gletscherzungen findet, sehr eindrucksvoll z. B. vor dem Langtauferer Ferner oder dem Suldenferner. In den letzten 5000 Jahren hatten die Gletscher offenbar durchgehend bessere (also kühlere bzw. feuchtere) Bedingungen als heutzutage – Ötzi liefert ein Indiz dafür: Der »Mann vom Tisenjoch« war 5300 Jahre lang – ortsfest in einer Felsrinne liegend – immer von Eis bedeckt (und somit konserviert), bevor 1991 erstmals das Eis über ihm abschmolz. Und seit 1991 ist es weiter wärmer geworden. Am Ende einiger heißer Sommer der letzten Jahre hatten die Südtiroler Gletscher praktisch keine Schneerücklagen mehr aus dem Winter. Würden solche Sommer zur Regel werden, gäbe es dort bald keine Gletscher mehr. Dabei hat sich z. B. die Vinschgauer Landwirtschaft auf die Gletscher eingestellt. Sie spenden nämlich gerade dann viel Wasser, wenn es kaum regnet, gleichzeitig aber besonders viel Wasser gebraucht wird: in trockenen Sommerphasen. Diese Wasserspende ist gerade im Vinschgau von Bedeutung, weil er so »geschützt« inmitten der Alpen, also eigentlich immer im Lee (»Regenschatten«) liegt, egal aus welcher Richtung die niederschlagsbringenden Fronten kommen.

Natur und Schutzgebiete

Die Pflanzen- und Tierwelt Südtirols ist wegen der verschiedenartigen Lebensbedingungen ungewöhnlich vielfältig. Dagegen konzentriert sich die allgemeine Aufmerksamkeit auf wenige spektakuläre Arten. Bei den Tieren sind das vor allem die Giftschlangen (Horn- und Aspisviper, Kreuzotter), die sich bei Bedrohung schon mal durch einen Biss wehren können. In aller Munde sind auch Braunbären und Wölfe, von denen immer wieder einzelne Exemplare aus dem Trentino einwandern. Sie halten sich manchmal im Vinschgau und im Gebiet des Mendelkamms auf. Für Wanderer sind die Tiere normalerweise ungefährlich, solange sie keine Gefahr für eventuellen Nachwuchs fühlen.

Im Nationalpark Stilfserjoch und den Naturparken Texelgruppe sowie Trudner Horn ist die Natur besonders streng geschützt. Informationen und naturkundliche Wanderungen bieten:

- ▶ Nationalpark Stilfserjoch, Rathausplatz 1, 39020 Glurns, Tel. +39 0473 830 430
- ▶ Naturparkhaus Texelgruppe, Feldgasse 3, 39025 Naturns, Tel. +39 0473 668 201
- ▶ Naturparkhaus Trudner Horn, Am Kofl 2, 39040 Truden im Naturpark, Tel. +39 0471 869 247

Kreuzotter, hier am Wanderweg zur Zufallhütte im Martelltal.

Museen/Sehenswürdigkeiten:
(Auswahl, etschabwärts)

▶ Kloster Marienberg, Benediktinerstift aus dem 12. Jh., Schlinig 1, 39024 Mals, Tel. des Museums +39 0473 843 980, www.marienberg.it

▶ Nationalparkhaus *naturatrafoi*, Ausstellung »Leben an der Grenze«, Trafoi 57, 39020 Stilfs, Tel. +39 0473 612 031, www.naturatrafoi.com

▶ Churburg (erste Erwähnung 1259), 39020 Schluderns, Tel. +39 0473 615 241, www.churburg.com

▶ Nationalparkhaus *culturamartell*, mit Austellung »bäuerliche Kultur«, Trattla 246, 39020 Martell, Tel. +39 0473 745 027, www.stelviopark.bz.it/culturamartell

▶ archeoParc Schnals (»Ötzis Welt«) mit rekonstruiertem Steinzeitdorf, Unser Frau 163, 39020 Schnals, www.archeoparc.it, Tel. +39 0473 676 020

▶ Schloss Juval (u. a. mit Reinhold Messners Tibetika-Sammlung), Juval 3, 39020 Kastelbell-Tschars, Tel. +39 348 443 3871

▶ Museum Passeier – Andreas Hofer, Sandhof, Passeirer Straße 72, 39015 St. Leonhard in Passeier, Tel. +39 0473 659 086, www.museum.passeier.it

▶ Schloss Tirol (Burg der Grafen von Tirol) mit Südtiroler Landesmuseum für Kultur- und Landesgeschichte, 39019 Dorf Tirol, Tel. +39 0473 220 221, www.schlosstirol.it

▶ Südtiroler Archäologiemuseum (mit der Gletschermumie »Ötzi«), Museumstraße 43, 39100 Bozen, www.archaeologiemuseum.it, Tel. +39 0471 320 100

▶ Schloss Sigmundskron, spätmittelalterliche Festung und Zentrum von Reinhold Messners Bergmuseen »Messner Mountain Museum« (MMM), Sigmundskronerstr. 53, 39100 Bozen, Tel. +39 0471 631 264, www.messner-mountain-museum.it

▶ Südtiroler Weinmuseum, Goldgasse 1, 39052 Kaltern, www.suedtiroler-weinstrasse.it Tel. +39 0471 963 168

Im Zentrum des Wandergebietes: Die Kurstadt Meran mit ihrer großzügigen Promenade an der reißenden Passer.

Touristische Infos

Beste Jahreszeit

Für Wanderungen in tiefen und mittleren Lagen sind die Übergangsjahreszeiten am attraktivsten: Im Frühjahr begeistert eine vielfältige Blütenpracht das Auge, im Herbst fasziniert die überwältigende Fernsicht in klarer Luft oft ebenso wie die »brennenden« Lärchenwälder. Für Hochgebirgstouren bleibt wegen der Schneelage nur die Sommerzeit; dementsprechend sind die hochgelegenen Hütten meist nur von Ende Juni bis Mitte/Ende September geöffnet.

Anreise

▶ Mit dem Auto kommt man von Norden am bequemsten über den Brenner (mautpflichtige Autobahn, alternativ Bundesstraße) oder über den Reschenpass ins Tourengebiet. Dazwischen liegt mit dem Timmelsjoch (2509 m) eine der höchsten Passstraßen der Alpen. Sie verbindet das Ötztal mit dem Passeiertal und ermöglicht eine erlebnisreiche, relativ direkte Zufahrt nach Meran.
▶ Gute Zugverbindungen über den Bahnhof Bozen (an der Strecke München – Innsbruck – Verona); Bahnanschluss über Meran nach Mals; www.bahn.de, www.trenitalia.com
▶ Busverbindungen: Mehrmals täglich wird die Strecke München – Innsbruck – Lana – Meran bedient (www.flixbus.de); samstags die Strecke St. Gallen – Zürich – Schlanders – Meran (www.suedtirolexpress.ch, Tel. +41 71 298 1111).

Verkehrsinfrastruktur

Das Etschtal ist durch gut ausgebaute Verkehrswege erschlossen. Autofahrer profitieren von der vierspurigen Schnellstraße zwischen Bozen und Meran sowie von den Ortsumfahrungen von Naturns (Tunnel), Latsch und Goldrain.

Das Netz der öffentlichen Verkehrsmittel mit der Vinschgerbahn zwischen Meran und Mals (einschließlich einem hervorragenden System für Fahrradverleih und -transport, www.vinschgerbahn.it) als zentraler Achse ist in einem Tarifverbund für Busse, Seil- und Eisenbahnen zusammengefasst (www.sii.bz.it, Auskünfte über Fahrpläne und Tarife: Tel. 840 000 471, aus dem Ausland unter +39 0471 551155).

Verkehrsregeln in Italien, die Ausländern oft nicht bekannt sind:
▶ Außerorts mit Licht am Tag!
▶ Auf Landstraßen max. 90 km/h!

Telefonieren

▶ nach Italien: Ländervorwahl +39, dann Gebietsvorwahl von Festnetzanschlüssen mit der »0«
▶ in Italien die Gebietsvorwahl immer mitwählen, auch im Ort

Die Flaggerschartenhütte.

Oft kulinarische »Geheimtipps«: Südtiroler Wirtshäuser, hier in Glurns.

Adressen und Telefonnummern

▶ Alpenverein Südtirol (AVS), Giottostraße 3, 39100 Bozen, www.alpenverein.it; Alpine Auskunft: www.alpine-auskunft.it, Tel. +39 0471 999955, www.alpenverein.it

▶ Club Alpino Italiano, Sezione di Bolzano, Piazza delle Erbe 46, 39100 Bozen, Tel. +39 0471 978 172, www.caibolzano.it

▶ Verband der Südtiroler Berg- und Skiführer, Weintraubengasse 9, 39100 Bozen, Tel. +39 0471 976 357

▶ Deutsches Konsulat in Bozen, Tel. +39 0471 972 118

▶ Dienst für Betreuungskontinuität (ehem. ärztlicher Bereitschaftsdienst), Tel. +39 0471 908 288

Tourismusverbände/-vereine

▶ Südtirol Information, Südtiroler Straße 60, 39100 Bozen, Tel. +39 0471 999 999, info@suedtirol.info; Öffnungszeiten: Montag bis Freitag 9.00–12.30 und 14.00–18.00 Uhr, Samstag 9.30–12.30 und 14.00–18.00 Uhr

▶ Vinschgau: Laubengasse 11, 39020 Glurns, Tel. +39 0473 620 480, www.vinschgau.net

▶ Meran und Umgebung: Gampenstraße 95, 39012 Meran, Tel. +39 0473 200 443, www.merano-suedtirol.it

▶ Brixen und Umgebung (auch Sterzing): Regensburger Allee 9, 39042 Brixen, Tel +39 0472 275 252, www.brixen.org/de/brixen.html

▶ Bozen und Umgebung: Südtiroler Straße 60, 39100 Bozen, Tel. +39 0471 307 000, www.bolzano-bozen.it

▶ Urlaub auf dem Bauernhof: Tel. +39 0471 999 325, www.roter-hahn.it

Nützliche Internetadressen

▶ www.suedtirol.info
▶ www.suedtirol-reisen.com
▶ www.provinz.bz.it

Literatur und Karten

Wanderbücher und Führer

Weitere Wanderungen in Teilgebieten der Region bieten die Rother Wanderführer (»rote Reihe«):
- Klier/Hirtlreiter: Vinschgau, 2019.
- Klier/Hirtlreiter: Rund um Meran, 2020.
- Dumler/Hirtlreiter/Hüsler: Bozen-Kaltern, 2018.

Auswahl weiterer Rother Wanderbücher zur Region:
- Heitzmann: Kulturwandern Südtirol, 2017.
- Hirtlreiter/Soeffker: Erlebniswandern mit Kindern Südtirol, 2018.
- Wecker/Wecker: Wandern am Wasser Südtirol, 2015.

Karten

Bei den meisten Touren reichen die abgedruckten Kartenausschnitte (von Freytag & Berndt) im Maßstab 1:50.000 aus. Wer auch die Umgebung erkunden will, kauft sich trotzdem besser ganze Kartenblätter. Für Bergwanderer empfehlen sich Karten im besonders genauen Maßstab 1:25.000:
- Von Tabacco wird das Gebiet abgedeckt durch die Blätter: 04, 08, 011, 034, 038, 039, 040, 042, 043, 044, 045, 046, 048, 049.
- Von Mapgraphic-Wanderkarten gibt es für den Westen Südtirols die Blätter 03 bis 08, 10, 12, 13, 14 (alle 1:25.000) sowie 28 und 31 (1:33.000).
- Der Alpenverein bietet Karten für die grenznahen Gebiete am Alpenhauptkamm; im Maßstab 1:25.000 gibt es die hervorragenden Blätter 30/1, 30/2, 30/4 und 31/1, im Maßstab 1:50.000 das Blatt 31/3.
- Als Übersichtskarte eignet sich die Freytag & Berndt Straßenkarte »Südtirol« (1:150.000).

GPS-Tracks und Koordinaten der Ausgangspunkte

Zu diesem Wanderbuch stehen auf www.rother.de GPS-Tracks und Koordinaten der Ausgangspunkte zum kostenlosen Download bereit.
4. Auflage, Passwort: 302504fza
Sämtliche GPS-Daten wurden auf einer digitalen Karte erfasst. Verlag und Autor haben die Tracks und Wegpunkte nach bestem Wissen und Gewissen überprüft. Dennoch können wir Fehler oder Abweichungen nicht ausschließen, außerdem können sich die Gegebenheiten vor Ort zwischenzeitlich verändert haben. GPS-Daten sind zwar eine hervorragende Planungs- und Navigationshilfe, erfordern aber nach wie vor sorgfältige Vorbereitung, eigene Orientierungsfähigkeit sowie Sachverstand in der Beurteilung der jeweiligen (Gelände-)Situation. Man sollte sich für die Orientierung auch niemals ausschließlich auf GPS-Gerät und -Daten verlassen.

Smaragdeidechse am Meraner Höhenweg (Naturnser Sonnenberg).

Sesvennagruppe

1 Piz Lat (Piz Lad), 2808 m

Von Südosten auf einen Eckpfeiler Südtirols

Der Dreiländerblick
Ein steil und hoch aufragender, heller Felsberg fällt wohl jedem auf, der von Norden in den Vinschgau fährt und kurz vor dem Reschenpass in Nauders nach rechts hinaufschaut. Dort steht der Piz Lat, der nordwestliche Eckpfeiler Südtirols. Als nördlichster Sporn der Sesvennagruppe liegt er so exponiert zwischen der Reschensenke und dem Inntal, dass man von seinem Gipfel eine unvergleichliche Aussicht hat. Der Vinschgau mit dem Reschensee, das Unterengadin und das Nordtiroler Oberinntal liegen dem Gipfelstürmer ebenso zu Füßen wie das Langtauferer Tal im Osten und das Rojental im Süden. Wer seine Blicke lieber über die hohen Berge schweifen lässt, bekommt die vergletscherten Gipfel der Silvretta, der Ötztaler Alpen und der Ortlergruppe geboten. Wer Augen für die kleinen Sensationen am Wegesrand hat, kann am Piz Lat auch fündig werden: Die helle Farbe seiner Felszonen lässt schon ahnen, dass hier Kalkgestein anzutreffen ist – und damit auch die dafür typische Flora wie Edelweiß, Silberwurz und Brillenschötchen. Wer sich als Wanderer von seiner abweisenden Nordseite abschrecken hat lassen, wird angenehm überrascht sein, wenn er den Berg vom Reschensee aus nochmal anvisiert: Aus diesem Blickwinkel laden weite Mattenhänge, mit nur wenigen Schrofenzonen durchzogen, auch Wanderer ohne alpinistische Ambition ein, dem »Eckpfeiler« aufs Dach zu steigen.

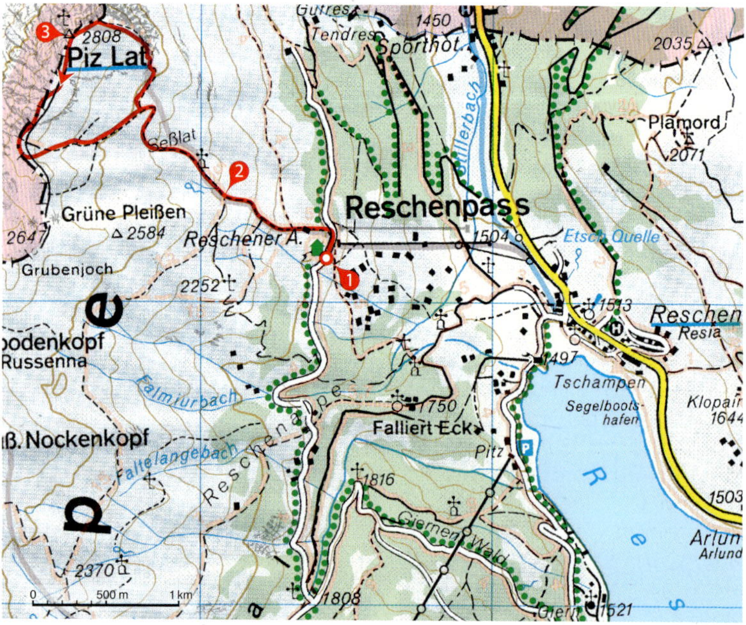

Der Reschensee mit dem Altgrauner Kirchturm, links dahinter der Piz Lat.

KURZINFO

Talort: Reschen, 1497 m, knapp südlich vom Reschenpass; Haltestelle der Buslinie 273 Bhf. Mals – Nauders/Österreich.

Ausgangspunkt: Reschener Alm, 2010 m; Zufahrt von Reschen Richtung Rojen, bei der Kopferbrücke, 1808 m, kann man bis 9 Uhr rechts abzweigen und auf einem Güterweg zur Alm fahren; Rückfahrt ab 18 Uhr. Sonst in knapp 1 Std. Stunde zu Fuß von der Brücke zur Alm.

Gehzeit: 4¼ Std.
Höhenunterschied: 830 m.
Anforderungen: Relativ problemlose Bergwanderung. In der Schrofenzone genau dem Weg folgen, sonst kommt man leicht in brüchiges, abschüssiges Gelände.
Einkehr: Unterwegs keine, am Ausgangspunkt Reschener Alm, 2010 m.
Karten: Freytag & Berndt 1:50.000, WKS 2 Vinschgau, Ötztaler Alpen. Tabacco 1:25.000, Blatt 043 Vinschgauer Oberland. AV-Karte 30/4 Ötztaler Alpen, Nauderer Berge.

Von der Reschener Alm (1) gehen wir auf einem ehemaligen Militärweg kurz nach Norden. Auf dem Weg Nr. 5 wenden wir uns nach links und wandern durch weites Almgelände zum Sesslat-Kreuz (2), 2320 m.

Im weiteren Verlauf führt unser Weg durch das Sesslat-Kar, um dann nach rechts unter der Schrofenzone des Piz Lat ein Stück nach Nordosten zu leiten. Über einen stellenweise felsdurchsetzten und steileren Wegabschnitt gelangen wir in wieder zahmeres Mattengelände und auf einem problemlosen Pfad schließlich zum Gipfelkreuz des Piz Lat, 2784 m.

Nun nehmen wir den Weg, der dem Südwestkamm folgt, und passieren dabei den höchsten Punkt des Piz Lat (3), 2808 m. Nach aussichtsreicher Höhenwanderung leitet unser Weg nach links hinab und trifft im Sesslat-Kar auf die Anstiegsroute.

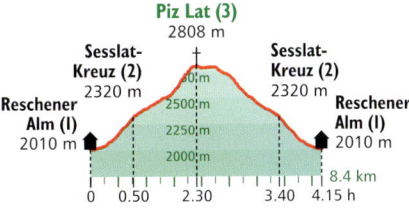

Ötztaler Alpen

2 Endkopf (Jaggl), 2652 m

Über die Grauner Alm ins Edelweißparadies ★

Kalkklotz über dem Reschensee

Wenn man über den Reschenpass kommt und auf Graun zufährt, fällt als Erstes der alte Grauner Kirchturm im Reschensee auf, bei guter Sicht vielleicht auch der grandiose Blick über den See auf Ortler und Königspitze. Direkt über dem See, links oberhalb der Straße, ragt aber noch eine andere auffällige Gestalt auf: der Endkopf, der eigentlich Jaggl heißt – aber so was konnten die feinen Kartografen des 19. Jh. nicht über die Lippen oder gar zu Papier bringen, und so benannten sie ihn einfach nach der Lage am Ende des von der Weißkugel herziehenden Bergkammes. Schaut man sich den breiten Felsberg genauer an, fühlt man sich in die Kalkalpen versetzt; der Eindruck trügt nicht: hier sind tatsächlich – ähnlich wie am Ortler oder in den nahen Engadiner Dolomiten – marine Sedimentgesteine erhalten, abgelagert im Thetys-Meer um die Wende vom Erdaltertum zum Erdmittelalter vor rund 230 Millionen Jahren. Inmitten der sonst hier vorherrschenden Gneise und Glimmerschiefer ist dieser Kalk schon etwas Besonderes – und bietet einen idealen Lebensraum für die Königin der Bergblumen: das Edelweiß.

KURZINFO

Talort: Graun, 1500 m, seit Flutung des Reschensees (1950) an dessen Ostufer. An der Buslinie 273 Mals – Nauders.
Ausgangspunkt: Parkplätze am Anfang der Straße ins Langtauferer Tal (nahe dem Rathaus und am stillgelegten Hallenbad).
Gehzeit: 6½ Std.
Höhenunterschied: 1160 m.
Anforderungen: Ausreichend Kondition; ansonsten relativ leichte Bergwanderung. Im Gipfelbereich sollte man nicht beliebig querfeldein gehen, falls mit Nebeleinfall zu rechnen ist – die Orientierung kann sonst zum Problem werden.
Einkehr: Grauner Alm, 2173 m, in der Hauptsaison einfach bewirtschaftet.
Variante: Für eine Rundtour kann man mit dem Bus 276 ins Langtauferer Tal bis zur Haltestelle »Abzweigung Malsau« fahren (Schild »App. Krampusloch«), bei der talein gelegenen Fahrwegbrücke dem Wegweiser zum Endkopf folgend nach rechts über den Karlinbach. Der markierte Weg Nr. 10 führt nun durch den Rieglwald (anfangs auf einem Fahrweg) ebenfalls in den Sattel (Wegpunkt 3) zwischen Hengst und Endkopf (gut 3 Std. Aufstieg).
Tipp: Montags und donnertags fährt ein Wandertaxi zur Grauner Alm (9.00 Uhr ab Parkplatz beim Gemeindehaus Graun, Anmeldung unter +39 335 65 88 855).
Karten: Freytag & Berndt 1:50.000, WKS 2 Vinschgau, Ötztaler Alpen; Tabacco 1:25.000, Blatt 043 Vinschgauer Oberland.

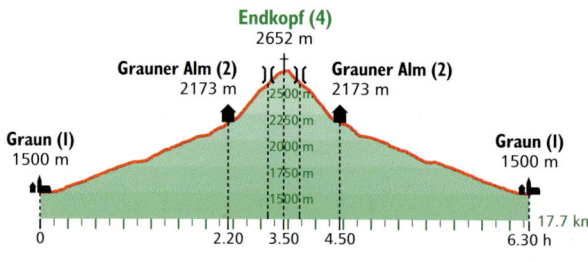

Der Endkopf (Jaggl), ein Kalkklotz mit auffallendem Gipfelplateau.

Von **Graun (1)** folgen wir der Straße ins Langtauferer Tal, aber nur für 300 m. Bei der ersten Straßenbiegung – einer Linkskurve – (dort gibt es nur sehr begrenzte Parkmöglichkeiten) überqueren wir dem Wegweiser (Nr. 10) folgend den Karlinbach und treffen rechts haltend auf den Hauptfahrweg zur Grauner Alm. Immer der Markierung folgend wandern wir nun durch den Arluiwald ins Vivana-Tal. Dort passieren wir die **Grauner Alm (2)**, 2173 m, die auch noch auf den rätoromanischen Namen »Vivana« hört. Nach der Alm nehmen wir den Weg, der nach links hinauf leitet. Er führt zum **Sattel (3)**, 2536 m, zwischen dem Hengst im Osten und dem Jaggl im Westen. Letzteren, unser Gipfelziel, erreichen wir über den Hang nach links hinauf. Das Gipfelkreuz auf dem **Endkopf (4)**, 2652 m, steht im Süden der relativ flachen Gipfellandschaft.

Abstieg auf dem Anstiegsweg.

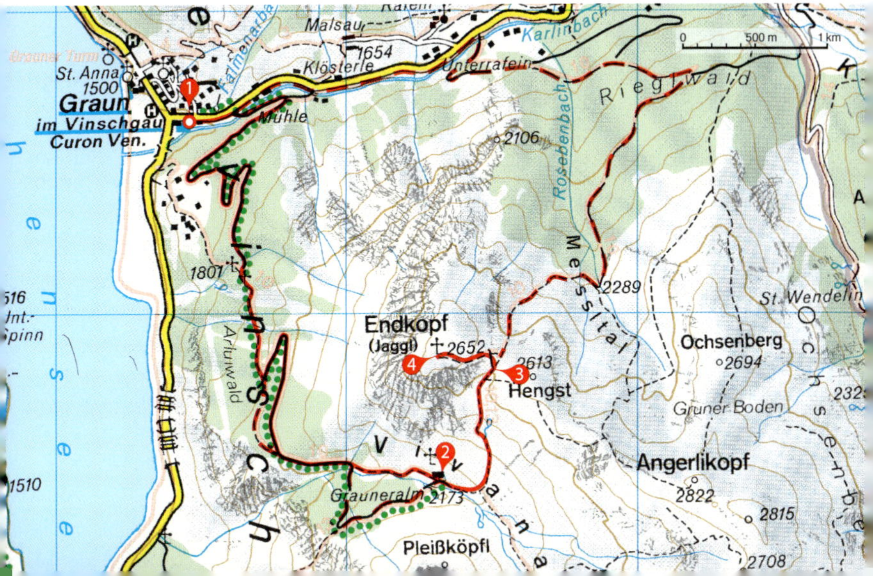

Ötztaler Alpen

3 Langtauferer Eiswände, 3000 m

Über die Weißkugelhütte zum Gepatschferner

Trockenen Fußes in die Welt des ewigen Schnees
Bei dieser Tour kommt man einer glaziologischen Besonderheit nahe: dem Eisbruch, mit dem das Eis vom Gepatschferner Richtung Langtauferer Ferner herabfließt und -stürzt. Als Plateaugletscher – der größte der Ostalpen – breitet sich der Gepatschferner nämlich in mehrere Richtungen aus und spendet sein Eis nicht nur dem Einzugsgebiet des Inn (via Kaunertal, in dem seine große Gletscherzunge liegt), sondern auch dem der Etsch (via Langtauferer Ferner). Die Europäische Hauptwasserscheide verläuft also durch den Gletscher. Der Weg dorthin ist im letzten Abschnitt steil und steinig, zuvor führt er aber zur verlockenden Weißkugelhütte. Sie ist ein echtes Highlight der Südtiroler Bergwelt, und zwar in mehrerlei Hinsicht: Die Lage über der Zunge des Langtauferer Ferners und die Aussicht auf die wild zerklüfteten Gletscherflanken der Bärenbartkögel und der Weißkugel suchen ebenso ihresgleichen wie das wunderbare Essen, das die engagierten Wirtsleute trotz erschwerter Bedingungen den Gästen auftischen. So kommt es, dass sich zwischen die Bergsteiger, die die Hütte als Stützpunkt nutzen, viele Wanderer mischen, die auch die kulinarischen Köstlichkeiten schätzen.

KURZINFO

Talort: Melag, 1925 m, letzter Ort im Langtauferer Tal; Zufahrt von Graun am Reschensee; Buslinie 273 von Mals über Graun (dort umsteigen) nach Melag.
Ausgangspunkt: Parkplatz in Melag, 1925 m, Buslinie 273 Graun – Melag.
Gehzeit: 7¼ Std.
Höhenunterschied: 1150 m.
Anforderungen: Trittsicherheit und Kondition, für das letzte Stück zum Gepatschferner auch etwas Schwindelfreiheit; dort je nach Bedingungen (auftauender Permafrost!) Steinschlaggefahr; den Wirt nach Verhältnissen fragen.
Einkehr/Übernachtung: Weißkugelhütte, 2542 m (CAI/Land, Tel. +43 664 533 8923 per WhatsApp oder +39 0473 633 191, www.weisskugel.it); Melager Alm, 1970 m (Tel. +39 0473 633 144).
Varianten: Über den Adlersteig auf den Schmied, 3170 m (Kreuz etwas tiefer), nördlich über der Weißkugelhütte; von der Hütte als Rundtour begehbar, insgesamt gut 3½ Std., anspruchsvoll (Schwierigkeit »schwarz«, Westroute stellenweise mit leichter Kraxelei), streckenweise brüchiges Felsgelände, großartige Aussicht.
Karten: Freytag & Berndt 1:50.000, WKS 2 Vinschgau, Ötztaler Alpen. Tabacco 1:25.000, Blatt 043 Vinschgauer Oberland. AV-Karte 30/2 Ötztaler Alpen, Weißkugel.

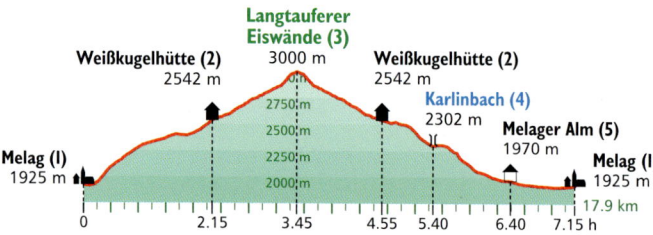

Links die Langtauferer Spitze, rechts der Bärenbartkogel, darüber lugt der Gipfel der Weißkugel. Unten die 1850er-Ufermoräne des Langtauferer Ferners.

Von **Melag (1)** gehen wir auf dem hangquerenden Feldweg zum Melagbach. Gleich nach der Brücke zweigen wir links ab (auf Weg 3a) und gewinnen rasch an Höhe – und an Aussicht auf die Eisriesen des inneren Langtauferer Tals. Eine ansteigende Querung führt zu den Verebnungen bei der Inneren **Schafberghütte**, 2340 m, unter dem wilden Talkessel des Falgintals. Von links mündet hier der Höhenweg Nr. 3. Hinter dem nächsten Geländerücken öffnet sich der Blick auf das Einzugsgebiet des Langtauferer Ferners. Bald darauf ist die **Weißkugelhütte (2)**, 2542 m, erreicht.

Nach einer Stärkung folgen wir dem Richterweg Richtung Brandenburger Haus. Der Pfad führt oberhalb des Langtauferer Ferners nach Osten. Noch deutlich vor dem zerklüfteten Eiszufluss vom Gepatschferner weicht der Weg nach links oben aus und leitet dabei – stellenweise gesichert – durch das immer steiler Felsgelände der Langtauferer Eiswände (auch Vernaglwände ge-

Eisbruch neben dem Richterweg.

nannt). Wem das zu arg wird: Umkehren ist keine Schande und die Szenerie – wie der Blick zur übermächtigen Weißkugel – ist auch ohne den letzten Abschnitt großartig. Ansonsten steigt man zum oberen Rand der **Langtauferer Eiswände (3)**, rund 3000 m, am Rand des Gletscherplateaus auf – was vor allem insofern reizt, als man dort nah ans Eis kommt und ein bisschen von der Weite des Plateaugletschers erahnen kann. Jetzt ist aber endgültig Umkehren angesagt, denn der weitere Weg zum Brandenburger Haus bleibt Hochtourengehern mit Gletschererfahrung und entsprechender Ausrüstung vorbehalten.

Am Anstiegsweg gehen wir zurück zur **Weißkugelhütte (2)**. Von dort folgen wir dem 2007 eröffneten, sehr interessanten **Gletscherlehrpfad** – zunächst talein. Er führt anschließend durch ein Gletschervorfeld hinab, in dem vor gar nicht so langer Zeit noch die Zunge des Langtauferer Ferners lag. Der Sage nach gab es dort einst die Stadt Donanä (oder Tananä), deren Bewohner sich den Armen gegenüber hartherzig verhalten hatten. Daraufhin stieß zur Strafe der Gletscher vor und raffte die Stadt hinweg.

Der Weg quert nach der Brücke über den **Karlinbach (4)** hinüber zur jenseitigen Ufermoräne und führt dann zur **Melager Alm (5)**, 1970 m, hinab.

Auf der rechten Talseite geht es schließlich flach talaus zum Ausgangspunkt **Melag (1)**.

Blick vom Richterweg auf die Zunge des Langtauferer Ferners und das seit dem 19. Jh. eisfrei gewordene Gelände. Rechts darüber die Weißkugelhütte.

Ötztaler Apen

Oberetteshütte, 2677 m

Hüttenrunde mit alpinem Abstieg ★★

Urweltliche Kulisse in einem »vergessenen« Tal

Schon 1883 wurde im hinteren Matscher Tal die Karlsbader Hütte eingeweiht. Nach einer großen Erweiterung hieß sie ab 1902 Höllerhütte. Nachdem sie 1945 durch einen Brand eingeäschert worden war, geriet das Tal in Vergessenheit. Erst seit 1987 gibt es anstelle der Höllerhütte wieder eine Bergsteigerunterkunft: die Oberetteshütte. Zu den berühmtesten Hütten Südtirols zählt sie sicher nicht. Dafür ist sie immer noch viel zu abgelegen. Aber genau diese Abgeschiedenheit macht den Reiz des Matscher Tals aus. In

Rechts oben die Oberetteshütte.

dieses Tal »verirren« sich weder Touristenbusse noch Eventtouristen – sehr wohl aber einige Weißkugel-Aspiranten. Für die hat sich die Oberetteshütte zum dritten Stützpunkt entwickelt, neben der Weißkugelhütte im Langtauferer Tal und der »Schönen Aussicht« am Hochjoch. Wir Wanderer müssen auf die alpinistisch recht anspruchsvolle Weißkugel verzichten, nicht aber auf das fast schottisch anmutende Ambiente im Hochtal. Am schönsten ist es hier im Frühsommer, wenn ein Meer von Alpenrosen an den Hängen leuchtet.

KURZINFO

Talort: Matsch, 1576 m, oberhalb der Mündung des Matscher Tals; Zufahrt von Tartsch bei Mals (Bus 276) im Vinschgau.
Ausgangspunkt: Glieshof, 1824 m, am Ende der öffentlich befahrbaren Straße ins Matscher Tal; Parkplatz bei der Brücke knapp unter dem Glieshof.
Gehzeit: Knapp 5¾ Std.
Höhenunterschied: 870 m.
Anforderungen: Insbesondere für den beschriebenen Abstieg braucht man Trittsicherheit und Orientierungssinn in teilweise weglosem Gelände.
Einkehr/Übernachtung: Oberetteshütte, 2677 m (AVS, Tel. +39 340 611 9441, im Sommer auch +39 0473 830 280, www.oberettes.it).
Variante: Rückweg über die Saldurseen: 4½ Std., anspruchsvoll (»schwarz«), genau auf Markierungen achten, nur wenn schneefrei (Wirt fragen). Zuerst muss man auf die südöstlich oberhalb der Hütte gelegene Scharte (rund 3000 m); die erreicht man (zunächst am Weißkugelweg) über einen markierten Schutt- und Felssteig. Auf dem Weg 4 hinunter zu den Seen. Nachdem der letzte See passiert ist, geht es erst nach links hinauf (!), später erst auf markiertem Weg nach rechts hinab zur Inneren Matscher Alm, wo der Anstiegsweg erreicht ist.
Karten: Freytag & Berndt 1:50.000, WKS 2 Vinschgau, Ötztaler Alpen. Tabacco 1:25.000, Blatt 043 Vinschgauer Oberland.

Ötztaler Apen

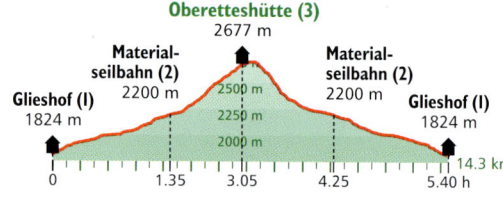

Vom Parkplatz beim Glieshof (1) gehen wir über die Brücke auf die in Aufstiegsrichtung linke Seite des Baches, um auf einem Wanderweg zu einem geschotterten Fahrweg anzusteigen und darauf talein zu gehen. Die Abzweigung zur Äußeren Matscher Alm bleibt links liegen. Bald darauf wird der Saldurbach überquert (jenseits der Brücke zweigt talwärts der Rückweg auf der östlichen Talseite ab). Wir folgen dem Fahrweg zur Talstation der Materialseilbahn (2), 2200 m, der Oberetteshütte. Von dort aus geht es zunächst noch im Talboden weiter zu einem markanten Steingebilde, wo uns eine Wegweisung nach rechts in den östlichen Talhang schickt. Oberhalb der Trogschulter trifft man auf Steigspuren, die nach rechts in Richtung eines steinschlaggefährdeten Geländes führen; es sind die Reste eines nicht mehr gangbaren Hüttenweges. Wir halten uns da links und steigen hinauf zur Oberetteshütte (3), 2677 m.

Für den Abstieg (so nur bei trockenen Bedingungen) starten wir zunächst auf dem Weißkugelweg oberhalb der Hütte, verlassen ihn nach Überquerung des Baches gleich wieder nach links. Ein nicht immer ganz deutlicher und stellenweise abschüssiger Pfad überwindet einige steile Felsstufen in der Trogschulter des Tals. Im flacheren Auslauf des Hangs hat man zwei Möglichkeiten: Entweder man geht nach links und wandert links des Saldurbaches durch Weidegelände talaus zur Talstation der Materialseilbahn; oder man hält vom Hangfuß direkt auf die weit und breit einzige Brücke, ca. 2325 m, zu, um auf die andere Talseite zu gelangen. Dort gleich nach der Brücke links talaus. Die Wegspuren verlaufen sich zwar bald, man kommt durch das flache Weidegelände aber auch so gut voran, immer weitgehend geradeaus. Gleich nachdem vorn rechts ein größerer Seitenbach mündet, wechseln wir auf einer Brücke wieder auf die linke Talseite und treffen dort wieder auf den Anstiegsweg.

An der Materialseilbahn (2) vorbei wandern wir zurück. Statt über den untersten Straßenabschnitt kann

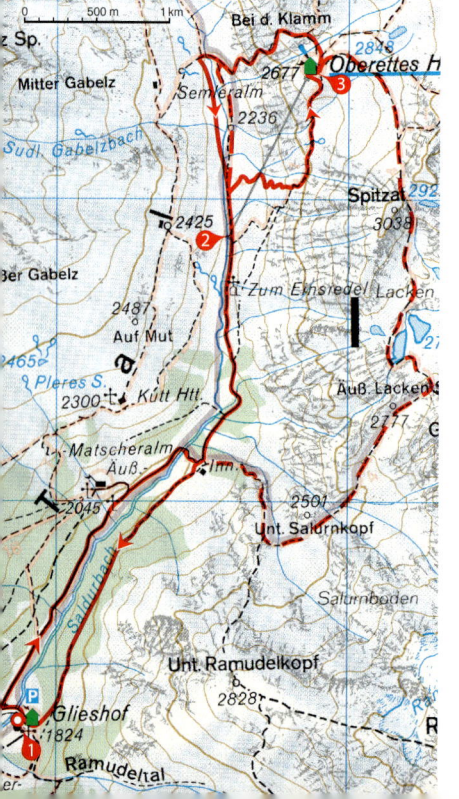

Ötztaler Apen

man auch auf einem schmalen Hangpfad zum **Glieshof (1)** zurückkehren: Kurz vor der Brücke verlässt man das Sträßchen dazu nach links. So geht man am Hang links oberhalb des Baches weiter. Der Weg quert dabei einige kleine, abschüssige Tobel, die nach Gewittern Schwierigkeiten bereiten können (ggf. vorher am Glieshof fragen).

Blühende Alpenrosen im Talgrund, gleißender Schnee an den Dreitausendern – Frühsommer im oberen Matscher Tal.

Sesvennagruppe

5 Sesvennascharte (Furkel), 2819 m

Über die Sesvennahütte zur Schweizer Grenze ★★

Landschaftsgenuss pur

Die Tour zur Sesvennascharte bietet vielfältige Impressionen: ein liebliches Wiesen- und Almtal, einen spektakulären Wasserfall, romantische Bergseen und schließlich einen eindrucksvollen Blick von der Scharte auf das noch vergletscherte Sesvennamassiv. Am Weg lohnt sich eine Einkehr in der beliebten Sesvennahütte. Sie ist noch relativ jung, wurde sie doch erst 1971 eingeweiht. Schon 70 Jahre zuvor wurde die ganz in der Nähe ebenfalls noch

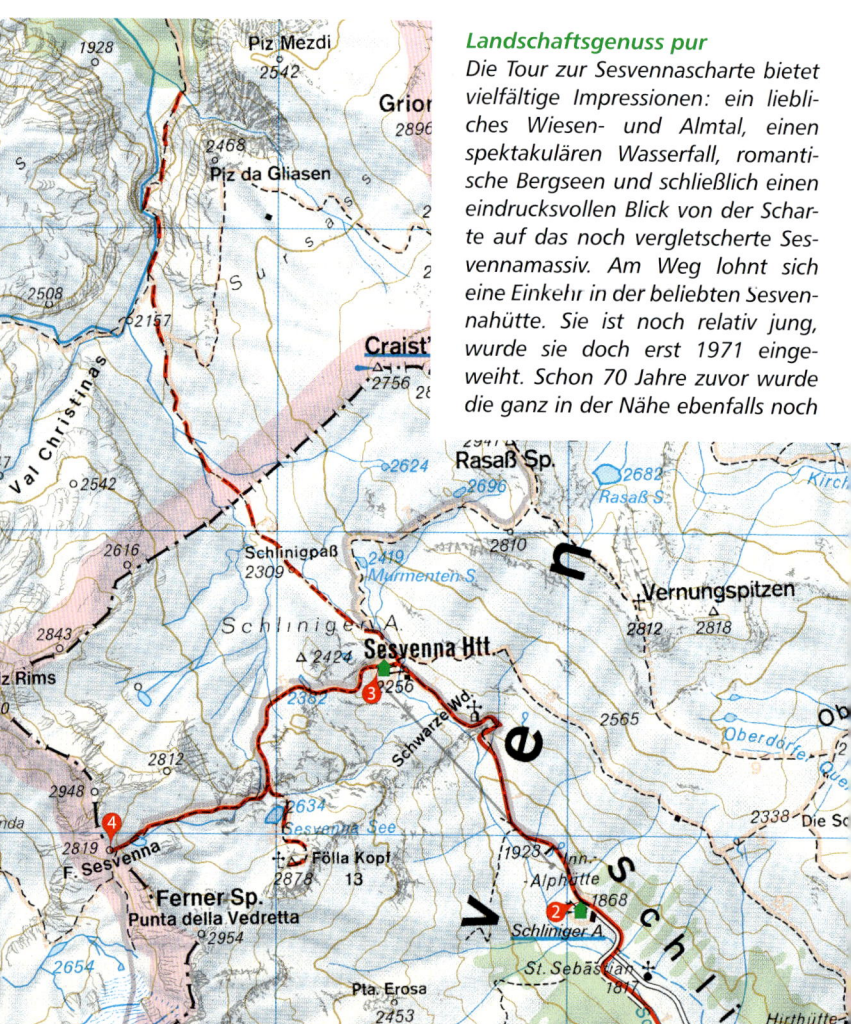

am Weg stehende Alte Pforzheimer Hütte ihrer Bestimmung übergeben. Die Sektion Pforzheim initiierte auch den Bau des Steiges durch die spektakuläre Uinaschlucht, der seit 1910 einen relativ bequemen, aber auch langen Zustieg aus dem Engadin über den Schlinigpass (Europäische Hauptwasserscheide!) ermöglicht. Dieser Steig lockt noch heute Wanderer und seit den 1990er Jahren auch Mountainbiker. Die Hütte steht heute als klotzige Ruine in der Landschaft; man sieht ihr nicht mehr an, wie gemütlich sie einmal war. Nach dem Ersten Weltkrieg wurde sie vorübergehend von italienischen Militärs und Finanzern genutzt, dann der CAI-Sektion Milano übergeben, der aber nicht an einer Erhaltung gelegen war. Umso erfreulicher ist der Zustand der jungen Sesvennahütte des Alpenvereins Südtirol, in der sich auch eine Übernachtung anbietet. Schließlich gibt es im Umfeld der Hütte noch reichlich interessante Ziele, neben der Uinaschlucht die Rasass-Spitze (2941 m) und den Föllakopf (2878 m), der geologisch bereits zu den Engadiner Dolomiten gehört. Und wer sich einem Bergführer anvertraut, kann sich als Bergwanderer auch mit der Gletschertour auf den Piz Sesvenna belohnen.

KURZINFO

Schwarze Wand mit Wasserfall.

Talort: Schlinig, 1726 m, im Schliniger Tal; Zufahrt von Burgeis, 1237 m, am Rand der Malser Heide.
Ausgangspunkt: Parkplatz vor dem Ortseingang Schlinig, beschränkte Parkmöglichkeit am oberen Ortsende.
Gehzeiten: 6¼ Std.
Höhenunterschied: 1100 m.
Anforderungen: Bergwanderung ohne größere Schwierigkeiten; die Geländestufe neben dem Wasserfall mag auf manche vielleicht etwas ausgesetzt wirken – sie ist dank des relativ breiten Weges aber harmloser, als sie aussieht. Im oberen Bereich bis in den Frühsommer Schneefelder, die rutschig sein können.
Einkehr/Übernachtung: Schliniger Alm (Alp Planbel), 1868 m; Sesvennahütte, 2256 m (AVS, Tel. +39 0473 830 234 oder +39 347 954 1069, www.sesvenna.com).
Varianten: 1) Uinaschlucht: Von der Wegverzweigung zwischen der Ruine der Pforzheimer Hütte und der Sesvennahütte über den flachen Schlinigpass zum gesicherten, mit Galerien versehenen Schluchtweg an viele hundert Meter hohen Schluchtwänden. Vom Ende der Schlucht auf gleichem Weg zurück (ab Sesvennahütte hin und zurück 2 Std.).

Paradiesisches Ambiente zwischen Schlinig und Schliniger Alm – Blick talaus.

2) Föllakopf (Schwierigkeit »schwarz«): Am Weg zur Sesvennascharte nach einer guten ½ Std. nach links abzweigen auf den Weg 5b, am Sesvennasee (2634 m, auch Kloanberglsee oder Föllasee genannt) vorbei, dann über eine Schuttflanke und einen felsigen Steig auf den Kalkgipfel (2878 m), von der Sesvennahütte 1¾ Std. Aufstieg, 1¼ Std. Abstieg.

Tipp: Kloster Marienberg (Benediktinerstift, um 1200) an der Straße nach Schlinig, Parkplatz bei der Straßenkehre.

Karten: Freytag & Berndt 1:50.000, WKS 2: Vinschgau, Ötztaler Alpen. Tabacco 1:25.000, Blatt 043: Vinschgauer Oberland oder Blatt 44: Vinschgau, Sesvenna.

Beim oberen Ortsende von **Schlinig (1)** nehmen wir den Weg, der nach links zum Talrand hinüber führt. Dort geht es auf einem Schottersträßchen entlang des Schliniger Baches talein. Bald nachdem sich das Sträßchen vom Bach gelöst hat, trifft es auf der gegenüberliegenden Talseite auf die bewirtschaftete untere **Alp Planbell (2)**, 1868 m, auf der Schliniger Alm. An der landwirtschaftlich genutzten Inneren Alphütte, 1923 m, vorbei strebt man auf den eindrucksvollen **Wasserfall** zu, der den Talschluss optisch beherrscht. Kurz davor wendet sich der Weg nach rechts, um in einer Schleife die Felsschwelle der Schwarzen Wand weniger direkt als das Wasser zu überwinden. Nach der **Ruine** der Pforzheimer Hütte verzweigen sich die Wege: Geradeaus geht es zur Uinaschlucht (Variante 1), nach links zweigt der Weg zur schon sichtbaren **Sesvennahütte (3)**, 2256 m, ab.

Von der Hütte geht es auf dem Weg Nr. 5 nach Westen. Die Abzweigung zum Föllakopf (Weg 5b, Variante 2) lassen wir links liegen. Auf 2767 m

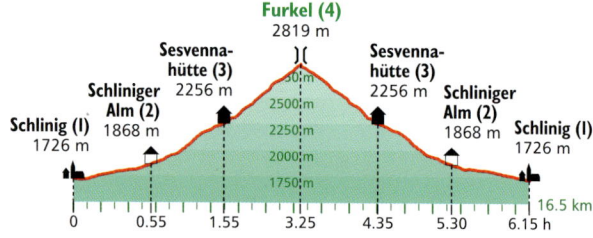

Sesvennagruppe

lockt der kleine **Furkelsee** zur Rast. Wenn wir gleich noch 50 Höhenmeter drauflegen, haben wir die **Furkel (4)**, 2819 m, erreicht und damit freien Blick auf die hochalpine Szenerie um den Piz Sesvenna.
Am Anstiegsweg kehren wir zurück nach **Schlinig (1)**.

Noch (?) das »Sahnehäubchen« des Gebiets: der Sesvennagletscher.

Sesvennagruppe

6 S-charl-Jöchl (Cruschetta), 2296 m

Von der Mangitzer Alm durchs stille Avignatal ★

Auf einem alten Übergang in die Schweiz
Nein, da hat sich kein überflüssiger Trennstrich hinter dem Anfangsbuchstaben eingenistet: Das abgelegene Schweizer Bergdorf, nach dem das S-charl-Jöchl benannt ist, schreibt sich so; der Strich drückt die Aussprache aus, die etwa mit »Schtjarl« wiedergegeben werden könnte. Das S-charl-Jöchl (ladinisch auch Cruschetta genannt) verbindet das Münstertal mit dem ehemaligen Bergbauort S-charl – wenn man auf die jeweiligen Haupttäler schaut, also den Vinschgau mit dem Engadin. Dementsprechend bedeutend war der Übergang einmal für den lokalen Austausch (und den Schmuggel) zwischen diesen beiden Wirtschafts- und Kulturräumen.
Der Südanstieg auf den Piz Sesvenna (Variante) bietet eine gute Gelegenheit, einen vergletscherten Dreitausender mit überwältigender Rundumsicht zu erreichen, ohne sich selbst auf einen Gletscher wagen zu müssen.

Die Mangitzer Alm im Avignatal – Blick talein.

KURZINFO

Talort: Taufers im Münstertal, 1240 m, an der Schweizer Grenze, Bus 811 vom Bahnhof Mals über Glurns.
Ausgangspunkt: Avignatal; Parkplatz, 1750 m, neben dem Avignabach kurz vor der Mangitzer Alm; die Zufahrtsstraße setzt in Taufers gegenüber dem Gasthof Lamm als »Mühlweg« an.
Gehzeit: Gut 3¾ Std.
Höhenunterschied: 550 m.

Anforderungen: Leichte Wanderung auf Fahrwegen und Bergpfaden. Die Variante ist jeder Hinsicht anspruchsvoll (Schwierigkeit »schwarz«).
Einkehr/Übernachtung: Einfache Stärkung an den Almen nur zeitweise, also zur Sicherheit Proviant mitnehmen. Im Notfall, z. B. bei einem Wettersturz, bietet die unbewirtschaftete Jöchlhütte, 2270 m, mit ihren vier Lagern Schutz.
Variante: Piz Sesvenna, 3204 m, hochalpine Bergtour für erfahrene, trittsichere und konditionsstarke Alpinisten mit

Blick vom Piz Sesvenna – dem Ziel der Variante – auf die Gletscherwelt um den Ortler (links) und die Thurwieser Spitze (rechts).

Vom **Parkplatz (1)** wandern wir auf dem Fahrweg talein. Bald nach einer Brücke kürzt man auf einem rechts hinaufführenden Wanderweg ab und erreicht die **Mangitzer Alm (2)**, 1836 m. Weiter spazieren wir auf einem für den öffentlichen Verkehr gesperrten Almsträßchen zur **Mitteralm (3)**, 2011 m. Nächste Station ist die **Pravierthütte (4)**, 2123 m. Dort zweigt die Variante auf den Piz Sesvenna nach rechts ab. Wir gehen weiter Richtung Nordwesten – zunächst über eine Verflachung, bald wendet sich der Weg nach rechts und das Gelände wird steiler. Nach der kleinen, unbewirtschafteten **Jöchlhütte**, 2270 m, öffnet sich am **S-charl-Jöchl (5)**, 2296 m, der Blick ins die Schweizer Val Plazer, ein Nebental des Val S-charl, das bei Scuol ins Unterengadin mündet.

Am Anstiegsweg kehren wir zum Ausgangspunkt zurück.

Felsgewandtheit: Ab der Pravierthütte auf rot-weiß markiertem Steig Nr. 5 nach Norden zunehmend steil und steinig über satte 1000 Höhenmeter auf den Kamm, 3080 m, östlich des Piz Sesvenna steigen. Den Gipfel erreicht man schließlich in anregender Kraxelei über einen blockigen, nur stellenweise ausgesetzten Felsgrat. Der Abstieg erfolgt auf gleicher Route (ab Pravierthütte mühsame 3½ Std. Aufstieg, 2¼ Std. Abstieg).

Karten: Freytag & Berndt 1:50.000, WKS 2: Vinschgau, Ötztaler Alpen. Tabacco 1:25.000, Blatt 44: Vinschgau, Sesvenna.

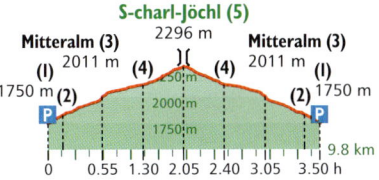

35

Tiroler Münstertal

7 Mitterwaal, Taufers i. Münstertal, 1240 m

Von Glurns durchs Münstertal

Historische Stätten nahe der Schweizer Grenze

Der Vinschgau ist so trocken, dass es nur mit einem ausgeklügelten Bewässerungssystem möglich ist, eine einträgliche Landwirtschaft zu betreiben. Dazu wurden seit Menschengedenken hangparallele, oft kunstvoll konstruierte Bewässerungskanäle angelegt. In Madeira sind ähnliche Kanäle als Levadas bekannt, im Wallis als Suonen, hier im Vinschgau nennt man sie Waale. Das Wort leitet sich vom Romanischen ab (»Aqual«), was zeigt, dass es diese Bewässerungsform schon gab, bevor die Bajuwaren ihre Sprache ins Land brachten. Die Wanderung zwischen dem ungemein reizvollen Städtchen Glurns und dem alten Grenzort Taufers im Münstertal folgt streckenweise Waaltrassen und passiert eine historisch bedeutsame Stelle: Die Calvenbrücke, wo sich 1499 die habsburgisch geführten Tiroler und die Eidgenossen eine blutige Schlacht geliefert hatten.

KURZINFO

Talort: Glurns, 908 m, kleinste Stadt Italiens und der Alpen; Busverbindungen mit der Vinschgau-Bahn (Schluderns, Linien 271 und 272, sowie Mals, Linie 272).

Ausgangspunkt: Tauferer Tor; Parkplatz bei der Pfarrkirche St. Pankratius außerhalb des Tauferer Tors an der Südwestecke des Städtchens; alternativ auch weitere ausgewiesene Parkplätze an den Ortsrändern, der Spaziergang durch das Städtchen ist eindrucksvoll. Alternativ:

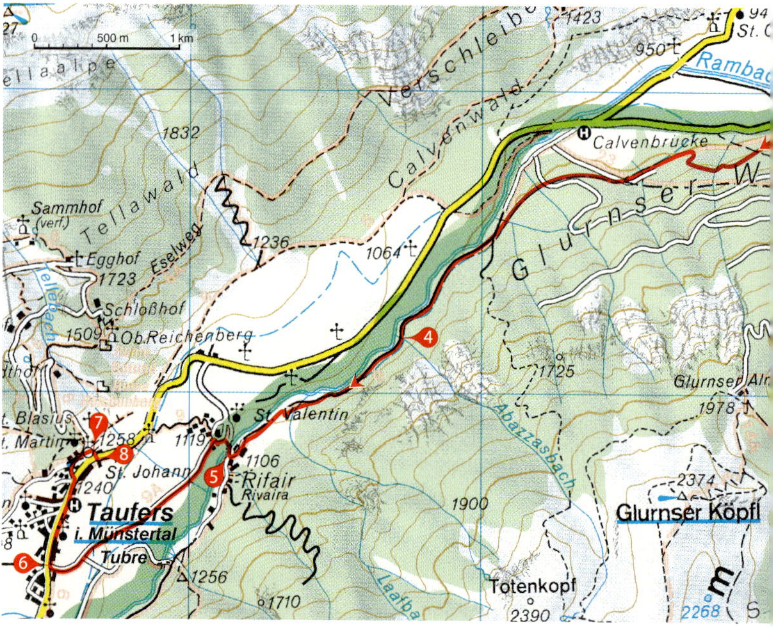

Glurns, die kleinste Stadt Südtirols, ist rundum von einer Stadtmauer umgeben. Im Hintergrund der Tartscher Bühel, ein vorchristlicher Opferplatz.

Kleine Parkfläche bei Wegpunkt 3 (keine Bus-Hst., also nach Busrückfahrt nach Glurns von dort zu Fuß zum Auto).
Endpunkt: Taufers, Bushaltestelle Taufers – St. Johann bei der Tourist Info; Rückfahrt mit Bus 811 nach Glurns.
Gehzeit: Gut 3¼ Std.
Höhenunterschied: 500 m im Aufstieg, 180 m im Abstieg.
Anforderungen: Leichte Wanderung; etwas Orientierungssinn vorteilhaft.
Einkehr: Gasthäuser in Glurns und Taufers.
Karten: Freytag & Berndt 1:50.000, WKS 2: Vinschgau, Ötztaler Alpen. Tabacco 1:25.000, Blatt 44: Vinschgau, Sesvenna.

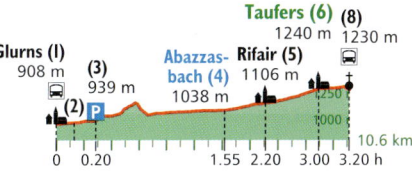

An der Südseite von **Glurns (1)** gehen wir vom Parkplatz bei der Kirche zur Außenseite des Tauferer Tors; dort links auf das Sträßchen, das zwischen Rambach und Stadtmauer zu einem **Campingplatz (2)** führt. Hinter dem Stellplatz wird der Bach überquert. Einem Fahrweg folgend kommt man nach links hinauf zur Straße Glurns – Taufers. Auf dieser wenige Meter nach links und bei einem **Wegkreuz** nach rechts auf einem Betonplattenfahrweg wieder um wenige Meter aufwärts, gelangen wir zu einem Zaun. Daran entlang führt ein Pfad oberhalb der Straße zu einem kleinen, unbefestigten **Parkplatz (3)**. Der Beschilderung folgend steigen wir im Wald hinauf zum eigentlichen Waalweg. Dieser quert durch ziemlich steiles, felsdurchsetztes Waldgelände.
Wo man auf eine Forststraße trifft (links ginge es zum Kirchlein St. Martin), gehen wir geradeaus auf einen Karrenweg, den wir gleich

Einer der typischen Laubengänge in der mittelalterlichen Stadt Glurns.

wieder nach rechts verlassen, um dem nun wieder offen verlaufenden Waal zu folgen. Sobald der Waal wieder abgedeckt ist, heißt es aufpassen: Jetzt gilt es – wie das Wasser im Waal –, die Höhe zu halten und sich nicht von abzweigenden Wegen ablenken zu lassen. So hört man (zumindest im Frühjahr) bald wieder das Gluckern des Wassers. Im weiteren Verlauf können Vermurungen zu kleinen Umwegen zwingen, ansonsten hält man sich immer an den Waal. Von rechts hört man immer lauter den Rambach, die Hauptader des Münstertals. Bald treffen wir auf den **Abazzasbach (4)**, der von den Nordhängen des 2534 m hohen Plaschweiler herabstürzt und daher bis in den Frühsommer hinein reichlich Schneeschmelzwasser liefert; hier kann man gut sehen, wie ein Teil dieses Wassers angezapft und in den Waal geleitet wird. Wir setzen unseren Weg fort, indem wir einige Meter hinab zu einem Fahrweg gehen, dem wir entlang des Rambachs bis nach **Rifair (5)**, 1106 m, folgen. Dort nach rechts

Der untere Wegabschnitt musste wiederholt neu gesichert werden.

über die Brücke und auf einem Sträßchen in den oberen Ortsteil. Dort gleich nach einem Rastplatz mit Brotzeittisch nach links. Wir spazieren nun auf einem Weg talein, der zwar asphaltiert ist, aber eine gute Sicht in die Schweizer Berge bietet. Im südlichen Ortsteil von **Taufers (6)**, 1240 m, folgen wir der Hauptstraße nach rechts und bummeln durch den reizvollen Ort zu einer spitzwinkligen Verzweigung mit einem Christuskreuz. Hier folgen wir der Nebenstraße (Kirchgasse); sie führt zur spätgotischen Pfarrkirche **St. Blasius (7)**, 1260 m. Daneben steht die Friedhofskapelle; sie wurde 1383 dem Erzengel Michael geweiht und beherbergt heute das Pfarrmuseum mit Kunstwerken aus den acht Kir-

Schattiger Weg am Mitterwaal.

chen von Taufers im Münstertal (Öffnungszeiten: 1.6. bis 15.10., Dienstag 10.00–11.00 Uhr, Samstag 16.00–17.00 Uhr, Eintritt frei). Oben am Hang erkennt man die Ruinen Rotund und Reichenberg. Vom Sträßchen unterhalb der Friedhofskapelle führt ein Pfad in den Wald hinab und zur kleinen romanischen Kirche **St. Johann (8)**, 1230 m. Sie geht auf das 9. Jahrhundert zurück und ist für ihre romanischen Fresken bekannt. Die Fresken an der Nordwand zeigen das älteste Christophorus-Bildnis Tirols und stammen aus dem 13. Jahrhundert. An der nahen **Haltestelle** entern wir den Bus 811, der uns an der Calvenbrücke vorbei zurück nach **Glurns (1)** bringt.

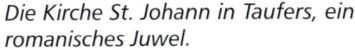

Die Kirche St. Johann in Taufers, ein romanisches Juwel.

Ortlergruppe

8 Wormisionssteig, Rötlspitz, 3026 m

Goldseeweg vom Stilfser Joch zur Furkelhütte

»Schneller« Dreitausender und aussichtsreicher Höhenweg

Wormisionssteig – was für ein Name! Das hat doch wohl nichts mit Worms zu tun? Doch, mit der Stadt Worms! Allerdings nicht mit der alten deutschen Stadt, sondern mit jener Stadt auf der lombardischen Seite des Stilfser Jochs, die früher zeitweise Worms hieß (als es mal zu Graubünden, mal zu Österreich gehörte) und heute Bormio heißt. Der Wormisionssteig war ein schon in frühgeschichtlicher Zeit benutzter Saumpfad, der als Handelsweg zwischen dem Vinschgau und der Lombardei diente. Als dann der Wiener Kongress 1815 die Lombardei dem Habsburgerreich zuschlug, fiel dem Stilfser Joch plötzlich eine ganz besondere Bedeutung zu: Es bot eine Möglichkeit, die nun österreichische Lombardei mit dem schon lange österreichischen Tirol zu verbinden, ohne auf das Gutdünken der Eidgenossen angewiesen zu sein. So musste eine Passstraße her, die für Pferdefuhrwerke befahrbar ist. Innerhalb von fünf Jahren wurde sie unter Leitung des Ingenieurs Carlo Donegani gebaut und 1825 ihrer Bestimmung übergeben. Damit verlor der Wormisionssteig vorübergehend an Bedeutung. Heute bietet er Wanderern eine großartige Möglichkeit, im Angesicht von König Ortler die Natur hautnah zu erleben – und die Geschichte! Die spielte hier nämlich nochmals eine Rolle – eine fürchterliche, als im Ersten Weltkrieg die österreichisch-italienische Front übers Stilfser Joch lief. Was sich damals abspielte, kann man aus zahlreichen Stellungsresten nur ansatzweise erahnen. Dabei helfen Texttafeln am Weg, die viel Wissenswertes erläutern.

Eilige können die Rötlspitz auch als eigenständige Tour mit Rückkehr zum Stilfser Joch unternehmen: ein Dreitausender mit gigantischer Ortlerkulisse in knapp 2½ Std. Gehzeit hin und zurück – wenn das nicht verlockend klingt!

KURZINFO

Talort: Trafoi, 1543 m, Bus 271 vom Bahnhof Spondinig der Vinschgaubahn.
Ausgangspunkt: Stilfser Joch, 2757 m; Zufahrt auf kehrenreicher Passstraße; Bus Linie 271 von Trafoi.
Endpunkt: Sessellift Trafoi – Furkelhütte (Tel. +39 0473 611 577, Betrieb: 8.30 bis 12.20 und 13.30 bis 17.00 Uhr).
Gehzeit: 4 Std.
Höhenunterschied: 320 m im Aufstieg, 920 m im Abstieg.
Anforderungen: Bergwanderung auf stellenweise ausgesetzten Bergpfaden, bei gutem Wetter ohne nennenswerte Schwierigkeiten, Altschneereste in gefrorenem Zustand ggf. aber problematisch.
Einkehr: Furkelhütte, 2153 m.
Variante: Wer von der Rötlspitz, 3026 m, wieder zum Pass zurückgeht, ist insgesamt nur knapp 2½ Std. unterwegs.
Tipp: Jeweils Anfang September gibt es einen großen Radtag am Stilfser Joch. Die Straße wird dann für Kfz. gesperrt und alles Erdenkliche für Radler getan (Parkplätze im Tal, Shuttle-Bus zum Start, Verpflegung, Abschlussfest). Infos: Tel. +39 0473 830 430, www.naturatrafoi.com/stelviobike
Karten: Freytag & Berndt 1:50.000, WKS 2: Vinschgau, Ötztaler Alpen. Tabacco 1:25.000, Blatt 08: Ortlergebiet.

Vom **Stilfser Joch (1)** geht es auf einem unübersehbaren Weg nach Norden hinauf. Nach gerade mal 85 Höhenmetern ist bereits ein Gipfel erreicht: die **Dreisprachenspitze (2)**, 2843 m, auf der sich die Verbreitungsgebiete der deutschen, der italienischen und der rätoromanischen Sprache treffen. Auf einem breiten Geländerücken wandern wir auf unser schon sichtbares Gipfelziel zu. Bei einer Verzweigung kann man beide Möglichkeiten nehmen: entweder auf der linken, also der Schweizer Seite des Rückens weitergehen und später hinab in einen **Sattel** mit hellem Gestein; oder

Blick von der Rötlspitz nach Süden: Klassische Föhnfische (altocumulus lenticularis) über dem Monte Zebrù (in Bildmitte im Hintergrund).

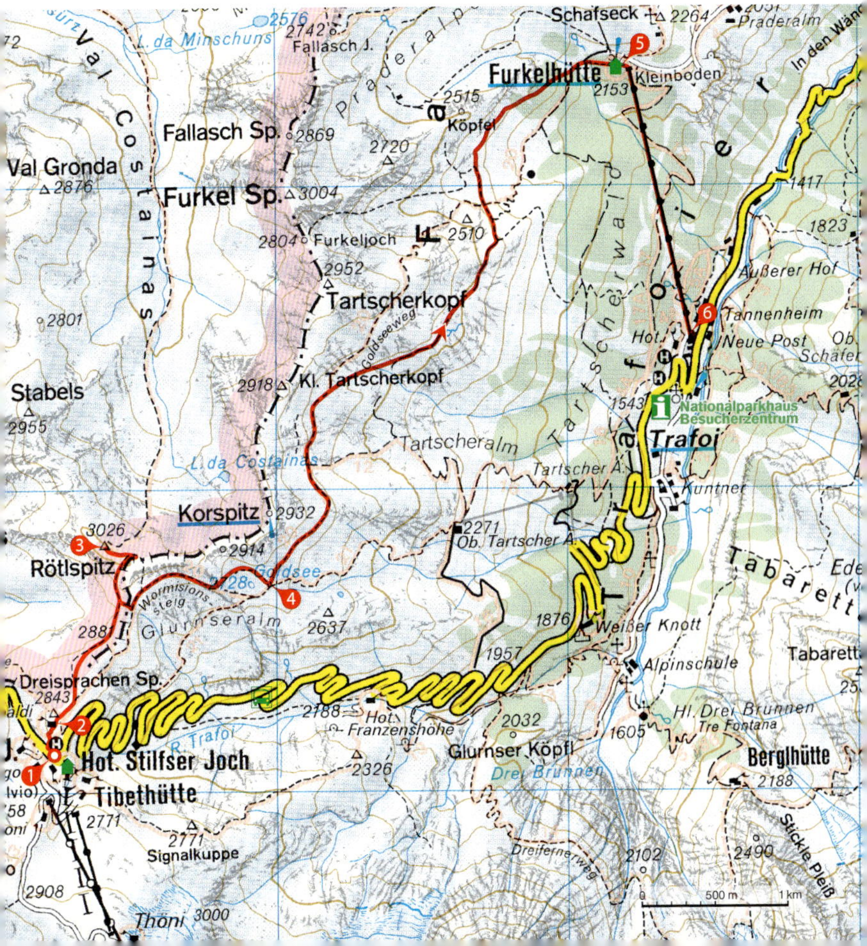

Ortlergruppe

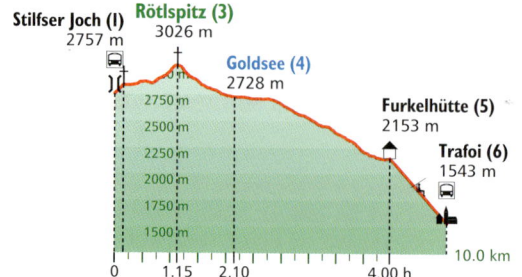

Beim Abstieg gehen wir auf der Anstiegsroute über Sella da Piz Cotschen und Rötlspitz-Südostflanke zum hellen **Sattel** und zur Abzweigung, bei der wir nach links auf dem Wormisionssteig hinabsteigen. Dieser leitet uns dann durch die Südhänge der Korspitz. Immer dem Weg Nr. 20 folgend, kommt man am **Goldsee (4)**, 2728 m, vorbei zur ehemaligen Goldseestellung. Im weiteren Verlauf folgen teils etwas ausgesetzte Hangquerungen mit nur geringem Höhenverlust, aber umso faszinierenderer Aussicht. Die Abzweigung zur Tartscher Alm bleibt rechts zurück. Überragt von der über dreitausend Meter hohen Furkelspitze verliert der Weg dann in Kehren an Höhe. Das flachere Schlussstück zur **Furkelhütte (5)**, 2153 m, wird begleitet von Zirben und Lärchen. Mit dem Sessellift geht es hinunter nach **Trafoi (6)**.

rechts auf die italienische Seite und zu den Resten des Lempruch-Lagers. Wer von dort nicht gleich dem Wormisionssteig zum Goldsee folgen will, muss dann nach links abzweigen, um ebenfalls zum hellen Sattel vor der Rötlspitz und damit zur ersten Variante zu kommen.

Jenseits dieses Sattels steigt der Weg kurz steil an und quert dann durch die Südostflanke der Rötlspitz auf die **Sella da Piz Cotschen**, 2925 m. Dort wenden wir uns nach links und steigen schließlich in einer Viertelstunde hinauf zur **Rötlspitz (3)**, 3026 m.

Blickfang auf der gegenüberliegenden Talseite: der Madatschferner.

Ortlergruppe

Hinteres Schöneck, 3128 m

Von Sulden über die Düsseldorfer Hütte ★★★

Aussichtsreicher Dreitausender gegenüber dem Ortler

Den besten Blick auf den Ortler hat man nicht vom Ortler, sondern von Aussichtsbalkonen auf gegenüberliegenden Talseiten – z. B. vom Hinteren Schöneck. Dieser Berg wirkt zwar klein im Vergleich zum fast viertausend Meter hohen Ortler, ist aber selbst schon ein richtiger Dreitausender und würde sich allein deshalb schon regen Zuspruchs erfreuen. Aber nicht nur die großen Höhen reizen hier: Auch die gemütliche, 1892 erbaute Düsseldorfer Hütte, die von der alteingesessenen Bergführerfamilie Reinstadler engagiert geführt wird, ist für sich schon ein lohnendes Ziel. Und der Anstieg durch das Zaytal ist nicht nur ein Fest für die Augen, sondern auch ein akustisches Erlebnis – wenn nämlich an einem Sommertag Unmengen von Gletscherschmelzwasser neben dem Weg zu Tal rauschen.

KURZINFO

Talort: Sulden, 1844 m; Zufahrt von Gomagoi an der Stilfser-Joch-Straße; Buslinie 271 von Mals bzw. Schluderns.
Ausgangspunkt: Parkplatz für Gäste der Düsseldorfer Hütte etwas oberhalb vom Haus Alpenfriede, ca. 1870 m.
Gehzeit: 6¾ Std.
Höhenunterschied: 1280 m.
Anforderungen: Bis zur Hütte Bergwanderung ohne besondere Probleme, sofern die Brücken intakt sind (nicht immer sicher im Frühsommer, zu dieser Zeit ist der Gipfel wegen Schneeresten und Steinschlaggefahr aber ohnehin noch kein ideales Ziel). Der stellenweise ausgesetzte und felsige Gipfelanstieg erfordert Trittsicherheit und Schwindelfreiheit.
Einkehr/Übernachtung: Düsseldorfer Hütte, 2721 m, (CAI/Land, Tel. +39 0473 613 115, www.duesseldorferhuette.com); Kälberalm, 2248 m.
Varianten: 1) Zur Düsseldorfer Hütte von der Kanzellift-Bergstation (2350 m) auf Weg 12a, 1½ Std. (Sperrung des alten oberen Wegabschnitts beachten, Steinschlag!). 2) Tschenglser Hochwand, 3375 m, Aufstieg in 2½ Std. auf drei Routen möglich: dem Otto-Erich-Klettersteig, dem 2002 errichteten neuen Klettersteig (nur mit Klettersteig-Set!) oder auf dem alpin anspruchsvollen Normalweg (»schwarz«) über die Scharte; darauf in knapp 2 Std. zurück zur Hütte.
Karten: Freytag & Berndt 1:50.000, WKS 2: Vinschgau, Ötztaler Alpen. Tabacco 1:25.000, Blatt 08: Ortlergebiet.

Hüttenanstieg im Zaytal, darüber die mächtige Vertainspitze.

Die Tschenglser Hochwand (Variante) nach einem Neuschneefall im Juli. Der Normalweg führt über die linke Halde und dann entlang dem Grat.

Vom Parkplatz beim Haus Alpenfriede in **Sulden (1)** gehen wir auf einem Pfad hinauf zum Wanderweg am Waldrand. Dem folgen wir nach rechts. Beim **Zaybach** zweigen wir nach links ab (Weg Nr. 5). Begleitet

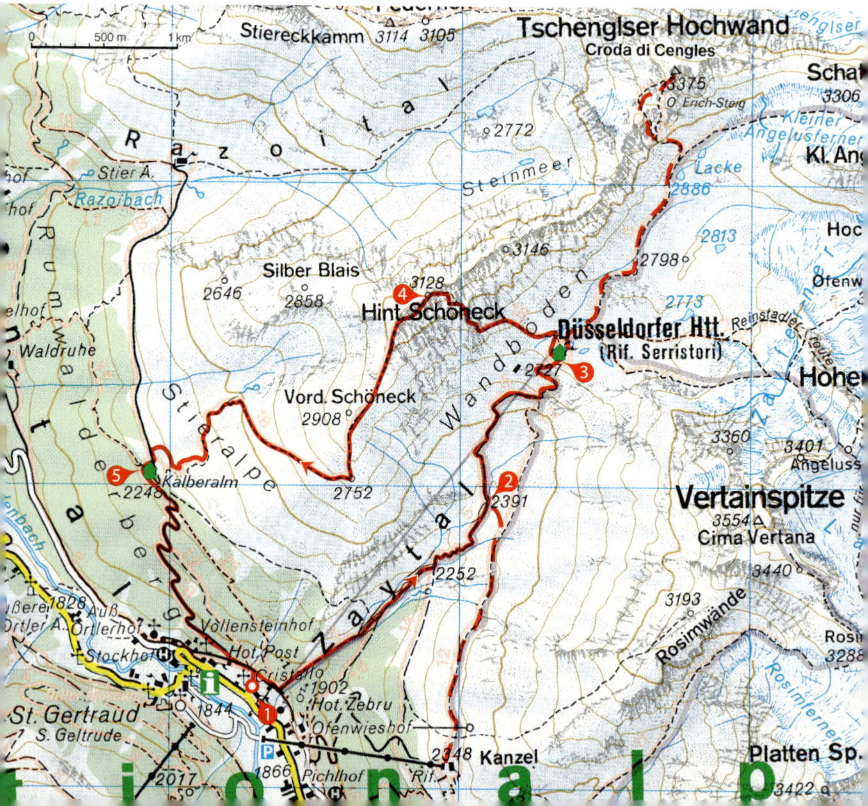

Auf dem Hinteren Schöneck – dahinter ragt das frisch verschneite Gipfel-Dreigestirn Ortler, Monte Zebrù und Königspitze (von rechts) in den Himmel. Links unten im Schatten erkennt man einen Teil von Sulden.

von dem rauschenden und erfrischenden Gewässer gewinnen wir angenehm an Höhe. Auf der zweiten, größeren Verflachung halten wir uns links und kommen zu einer **Brücke (2)**, 2391 m, nach der es dann bald wieder steiler wird. An einigen kleinen Lacken vorbei steuern wir auf einen Hang zu, über den der Weg zur **Düsseldorfer Hütte (3)**, 2721 m, hinaufführt.

Nach einer Stärkung auf der aussichtsreichen Hüttenterrasse folgen wir dem Wegweiser zum Schöneck über den Zaybach hinweg und queren durch eine Schuttflanke bergan. In Kehren führt der Weg dann in schrofiges Gelände. Schmal, steil, stellenweise ausgesetzt und an einigen Stellen auch gesichert, gewinnt der Steig nun zügig an Höhe. In Gratnähe steuern wir schließlich das Gipfelkreuz am **Hinteren Schöneck (4)**, 3128 m, an. Nordöstlich (rechts) davon gibt es noch weitere, sogar höhere Gipfelpunkte, aber schon der mit 3143 m nächstgelegene erfordert etwas Kletterei in stellenweise tückischem Gelände. Beim Abstieg über den grasigen Südwestrücken haben wir den Ortler fest im Blick. Am **Vorderen Schöneck**, 2908 m, links vorbei geht es vorübergehend nach Süden hinab, bevor der Weg nach rechts hinüberquert in die Hänge der Stieralpe. Nach einer Geländeschwelle lockt die **Kälberalm (5)**, 2248 m, zu einer abschließenden Einkehr.

Der Versorgungsweg (Nr. 19) leitet uns zurück zum hangquerenden Weg oberhalb des Ausgangspunktes in **Sulden (1)**.

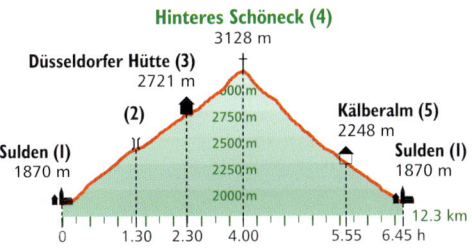

Ortlergruppe

10 Ins Rosimtal, bis ca. 2900 m

Von der Kanzel zum Rosimferner #

Wenig bergauf und viel bergab vor großartiger Kulisse
Das Rosimtal ist ein stilles Kleinod – im unteren Bereich zur rechten Zeit im Frühjahr ein wahres Alpenrosenparadies, oben taucht man in eine urtümliche, wilde Hochgebirgslandschaft ein. Das Highlight ist der Anblick des wilden Eisbruchs, mit dem die Gletscherzunge des Rosimferners über eine Felsschwelle herabhängt. Wie lange wird es angesichts der globalen Erwärmung diesen Anblick noch geben? Dort wird aber auch heute schon deutlich, wie sehr sich diese Landschaft durch den Gletscherrückgang der letzten Jahrzehnte verändert hat. Wer sich darüber und über die Geschichte Suldens genauer informieren will, findet im Tal verschiedene Möglichkeiten, so z. B. im Museum für das Ortlergebiet im Schulgebäude oder im »Messner Mountain Museum Ortles«, kurz »MMM«.

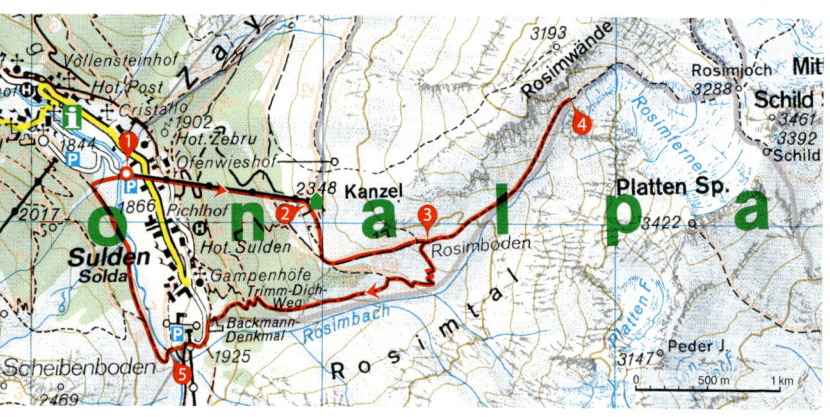

KURZINFO

Talort: Sulden, 1844 m; Zufahrt von Gomagoi an der Stilfser-Joch-Straße; Buslinie 271 vom Mals bzw. Schluderns.
Ausgangspunkt: Bergstation des Kanzelllifts (Tel. +39 0473 613 047) auf 2348 m, Talstation auf der westlichen Seite des Suldenbaches (auf alten Karten ist teilweise noch die frühere Station auf der andern Talseite eingetragen), Betriebszeiten des Sessellifts von Ende Juni bis Anfang Oktober von 8.00 bis 18.00 Uhr, Mittagspause von 13.00 bis 14.00 Uhr.

Gehzeit: 4½ Std.
Höhenunterschied: Ca. 560 m im Aufstieg, ca. 1060 m im Abstieg.
Anforderungen: Der Rundweg bietet bei trockenen Bedingungen keine nennenswerten Schwierigkeiten, der Abstecher Richtung Rosimferner zeigt mit zunehmender Höhe immer alpineren Charakter – hier umkehren, sobald es einem zu arg wird!
Einkehr: Unterwegs keine, nur am Ausgangspunkt (Bergstation Kanzellift, 2348 m) und im Tal.
Karten: Freytag & Berndt 1:50.000, WKS 2: Vinschgau, Ötztaler Alpen. Tabacco 1:25.000, Blatt 08: Ortlergebiet.

Nach der Seilbahnfahrt von **Sulden (1)** starten wir ab der Sessellift-Bergstation **Kanzel (2)**, 2348 m, auf dem Weg Nr. 12/13 nach rechts. Leicht bergab geht es ein Stück nach Süden, die imposante Königspitze immer im Blick. Im weiteren Verlauf zweigen wir nicht nach rechts ab, sondern folgen dem Weg 13, der am Hang entlang nach Osten ins Rosimtal hineinführt.

Bei der Kanzel, Blick auf Kreil- und Königspitze.

Am **Rosimboden (3)**, an dessen unterem Ende unser Rückweg nach Süden abzweigt, gehen wir jetzt erst mal weiter talein. Zunächst sanft ansteigend wandern wir ins **Obere Rosimtal (4)**, bis nahe an eine Geländestufe zwi-

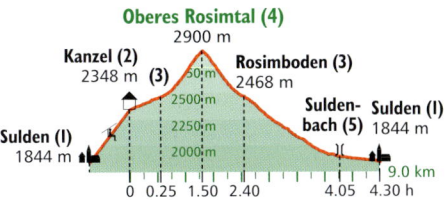

schen den Ausläufern der Plattenspitze zur Rechten und den Rosimwänden zur Linken. Darunter zieht der Steig weiter hinauf in Richtung der spektakulär zerklüfteten **Zunge des Rosimferners**. Je näher man dem Areal kommt, das die zurückschmelzende Zunge in den letzten Jahren freigegeben hat, desto tückischer kann das Gelände werden. Die Verhältnisse ändern sich hier von Jahr zu Jahr. Der Gletscher selbst und sein frisches, loses Moränenmaterial bleiben tabu für uns. Wir machen vorher kehrt, die landschaftlichen Eindrücke sind auch so schon spektakulär.

Zurück am **Rosimboden (3)**, zweigen wir nach links auf den Weg Nr. 11 ab. Der verliert gleich mal zügig an Höhe, während sich imposante Blicke auf Nordflanke der Schöntaufspitze auf der linken Talseite ergeben. Durch wunderbare Alpenrosen-Bestände schlendert man hinab in die Waldzone. Dort verzweigen sich die Wege. Wir halten uns links, gehen oberhalb der Talstation der Suldenbahn vorbei und überqueren den **Suldenbach (5)**. Danach rechts und auf Weg Nr. 7 zurück zur Talstation des Kanzellifts in **Sulden (1)**.

Der Eisbruch des Rosimferners.

Ortlergruppe

11 ▸ Hintere Schöntaufspitze, 3325 m

Von Sulden über die Schaubachhütte

Leichter Dreitausender gegenüber dem Ortler-Dreigestirn
Die Hintere Schöntaufspitze zählt zu den klassischen Wander-Dreitausendern und ist eines der beliebtesten Gipfelziele in der Ortlerregion. Kein Wunder, kann man ihr doch gleich von zwei Seiten – aus dem Suldental und aus dem Martelltal – auf relativ problemlosen Bergpfaden aufs hohe Haupt steigen. Ohne selbst einen Gletscher betreten zu haben, sieht sich der Bergwanderer dort oben einer der spektakulärsten Gletscherwelten der Alpen gegenüber: den Eiswänden und -strömen am berühmten Dreigestirn Ortler – Zebru – Königspitze. Angesichts dieser großartigen Kulisse fällt es leichter, über die wenig erbaulichen Liftmasten am Weg hinwegzusehen. Und vielleicht sieht man beim Anstieg zur Schaubachhütte noch eine besondere Rarität: Yaks, die Reinhold Messner aus Nepal eingeführt hat und auf den Suldener Weiden grasen lässt.

KURZINFO

Talort: Sulden, 1844 m; Zufahrt von Gomagoi an der Stilfser-Joch-Straße; Buslinie 271 vom Mals bzw. Schluderns.

Ausgangspunkt: Parkplatz bei der Talstation der Suldenbahn, 1925 m (Tel. +39 0473 613 047).
Gehzeit: 7½ Std.
Höhenunterschied: 1400 m.
Anforderungen: Relativ leichte Berg-

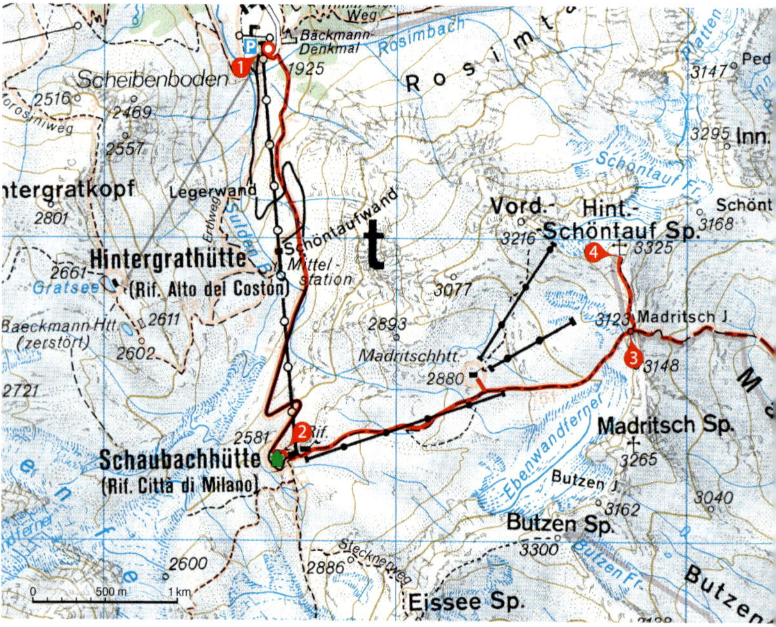

Ortlergruppe

tour. Für das Finale zwischen Madritschjoch und Gipfel braucht man Trittsicherheit (dort einige Steilstufen); angesichts der Höhe auf stabile Wetterlage achten (wäre ja auch schade, wenn man den einmaligen Blick auf das Dreigestirn Ortler-Zebrù-Königspitze nicht erleben kann)!

Einkehr/Übernachtung: Schaubachhütte, 2581 m (CAI/Land, Tel. +39 0473 613 024, www.schaubachhuette.it); Madritschhütte, 2880 m. Bei der Variante: Zufallhütte, 2265 m (CAI/Land, Tel. +39 0473 744 785, www.zufallhuette.com).

Variante: Vom großen Parkplatz beim Gasthof Enzianhütte im Martelltal (dort auch Endstation der Buslinie 107 vom Bahnhof Goldrain) direkt oder über die Zufallhütte auf einem beschilderten Wanderweg (Nr. 151) durch das Madritschtal zum Madritschjoch und von dort ebenfalls über den Südgrat auf den Gipfel (3½ Std., bei schneefreien Verhältnissen ohne besondere Schwierigkeiten).

Karten: Tabacco 1:25.000, Blatt 08: Ortlergebiet; oder Blatt 045: Latsch, Martell, Schlanders.

Blick auf die gegenüber aufragende Königspitze. Die »Narbe« zeigt, wo die »Schaumrolle« (eine riesige Eiswechte) hing, die wenige Wochen vor dieser Aufnahme zu Tal gestürzt ist.

Vom Parkplatz der **Suldenbahn-Talstation (1)** nehmen wir den Weg Nr. 1 und erleben dabei eindrücklich, welch enorme Längenveränderungen der Suldenferner in den letzten zwei Jahrhunderten erlebt hat: 1816–18 stieß seine Zunge in rasantem »Galopp« bis etwa zur heutigen Talstation vor. Der Gletscher hat damals mit diesem außerordentlich schnellen Vorstoß einen »surge« hingelegt, ein Phänomen, das man sonst vor allem aus Alaska kennt. Noch Mitte des 19. Jh. lag Eis unter der Talstufe bei der Legerwand. Die heutige Vergletscherung kann man dann bei einer Pause an der **Schaubachhütte (2)**, 2581 m, auf sich wirken lassen: Immer noch eindrucksvoll, aber doch viel kleiner – und unten herum reichlich schuttbe-

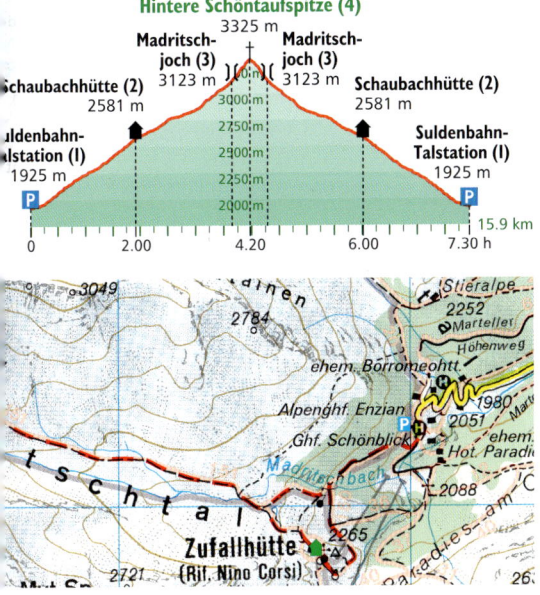

St. Gertraud im Talort Sulden. Darüber das Massiv der Schöntaufspitzen.

Variante: Blick vom Martelltal über die Zufallhütte ins Madritschtal und zum Madritschjoch.

deckt. Zur Hütte führt – teils auf einem Moränenrücken – ein Versorgungsweg, auf dem streckenweise auch unser Weg Nr. 1 verläuft.
Von der Hütte (ggf. von der nahen Seilbahnbergstation) streben wir nun nach Osten: Von der optisch wenig erbaulichen Infrastruktur des Skigebiets begleitet, gehen wir auf das Madritschjoch zu – die Senke zwischen Madritschspitze zur Rechten und unserem Gipfelziel zur Linken. Den Holzbau der **Madritschhütte**, 2880 m, kann man beim Aufstieg erst mal links liegen lassen (beim Abstieg tafelt es sich dort dann umso lustvoller). Am **Madritschjoch (3)**, 3123 m, zweigen wir dann nach links ab auf den Südgrat der Hinteren Schöntaufspitze. Über Blöcke und einige Steilstufen gelangt man schließlich auf den aussichtsreichen Gipfel der **Hinteren Schöntaufspitze (4)**, 3325 m.
Abstieg auf dem Anstiegsweg, ab Schaubachhütte evtl. per Seilbahn.

Ortlergruppe

Schildspitze, 3461 m

Gletscherfreie Route auf richtig hohen Gipfel ★★

Selten besuchter, anspruchsvoller Berg über dem Laaser Ferner

Der berühmte Spitzbergen-Forscher Julius Payer machte sich schon vor seinen Nordlandfahrten als Erschließer der Ortlergruppe einen Namen. Bei seinen Erkundungen bestieg er zusammen mit dem Bergführer Johann Pinggera und einem Träger am 8. August 1868 die Schildspitze, nachdem die Gruppe am frühen Morgen schon die Mittlere Pederspitze erreicht hatte. Diese Gipfel waren damals ringsum von Gletschern umgeben. Heute müssen wir fast auf den höchsten Punkt steigen, um »ewiges« Eis sehen zu können: im Westen den Rosimferner und im Norden den Laaser Ferner, deren Nährgebiete man von keinem Tal aus gut sehen kann – auch nicht vom Vinschgau, in den die Schmelzwässer des Laaser Ferners auf direktem Weg hinabstürzen. Auf der Marteller Seite ist um das Jahr 2000 der Mittlere Pederferner bis auf kleine Eisreste abgeschmolzen, sodass man nun ohne Gletscherberührung die Schildspitze (wie auch die Pederspitzen) erreichen kann. Gletscherspalten gibt's hier also nicht mehr, sehr wohl aber noch tückische Schmelzlöcher an den Grenzsäumen zwischen Felsbuckeln und Schneefeldern. Das dürfte hochgebirgserfahrenen Bergsteigern aber bewusst sein – und nur für solche ist diese Tour geeignet. Wer sich diese Tour zutrauen kann, wird dafür richtiges Entdecker-Feeling in unberührter Bergeinsamkeit erleben.

KURZINFO

Talort: Ennewasser, 1220 m, und Gand, 1267 m, im Martelltal; Zufahrt von Goldrain/Morter im Vinschgau.
Ausgangspunkt: Großer Parkplatz beim Gasthof Enzianhütte, 2051 m, Endstation der Buslinie 262 vom Bahnhof Goldrain der Vinschgerbahn.
Gehzeit: 7¾ Std.
Höhenunterschied: 1410 m.
Anforderungen: Die alpine Ernsthaftigkeit dieser Tour ist hoch: Unabdingbar sind hervorragende Kondition, sehr gutes Orientierungsvermögen, Kletterfertigkeit in schrofigem Urgestein (Schwierigkeitsgrad I, eine Stelle II), alpine Erfahrung und die Fähigkeit, die jeweils angetroffenen Bedingungen beurteilen zu können. Ausgeprägte Trittsicherheit in weglosem Gelände versteht sich dabei von selbst.
Einkehr/Übernachtung: Unterwegs keine, reichlich zu Trinken mitnehmen!
Variante: Mittlere Pederspitze; 3462 m (Schwierigkeitsgrad I-II, Orientierung sehr anspruchsvoll); an beschrifteter Abzweigung nach rechts den Steinmännchen folgend mit viel Gespür fürs Gelände über Schutt und Felsstufen zum Gipfel; alternativ weiter Richtung Schildspitze und weglos durchs Kar des ehemaligen Pederferners auf den Südrücken und darüber zum Gipfel.
Karten: Tabacco 1:25.000, Blatt 045: Latsch, Martell, Schlanders.

Vom Parkplatz am **Gasthof Enzianhütte (1)** geht man ein kurzes Stück auf der Straße zurück zu einem links abzweigenden Güterweg. Diesen nehmen wir zur sogleich auftauchenden Enzianalm, 2061 m. Dem reizvollen Wanderweg Nr. 20 folgen wir nun ins Pedertal. Bald kommt man zu einer Holztreppe, über die es hinabgeht zur **Brücke (2)** über den Pederbach. Aus dem Bachtobel auf der anderen Seite wieder her-

Almrosen im Pedertal.

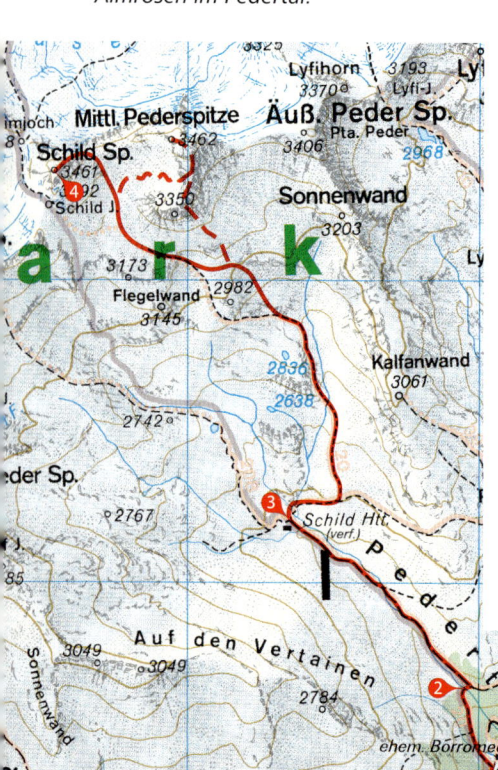

ausgestiegen, treffen wir auf einen Wanderweg, dem wir nach links folgen. Der mal verträumt mäandrierende, mal wild rauschende Pederbach begleitet den Weg bis zur Talverebnung der verfallenen **Schildhütte (3)**, 2440 m. Dort, nahe einem großen Felsen, dessen Oberfläche als schräges aber geräumiges »Brotzeitbrettl« ausgebildet ist, zweigt Weg Nr. 20b halblinks ab. Wir beschreiben hier aber einen Rechtsbogen über einen Bach hinweg. Nach einer ansteigenden Hangquerung kommen wir zu einer Verzweigung, bei der wir uns nach links wenden und eine Geländestufe überwinden. Nach einer Verflachung wechseln wir die Bachseite, wobei hier genau auf die stellenweise unscheinbaren Steigspuren zu achten ist. Nach einer teilweise weglosen, aber (spärlich) markierten Mattenzone zweigt der Steig zur Äußeren Pederspitze nach rechts ab. Wir halten uns hier halblinks und steigen den Markierungen und Steigspuren folgend über ein Blockfeld und dann auf teils felsigem, teils recht erdigem Untergrund über einen zunehmend steilen Hang hinauf.

Vor einem markanten doppelgipfligen Felsturm zweigt eine Route zur Mittleren Pederspitze (Variante) rechts ab. Wir folgen dem Steig zur Schildspitze, der links des Felsturms weiterführt. Wir folgen weiter den Stein-

Die Schildspitze (rechts), gesehen von der Mittleren Pederspitze (Variante).

An der Mittleren Pederspitze (Variante).

männchen und Steigspuren. So gelangen wir durch ein mittlerweile gletscherfreies Kar und über eine zunehmend steile, stellenweise plattige und knifflige Schuttflanke auf einen Bergkamm, von dem aus sich der Blick auf weite Gletscherflächen öffnet. Schließlich steigen wir Trittspuren folgend über den Grat auf den Gipfel der **Schildspitze (4)**, 3461 m.

Abstieg wie Anstieg. Falls nachmittägliche Quellwolken und/oder frischer Schnee die Orientierung beeinträchtigen, im Kar unter der Mittleren Pederspitze eher links und näher am dort aufragenden Felsmassiv bleiben; wer zu früh nach rechts geht, gerät in ein Blockmeer, das in einen unbegehbaren Steilhang übergeht.

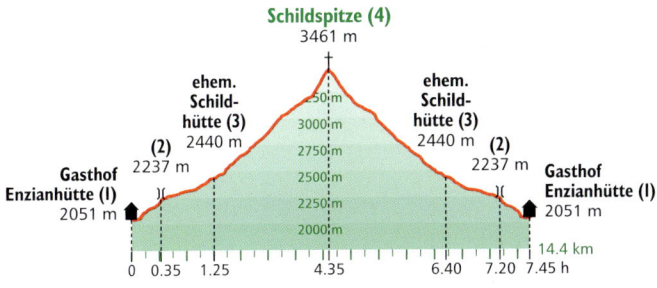

Ortlergruppe

13 Konzenlacke, Marteller Hütte, 2610 m

Vom Gasthof Enzianhütte über die Zufallhütte ★★★

Hüttenrunde zwischen ewigem Eis und grünem Paradies
So kurz diese Wanderung auch ist, sie führt zu zwei bedeutenden Bergsteigerunterkünften. Am höchsten Punkt der Tour steht die erst 1981 erbaute Marteller Hütte. Zuvor, schon eine Dreiviertelstunde nach dem Start, lockt die 99 Jahre ältere Zufallhütte zur Einkehr. Ist es ein Zufall oder hat es mit einem solchen zu tun, dass diese Hütte so heißt? Nein, man muss den Namen nur zerlegen und richtig betonen, dann wird sein Ursprung klar: »Zu Fall« wird die Gegend beim Wasserfall genannt. Wasser fällt hier oben besonders reichlich an, wenn die Gletscherschmelze voll im Gang ist. Und das wurde schon mehrmals zum Problem für die Talbewohner. 1889 und 1891 kam es zu Schmelzwasserausbrüchen aus dem Gletschereis. Zum Schutz vor diesen gefährlichen Ereignissen wurde daraufhin im Jahr 1893 im Gletschervorfeld zwischen Zufallhütte und Marteller Hütte eine auch heute noch unübersehbare Mauer – »der Bau« genannt – errichtet.

KURZINFO

Talort: Ennewasser, 1220 m, und Gand, 1267 m, im Martelltal; Zufahrt von Goldrain/Morter im Vinschgau.
Ausgangspunkt: Parkplatz beim Gasthof Enzianhütte, 2051 m, Endstation der Buslinie 262 vom Bahnhof Goldrain.
Gehzeit: 4 Std.
Höhenunterschied: 600 m.
Anforderungen: Gute alpine Wege, im Frühsommer ggf. Vorsicht auf steilen Schneefeldern unterhalb der Marteller Hütte.
Einkehr/Übernachtung: Zufallhütte, 2265 m (CAI/Land, www.zufallhuette.com, Tel. +39 335 630 6603); Marteller Hütte, 2610 m (AVS, www.martellerhuette.com, Tel. +39 0473 744 790).
Variante: Gletscherlehrpfad: nach dem »Bau« links (beschildert, gut 1 Std. länger).
Karte: Tabacco 1:25.000, Blatt 045: Latsch, Martell, Schlanders.

An der Zufallhütte, rechts die Zufrittspitze.

Vom Parkplatz beim **Gasthof Enzianhütte (1)** geht man auf der leicht ansteigenden Teerstraße ein kurzes Stück talein. Bald setzt an der rechten Straßenseite der bequeme Wanderweg zur Zufallhütte an. Er führt erst durch Wald, bald über Weidegelände auf eine Felsstufe zu, vor der er nach links ausweicht. In einem weiten Rechtsbogen gewinnt man dann die geräumige Talterrasse, auf der die **Zufallhütte (2)**,

Blick von der Marteller Hütte über die Konzenlacke auf die Fürkelescharte im Hintergrund.

2265 m, steht. Der weitere Weg (Nr. 150) führt über eine kleine Felsstufe. Dahinter öffnet sich der Blick auf die Marteller Gletscherwelt erst richtig. Wir gehen nun ein Stück talein, bis wir dem Weg 103 zur Marteller Hütte nach links folgen. So kommen wir zum »Bau« (3), 2310 m, dem Mauerwerk, das Ende des 19. Jahrhunderts zum Schutz vor den Schmelzwasserausbrüchen des damals noch viel größeren Gletschers gebaut wurde.

Nun könnten wir dem etwas längeren Lehrpfad folgen. Für den direkten Weg zur Hütte halten wir uns an der gegenüberliegenden Talseite rechts und wandern am Hangfuß ein Stück talein zu. Zum Schluss wird's dann noch richtig anstrengend: Der Weg windet sich über einen steilen Hang zur Marteller Hütte (4), 2610 m, hinauf – und sorgt damit für den rechten Durst auf der aussichtsreichen Hüttenterrasse. Von dort ist es nur noch ein Katzensprung hinab zur reizvoll gelegenen Konzenlacke (5), ca. 2590 m. Am Rückweg halten wir uns zunächst an den Anstiegsweg. Beim »Bau« (3) verlassen wir ihn, um rechts der Plima talab zu gehen. So folgen wir nun dem Weg Nr. 40, dann Nr. 37. Die Abzweigungen nach rechts ignorieren wir, ebenso den Weg, der nach links zur Zufallhütte hinüberleitet. Am Schluchterlebnisweg wandern wir durch lichte Zirben- und Lärchenwälder ins »Paradies« … so heißt die wirklich paradiesische Landschaft, in der eine weniger paradiesische Hotel-Ruine steht. Gleich nachdem man nach einer Holzbrücke dieses grelle Bauwerk in seiner ganzen »Pracht« erblickt, zweigen wir auf einen kleinen Weg nach links ab und treffen so auf das ehemalige Hotel-Zufahrtssträßchen. Über die tief unter der Brücke imposant durchrauschende Plima gelangen wir zurück zum Gasthof Enzianhütte (1).

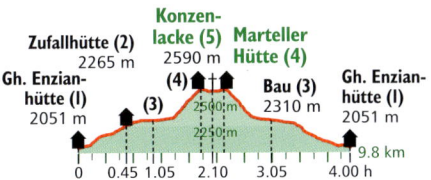

Ortlergruppe

14 Hintere Rotspitze, 3347 m

Über den Nordostgrat

Schwere Gipfelüberschreitung auf den Spuren berühmter Alpinisten
Kein geringerer als der britische Alpinist F. F. Tuckett war es, dem mit seinem Schweizer Bergführer Melchior Anderegg im Juni 1866 die Erstbesteigung der Hinteren Rotspitze gelang – und zwar über den langen Nordostgrat. Ein gutes Jahr später, am 1. September 1867, kam dann der berühmte Spitzbergen-Forscher Julius Payer (der die ersten genauen Karten der Ortlergruppe zeichnete – auch heute noch eine Augenweide!) mit Johann Pinggera und A. Chiesa über den Westgrat auf den Gipfel. Wir steigen über die Route der Erstbegeher auf – und können uns meist auch wie diese fühlen, gibt es doch bis heute keine Markierungen und fast keine Steigspuren, denen man folgen könnte. Mit alpiner Erfahrung, Selbstständigkeit und ausgeprägtem Orientierungssinn kann man sich hier dafür noch wie ein Entdecker fühlen und einen Hauch des Pionierzeitalters in den Alpen verspüren.

KURZINFO

Talort: Ennewasser, 1220 m, und Gand, 1267 m, im Martelltal; Zufahrt von Goldrain/Morter im Vinschgau.
Ausgangspunkt: Großer Parkplatz beim Gasthof Enzianhütte, 2051 m; Endstation der Buslinie 262 von Goldrain.
Gehzeit: 11¼ Std. (7¼ + 4 Std. bei Übernachtung in Silvio-Dorigoni-Hütte).
Höhenunterschied: 1900 m.
Anforderungen: Sehr anspruchsvolle, hochalpine Tour, die sicheres Steigen im Fels (im Aufstieg I+, stellenweise exponiert und brüchig) sowie auf Schnee bzw. Firn erfordert; Steigeisen oder Grö-

del können sinnvoll sein, Stöcke sowieso (ggf. auch Pickel). Alpine Erfahrung und ein ausgeprägter Orientierungssinn sind unabdingbare Voraussetzungen.
Einkehr/Übernachtung: Silvio-Dorigoni-Hütte, 2437 m (CAI, Tel. +39 0463 985 107, www.rifugiodorigoni.it).
Variante: Wer die heikle Kletterei über den Nordostgrat scheut, kann auf der leichteren, hier als Abstieg beschriebenen Route natürlich auch aufsteigen, muss für die ganze Tour dann wegen des langwierigeren Anmarsches aber mehr Zeit einplanen (auch aus dem Ultental über das Schwärzer Joch möglich, siehe Tour 17).
Karte: Tabacco 1:25.000, Blatt 045: Latsch, Martell, Schlanders.

Anregende Kraxelei im Schwierigkeitsgrad I am luftigen Nordostgrat.

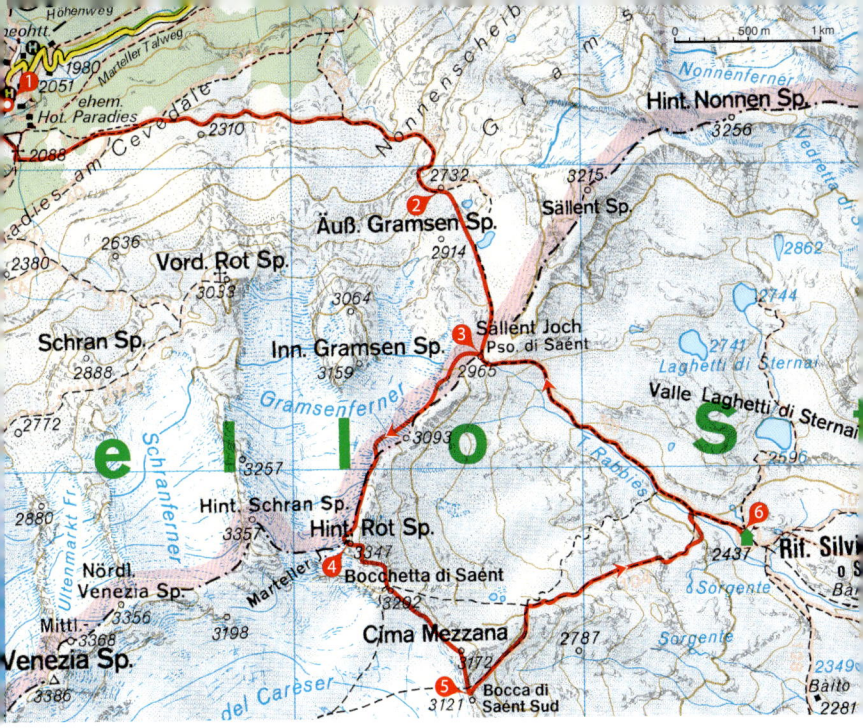

1. Tag: Vom Parkplatz beim **Gasthof Enzianhütte (1)** startet man auf der anfangs noch geteerten Straße am Gasthof Sonnblick vorbei. Die Abzweigung zur Zufallhütte ignorieren wir. Auf der Brücke über die tief eingeschnittene **Plima** macht der Fahrweg einen kräftigen Linksbogen. Bald darauf, noch vor dem ehemaligen **Hotel Paradies**, zweigen wir nach rechts auf einen schmaleren Weg ab. Gleich stoßen wir wieder auf einen breiteren Weg, dem wir nach rechts folgen – aber nur kurz, denn bei der nächsten Wegkreuzung gehen wir mit der Markierung 12 nach links. Dieser Weg quert sanft ansteigend unter der steinschlaggefährdeten Nordflanke der Vorderen Rotspitze hindurch. Die Abzweigungen 12A und 12B (beide stellen eine Verbindung zum Zufrittsee her) lassen wir links liegen. Bald nach der Einmündung von 12B kommt man in einen relativ grünen Kessel. Dort über eine Holzbrücke (wenn weggerissen oder beschädigt, rechts ausweichen und über den verästelten Abschnitt des Baches hüpfen). Die alte Grundrichtung beibehaltend weiterhin nach Osten über einen Hang hinauf. Dann aufpassen: Die Pfadspuren und Markierungen sind nun recht unscheinbar; sie führen nach rechts querend unter Felsen vorbei über ein bis in den Sommer währendes Schneefeld. Wo wir eine **Karschwelle (2)**, 2732 m, erreichen, hinter der ein kleiner See liegt, ragt die Äußere Gramsenspitze (mit Kreuz) rechts über uns auf. Nun quert man leicht rechts haltend in das Kar hinein und kommt in das Gelände des ehemaligen Sällentferners. Seit dem Sommer 2003 liegt auch im nächsthöheren Becken kein Gletscher mehr, sondern ein See; er wird rechts um-

Blick vom Gipfel der Hinteren Rotspitze zur Hinteren Schranspitze. Links dahinter erkennt man die Veneziaspitzen.

gangen. Über Grundmoränenschutt, im Frühsommer auch über Schneefelder, erreicht man schließlich das **Sällentjoch (3)**, 2965 m – bei Nebel problematisch, bei guter Sicht eindeutig.

Rechts des Jochs setzt der sehr lange **Nordostgrat** der Hinteren Rotspitze an. Zumindest den ersten Grataufschwung umgeht man rechts auf felsdurchsetzten Schneefeldern. Aus einem beckenartigen Schneefeld kann man für ein Stück auf den Felsgrat wechseln (oder rechts ausweichend auf dem Schnee bleiben). Der Felsgrat legt sich bald zurück (P. 3093) und man kann wieder rechts des Grates am Ansatz des Gramsenferners über Schnee aufsteigen. Wo die Felsen zur Linken einen leicht zu besteigenden Rücken bilden, nehmen wir das »Angebot« an und gewinnen darauf zügig an Höhe. Nach dieser ausgeprägten Stufe gehen wir wieder auf einem klassisch ausgeprägten schmalen Grat – meist auf Fels (I), stellenweise auch auf Schnee. Einen steilen Aufschwung mit großen, nicht ganz stabil erscheinenden Blöcken kann man überwinden, indem man nur wenige (!) Meter nach links in die steile Südostseite ausweicht, um dann gleich wieder auf den Grat zurückzukehren. Überhaupt hält man sich nun immer möglichst nahe am

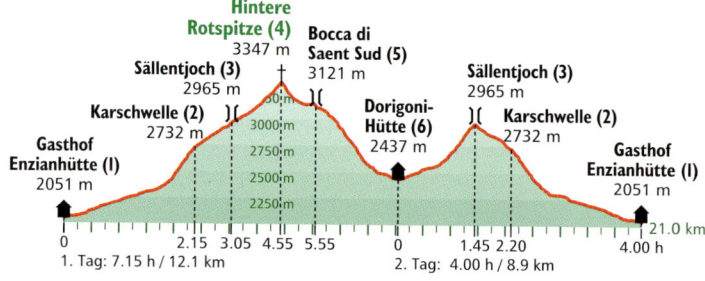

Grat. Erst kurz vor dem schon sichtbaren Gipfel weicht man nach rechts querend aus, weil der letzte kleine Vorgipfel der Grathöhe senkrecht in eine Scharte abbricht. Die letzten Meter zum Gipfel der Hinteren Rotspitze (4), 3347 m, sind dann Gehgelände.

Der Abstieg führt über den breiten Südostrücken, wobei man bei aperen Bedingungen Ansätze von Steigspuren im Schutt entdecken kann. Früher verließ man den Rücken nahe der Bocchetta di Saent (3202 m) halblinks haltend und stieg durch einen lange Zeit schneegefüllten Trichter hinab ins Becken des Ende des 20. Jahrhunderts abgetauten Saent-Gletschers. Loser Schutt auf steilem Toteis macht diese Route aber gefährlich. Daher steigt man besser noch über den folgenden Gipfel, die Cima Mezzana, 3172 m, zur Bocca di Saent Sud (5), 3121 m. Von dort geht man auf dem in Tour 17 (Cima Careser) beschriebenen Weg talwärts. Weiter unten hält dieser Weg manchmal direkt auf die Dorigoni-Hütte zu, weicht ein Stück oberhalb des Torrente Rabbies aber erst mal deutlich nach links aus, bis ein schmaler Steg den Übergang über den Bach ermöglicht. Nach rechts ist es jetzt nicht mehr weit zur Dorigoni-Hütte (6), 2437 m.

2. Tag: Am nächsten Tag geht man das erste Stück auf bekanntem Weg talein, lässt die Brücke dann aber links zurück. Der Steig strebt nun auf die beindruckend aufragende Talumrahmung zu, die er in zunehmend steilem Gelände überwindet. Sollte noch Schnee liegen, ist man froh, wenn man nicht zu früh dran ist und der Schnee schon etwas aufgeweicht ist. Während des Aufstiegs hat man die Hintere Rotspitze mit ihrem Nordostgrat noch mal schön vor Augen. Die Flanken darunter waren vor 100 Jahren noch vergletschert, heute gibt's dort nur Schutt, Toteis und Schneereste.

Am Sällentjoch (3) schließt sich der Kreis, auf der Anstiegsroute geht es nun zurück zum Gasthof Enzianhütte (1).

Die Kapelle bei der Dorigoni-Hütte im Saent-Tal. Im Hintergrund erkennt man links oben die Hintere Rotspitze.

Ortlergruppe

15 Gelbsee und Kleiner Grünsee, 2741 m

Vom Zufrittsee durchs Zufritttal ★

Ungezähmte Natur unter ewigem Eis
Am Ziel dieser Wanderung erwartet uns weder ein Gipfel noch eine Hütte, dafür viele Steine in allen Größen und zwei eiskalte Seen. Warum also dort hinaufsteigen? Es ist die pure Natur, die hier glänzt – für den, der ein Auge dafür hat und die Muße dafür mitbringt, die urtümliche Wildheit der Landschaft auf sich wirken zu lassen. Richtig glänzend kann man auch das Eis des Nonnenferners erleben, der seine Zunge noch von den Höhen herabstreckt.

KURZINFO

Talort: Ennewasser, 1220 m, und Gand, 1267 m, im Martelltal; Zufahrt von Goldrain/Morter im Vinschgau.

Ausgangspunkt: Gasthof zum See, 1882 m, am südwestlichen Ende des Zufrittsees, Parkmöglichkeiten einige Meter taleinwärts; Haltestelle der Buslinie 262 vom Bahnhof Goldrain.
Gehzeit: 5½ Std.
Höhenunterschied: 900 m.
Anforderungen: Alpine Bergwanderung, etwas Trittsicherheit vorteilhaft, vor allem im losen Moränengeschiebe bei den Seen.
Einkehr: Unterwegs keine, am Ausgangspunkt Gasthof zum See.
Variante: Ebenes Jöchl, 2786 m, auf dem nach links abzweigenden Weg Nr. 30 an kleinen Lacken vorbei auf den aussichtsreichen Gipfelrücken. Als Abstecher zusätzlich 2½ Std. hin und zurück, als Alternative etwas länger als die Hauptroute.
Karte: Tabacco 1:25.000, Blatt 045: Latsch, Martell, Schlanders.

Der Gelbsee im Moränengelände des ehemaligen Zufrittferners.

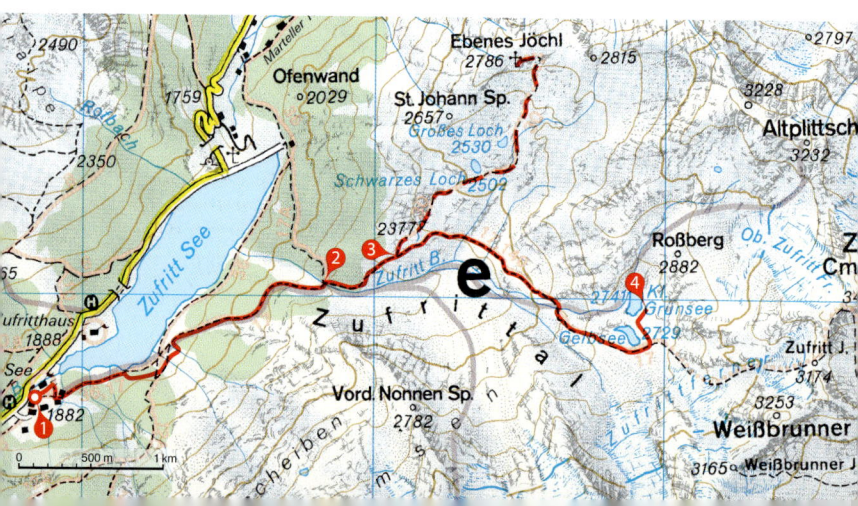

Am **Gasthof zum See (1)** vorbei starten wir auf einem Sträßchen kurz bergab und folgen einem Rechtsbogen. Gleich darauf zweigen wir nach links auf einen bequemen Wanderweg ab. Diesen verlassen wir bei den nächsten Wegweisern wieder nach rechts. Zunächst quert dieser Weg in leichtem Auf und Ab den Hang. Nach einer Grabenkerbe geht es dann aufwärts. Unmittelbar nach der Brücke über den **Zufrittbach (2),** 2185 m, wenden wir uns nach rechts. Nach einem Abschnitt entlang diesem wilden Bach zieht der Weg nach links hinauf und über Rücken zu einer **Wegverzweigung (3)** – Abzweigung Weg Nr. 30: Variante. Wir gehen hier rechts, passieren einige vermoorte Zonen mit Wollgras und queren einen Graben, 2579 m, durch den der Abfluss des Grünsees rauscht. Danach überschreiten wir eine **Ufermoräne** aus dem 19. Jh. und bemerken, dass es dahinter nur noch dünnen, inselhaften Bewuchs gibt, der nur ein gutes Jahrhundert Zeit hatte, sich zu entwickeln. Zuvor lag hier nämlich Gletschereis. Solches sieht man von hier auch noch, aber nur hoch über uns in Form der Reste von Nonnen- und Lorchenferner. Oberhalb einer Geländestufe wird der Weg stellenweise etwas undeutlich; um so wichtiger ist es, hier auf die Markierungen zu schauen. Zuerst erreichen wir den **Gelbsee**, 2729 m, der innerhalb der neuzeitlichen Moräne liegt und damit in seiner heutigen Form frühestens Ende des 19. Jahrhunderts entstanden sein kann. Älter ist der nördlich daneben gelegene **Kleine Grünsee (4),**

Almrausch am Weg. Darüber die Reste des Nonnenferners.

Feingefaltete Minerallagen: Metamorphes Gestein im Zufritttal.

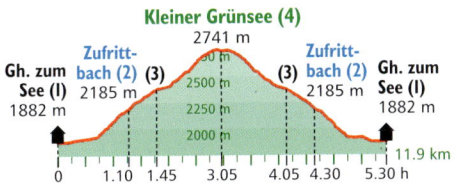

2741 m: Er liegt außerhalb der Moränen, die ihn aufgestaut haben, und bestand daher schon, als sich innerhalb der Moränen immer wieder die Zunge des Zufrittferners ausgebreitet hatte.

Auf dem Anstiegsweg kehren wir zurück.

Ortlergruppe

16 ▶ Hintere(r) Eggenspitz(e), 3442 m

Über Höchster Hütte und Weißbrunner Ferner

Hochtouren-Klassiker über dem Grünsee

Der höchste Gipfel im Bergesrund um das Ultental ist der Hintere Eggenspitz (auch »Hintere Eggenspitze«). Die Trentiner nennen den Berg »Cima Sternai«, können ihn aber direkt aus ihrem Saent-Tal nur über eine ziemlich wilde Route besteigen. Über diese stiegen zwar 1868 die Erstbegeher Julius Payer und Johann Pinggera herauf, heutzutage wird der Berg aber überwiegend von der Südtiroler Seite her bestiegen: auf der Route über die Höchster Hütte. Dieser Anstieg hat sich zu einem Klassiker für erfahrene Alpinisten entwickelt. Der Gipfelgrat wurde lange als Firngrat mit Felsinseln beschrieben, mittlerweile erlebt man ihn im Sommer als reinen Felsgrat. Leider ist die Tour zunehmend steinschlaggefährdet – besonders an heißen Sommertagen, wenn der noch als »Felskitt« dienende Permafrost oberflächlich antaut!

KURZINFO

Talort: St. Gertraud, 1519 m, im Ultental; Zufahrt von Lana; Bus 245 von Meran.
Ausgangspunkt: Parkplatz am Weißbrunner See, 1901 m; asphaltierte Zufahrt.
Gehzeit: 8¾ Std. (1¾ + 7 Std. bei Übernachtung in Höchster Hütte).
Höhenunterschied: 1550 m.
Anforderungen: Bis zur Hütte und Variante: leichte Bergwanderung (»blau«). Die Gipfeltour ist anspruchsvoll und hat Hochtourencharakter; sie erfordert gute Kondition, Schwindelfreiheit und Sicherheit in hochalpinem Urgestein (I, abschnittsweise Sicherungen). Der Gletscher ist einigermaßen gut zu begehen, solange der immer steiler werdende Abschnitt zum Grat hinauf noch schneebedeckt ist (meist bis Anfang Juli), ansonsten braucht man dort Steigeisen und Pickel. Im begangenen Teil hatte der Gletscher bisher kaum größere Spalten; die aktuellen Verhältnisse trotzdem vorher klären, denn der Gletscher verändert sich. Wem Erfahrung und Ausrüstung fehlen, sei eine geführte Tour empfohlen (Infos bei der Hütte).
Einkehr/Übernachtung: Höchster Hütte, 2561 m (CAI, Tel. +39 0473 798 120).
Variante: Abstieg von der Höchster Hütte zur Staumauer, über diese hinweg und auf einem Plattenweg am Fuße ehemaliger Blockgletscher Richtung Süden gehen. Bei einer spitzwinkligen Verzweigung erst rechts, oberhalb des Langsees dann nach links und durchs Tal der Falschauer zum Weißbrunner See wandern.
Karte: Tabacco 1:25.000, Blatt 045: Latsch, Martell, Schlanders.

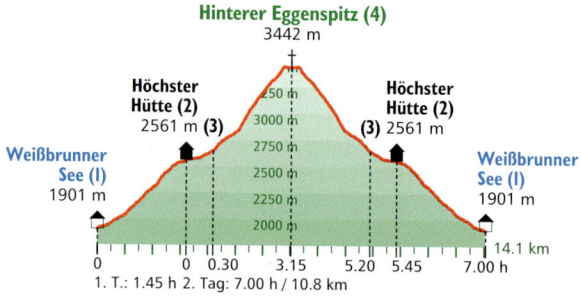

Am Weg zur Höchster Hütte, Blick auf den Weißbrunner See.

1. Tag: Vom Parkplatz am **Weißbrunner See (1)** folgen wir dem markierten Weg Nr. 140 talein und vor der Staumauer nach rechts hinauf zur **Höchster Hütte (2)**, 2561 m.

2. Tag: Von der Hütte geht es auf einem angelegten Plattenweg zunächst weitgehend eben talein. Dabei quert man deutlich oberhalb des Sees riesige Sturzhalden. Hinter dem See kommt man zu einer **Verzweigung (3)**, 2650 m; rechts geht es zur Zufrittspitze und zum heute üblichen Übergang ins Martelltal; wir gehen nach links und damit ein Stück durch ein breites Tal auf das Weißbrunner Joch zu, das früher ein beliebter Übergang ins Martelltal war, mittlerweile aber nur noch schwierig (Blankeis am Joch) und nicht ohne Risiko (Steinschlaggefahr wegen aufgetauten Permafrosts) begangen werden kann. In dem weiten Talboden sollten wir genau den Spu-

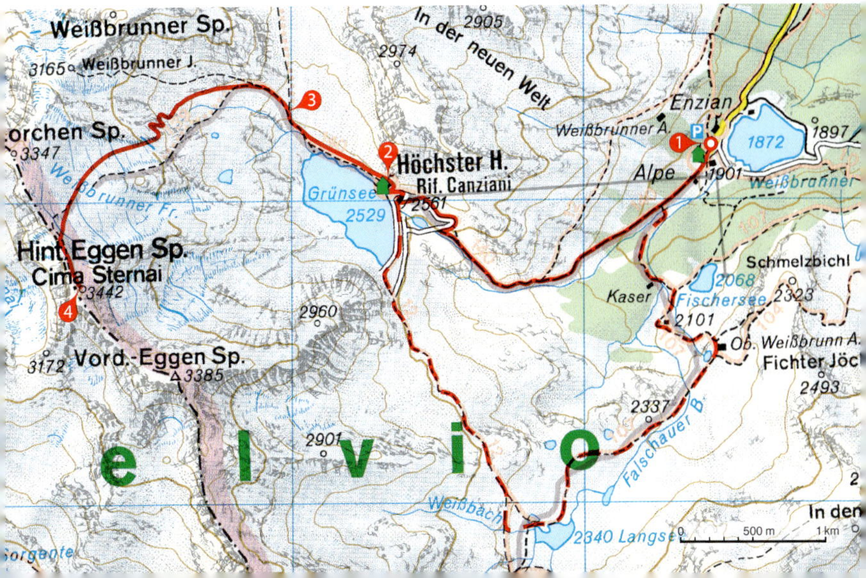

Der Weißbrunner Ferner mit frühsommerlicher Schneebedeckung. Im Hoch- und Spätsommer trifft man hier auf Blankeis und Schutt. Ganz links erkennt man den Gipfel des Hinteren Eggenspitz.

ren und Markierungen folgen, um den richtigen »Einstieg« in die **Felsstufe** links vor uns nicht zu verpassen, die in anregender Kraxelei überwunden wird. Auf der folgenden Plattenzone schwenkt der Steig etwas nach links und erreicht oberhalb der 3000-Meter-Höhenlinie die Gletscherzone. In den letzten Jahren haben sich Steigspuren ausgebildet, auf denen man noch ein Stück neben dem Gletscherrest an Höhe gewinnt, bevor man dann kurz zum Gletschereis absteigt. In zunehmend steilem Anstieg erreichen wir den Grat zwischen der Lorchenspitze und unserem Gipfelziel; dort öffnet sich dann ein gigantischer Blick auf die zentrale Ortlergruppe.

Nun steigt man nach links an dem griffigen, aber nicht durchgehend verlässlichen Fels des stellenweise luftigen Nordgrats an. Eisenketten helfen über einige schwierige Stellen. Über ein strukturiertes, geneigtes Wandl wird schließlich die letzte Gratstufe vor dem Gipfel des **Hinteren Eggenspitz (4)**, 3442 m, direkt genommen.

Abstieg wie Anstieg. Dabei exakt an die Aufstiegsroute halten, v. a. wenn man von Quellbewölkung (nachmittags häufig!) eingenebelt sein sollte!

Blick von der Höchster Hütte auf den Grünsee und den Hinteren Eggenspitz (Bildmitte, Anstieg von rechts).

Ortlergruppe

Cima Careser, 3189 m

17

Übers Schwärzer Joch und die Dorigoni-Hütte ★★

Zu einem ungewöhnlichen Gletscher im Trentiner Nationalparkgebiet
Eine außergewöhnliche Tour: Ein langer Anmarsch führt aus dem Südtiroler Ultental ins Trentiner Saent-Tal, wo inmitten einer urweltlichen Umgebung das freundliche Personal der Dorigoni-Hütte waltet. Nach einem dreigängigen Abendessen und einer mehr oder weniger ruhigen Nacht wandern Gipfelaspiranten am nächsten Tag in die Welt des ewigen Schnees hinauf, um einen Gipfel am Rand eines ungewöhnlichen Gletschers, der Vedretta del Careser, zu besteigen. Dieser Gletscher gilt ob seiner weiten und flachen Ausdehnung als Plateaugletscher, ist aber trotzdem ein Kargletscher, da er nur in eine Richtung entwässert – nämlich in den Careser-Stausee im obersten Val del Mare. Leider ähnelt dieser Gletscher in gewisser Weise einem Pfannkuchen: Er ist nämlich ziemlich dünn, wie die zahlreichen Felsinseln zeigen, die die abschmelzende und einsinkende Eisfläche in den letzten Jahren zum Vorschein kommen ließ. Es ist also fraglich, wie lange der Moosferner (so der deutsche Name) noch ein zusammenhängender Gletscher ist.

KURZINFO

Talort: St. Gertraud, 1519 m, letzter Ort im Ultental; Bus 245 von Meran.
Ausgangspunkt: Parkplatz am Weißbrunner See, 1900 m, asphaltierte Zufahrt.
Gehzeit: 12½ Std. (4½ Std. + 8 Std. bei Übernachtung in Silvio-Dorigoni-Hütte).
Höhenunterschied: 2150 m.
Anforderungen: Kondition, Trittsicherheit und Orientierungsvermögen; hochalpines, aber unvergletschertes Gelände.
Einkehr/Übernachtung: Dorigoni-Hütte, 2437 m (Rif. Silvio Dorigoni, CAI, Tel. +39 0463 985 107, www.rifuigiodorigoni.it).
Variante: Wanderung von der Dorigoni-Hütte zu den reizvollen Sternai-Seen (hin und zurück rund 2½ Std. plus Zeit zum Seele baumeln lassen).
Karte: Tabacco 1:25.000, Blatt 045: Latsch, Martell, Schlanders.

Die Dorigoni-Hütte. Ganz links oben die Bocca di Saent Sud.

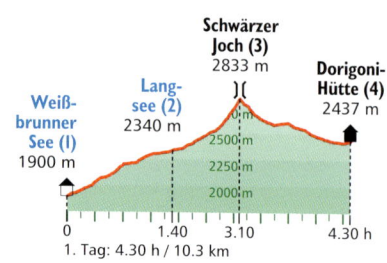

Der Moosferner (Vedretta del Careser) östlich der Cima Careser ist durch den Klimawandel mittlerweile in seiner Existenz bedroht.

1. Tag: Vom **Weißbrunner See (1)** gehen wir auf dem Weg 140 kurz talein, folgen dann aber dem links abzweigenden Weg 103 hinauf zur Weißbrunner Alm und weiter zum **Langsee (2)**, 2340 m. Daran rechts vorbei. Gleich nach dem Sprung über einen brückenlosen Bach erreichen wir einen Wegweiser. Unser weiterer Aufstiegsweg zieht nun am **Schwärzer See**, 2544 m, vorbei zum **Schwärzer Joch (3)**, 2833 m, hinauf. Jenseits in einigen Serpentinen bergab, bald in mäßig fallender Querung nach Nordwesten. Der stellenweise felsdurchsetzte Weg führt zu einem flachen Feuchtgebiet, von dem aus die Dorigoni-Hütte schon gut zu sehen ist. Falls hier Nebel herrscht: Wo sich der Weg im flachen Gras zu verlaufen scheint, hält man sich tendenziell eher nach links und steuert einen Wegweiser an, bei dem man nach rechts abbiegt. Beim folgenden Bach geht man nach rechts über die Brücke und unter einer Klettergartenwand vorbei zur **Dorigoni-Hütte (4)**, 2437 m.

2. Tag: Am nächsten Tag geht es dann talein Richtung Sällentjoch (Passo di Saént) – aber nur kurz, bis ein **Steg (5)** den Übergang auf die andere Seite des Torrente Rabbies erlaubt. Dort führt der Weg 104 zunächst ein Stück talaus, um dann über eine Folge von begrünten Rin-

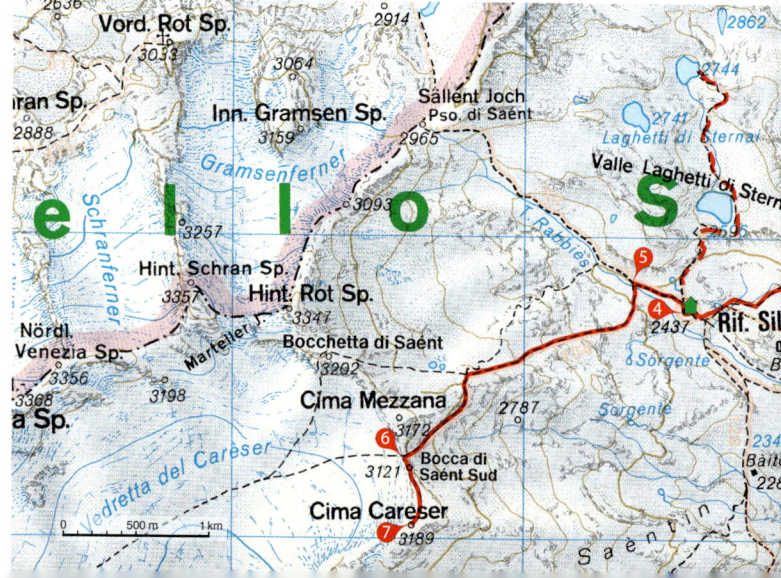

Ortlergruppe

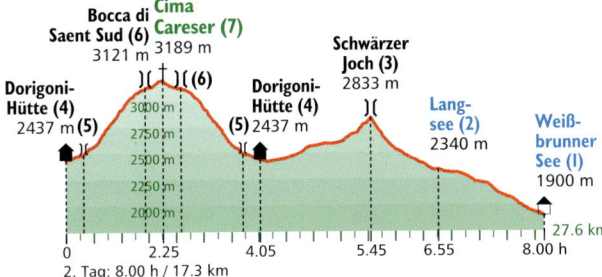

2. Tag: 8.00 h / 17.3 km

nen und schrofigen Geländestufen an Höhe zu gewinnen. Wo sich der untere Ansatz des Ostnordostkamms der Cima Mezzana herauszubilden beginnt, ignorieren wir die nach rechts abzweigenden Steigspuren (die alte Route zur Hinteren Rotspitze) und folgen dem Hauptweg. Er führt durch streckenweise brüchiges Gelände links des besagten Kamms weiter zur **Bocca di Saent Sud (6)**, 3121 m. Dort öffnet sich erstmals der grandiose Blick auf die weite Gletscherfläche der Vedretta del Careser. Wir gehen nun nach links und steigen über ihren gletscherfreien, aber meist mit Schneeflecken verzierten Nordrücken auf die **Cima Careser (7)**, 3189 m.

Abstieg und Rückweg erfolgen auf derselben Strecke.

Ortlergruppe

18 Gleckspitze, 2957 m

Vom Kirchbergtal über die Haselgruber Hütte

Tausend-Seen-Wanderung durch eine urtümliche Landschaft

Tausend Seen sieht man auf dieser Tour zwar nicht wirklich, aber doch ziemlich viele! Die eiszeitlichen und späteiszeitlichen Gletscher haben hier viele Mulden »ausgehobelt«, die jetzt wassergefüllt sind. Heutzutage gibt es um den Gleck keine Gletscher mehr. Blockgletscher gibt es dort aber sehr wohl, sogar besonders klassisch ausgeprägte, darunter auch noch einige aktive. Und was ist ein Blockgletscher? Sturzschutt, der durch Wassereis zusammengefroren ist, sodass er sich ähnlich wie ein Gletscher – nur viel langsamer (meist unter 1 Meter pro Jahr) – als kompakte Masse talab bewegt. Wer sich in die Landschaft vertieft, erkennt insbesondere oberhalb des Langsees sicher die zungenförmigen Schuttmassen der Blockgletscher.

Eine besondere Sehenswürdigkeit im Tal sind die rund 2000 Jahre alten »Urlärchen« von St. Gertraud (auf 1430 m Höhe an der orografisch rechten Talseite, beschilderter Zugang). Das dickste Exemplar hat einen Umfang von gut acht und eine Höhe von rund 30 Metern.

KURZINFO

Talort: St. Gertraud, 1400 bis 1520 m, letzter Ort im Ultental; Zufahrt von Lana im Etschtal; Bus 245 von Meran.
Ausgangspunkt: Parkplatz, 1400 m, unterm Ort neben Gasthof Edelweiß.
Endpunkt: Weißbrunner See, 1900 m. Rückfahrt mit Bus 243, letzte Abfahrt 18 Uhr.
Gehzeit: 8 Std.
Höhenunterschied: 1600 m im Aufstieg, 1100 m im Abstieg.
Anforderungen: Trittsicherheit, Kondition und streckenweise ein wacher Blick für die teils spärlichen Markierungen; bei schneefreien Bedingungen (meist ab Mitte Juli) und guter Sicht gibt es aber keine ernsthaften Schwierigkeiten.
Einkehr/Übernachtung: Kirchbergalm, 1891 m; Haselgruber Hütte, 2425 m (Rif. Stella Alpina al Lago Corvo, Tel. +39 0463 985 175); Knödlmoidl am Weißbrunner See, 1900 m.
Karte: Tabacco 1:25.000, Blatt 045: Latsch, Martell, Schlanders.
Variante: Statt über den Gleck kann man von der Haselgruber Hütte aus (der Wegweisung zur Höchster Hütte folgend) über die Kirchbergscharte, ca. 2750 m, zum Langsee gehen, wo man wieder auf die Hautroute trifft; spart ca. 1¼ Std., vergleichbare Anforderungen, aber recht steiler Abstieg.

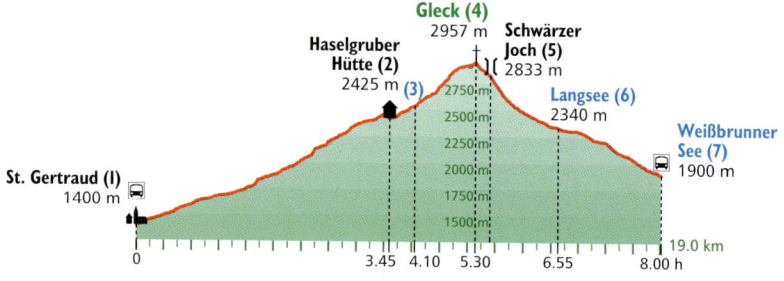

Die Haselgruber Hütte.

Von **St. Gertraud (1)** wandern wir der Wegweisung zur Haselgruber Hütte folgend ins Kirchbergtal. Im Tal wechseln wir einige Male die Bachseite, nachdem wir die Larcher Alm passiert haben, bleiben wir auf der südlichen Talseite. Bei der Bärhap-Alm lassen wir das Kiessträßchen hinter uns und wandern auf die weite Passlandschaft. Am Rand eines Trümmermeers überschreiten wir das Rabbi-Joch (Passo di Rabbi, 2467 m). Knapp dahinter taucht dann die **Haselgruber Hütte (2)**, 2425 m, auf; sie hört genauso gut auf den Namen »Rifugio Lago Corvo« – schließlich liegt sie schon auf Trentiner Gebiet.

Der Haselgruber See (Lago Corvo) – dahinter der Sass Fora.

Am Schwärzer Joch. Blick nach Norden zur Vorderen Eggenspitze.

Nach einer empfehlenswerten Stärkung auf der gastlichen Hütte gehen wir in leichtem Auf und Ab nach Nordwesten und erreichen nach wenigen Minuten einen Bach, der die weitläufige Landschaft um den Pass und viele der Seen entwässert. Hier folgen wir der Wegweisung zur Dorigoni-Hütte. Ein Weg, der nach links in ein Tälchen abzweigt, führt als »Sackgasse« zum Haselgruber See (Lago Corvo) – ein lohnender Abstecher. Auf dem Weg Richtung Dorigoni-Hütte kommen wir nach einigen Lacken und einer Geländestufe zu einer kleinen Bucht des **Kirchbergsees (3)**, 2544 m. Vor dem eigentlichen See auf Steinen kurz durchs flache Wasser nach links. Nun führt der Pfad über weitere Geländestufen und durch kuppiges Gelände hinauf zum **Sattel** zwischen Sass Fora und Gleck. Dort scharf nach rechts über ein kurzes Flachstück, dann nach links durch eine Flanke. Nach einer ansteigenden Querung mit kleiner Felsstufe zweigt nach rechts der kurze Abstecher zum Gipfel des **Gleck (4)** ab, dem mit 2957 m nicht viel zum Dreitausender fehlt. Oben bietet

70

Ortlergruppe

sich eine großartige Aussicht, wobei vor allem der Blick ins Trentino Perspektiven eröffnet, die die meisten Gipfelkenner sprachlos machen. Überstrahlt wird das Panorama von der wuchtigen Presanella.
Wieder zurück an der Abzweigung, wandern wir (meist etwas links des Nordwestrückens) mit leichtem Gefälle zum Schwärzer Joch (5), 2833 m. Dort folgen wir dem Weg, der nach rechts hinunter führt. An den Hängen rechts über dem Tal kann man jetzt deutlich ausgeprägte Blockgletscher bestaunen. Bald passieren wir den Schwärzer See, 2544 m. Auf den Langsee zu bleibt der Weg links des Talbaches. Bei einer Kreuzung mit Wegweiser springen wir über einen Seitenbach und gehen auf Weg 107 weiter talaus, etwas oberhalb des Langsees (6), 2340 m, links daran vorbei. Von der Oberen Weißbrunnalm geht es auf Weg 103 steil hinunter zum Weg 140, der uns nach rechts zum Weißbrunner See (7), 1900 m, führt.

Ortlergruppe

19 Hasenöhrl (Hasenohr), 3257 m

Von der Kuppelwieser Alm über den Nordostgrat

Auf den östlichsten Gletscherberg zwischen Vinschgau und Ultental
Das Hasenöhrl ist der östlichste Dreitausender der Ortlergruppe und dank seiner frei stehenden Lage ein großartiger Aussichtsberg – sofern sich der Berg nicht in Wolken hüllt. Und das tut er oft. An seinen riesigen sonnenbeschienenen Hängen an der Ultner Seite heizt sich die Luft besonders effektiv auf, sodass sie in die Höhe steigt, bis die Luftfeuchtigkeit kondensiert. Und schon hat man sie, die am Hasenöhrl so typischen Quellwolken, die aus der Entfernung schön anzusehen sind, aber auch den schönsten Sommertag verdunkeln können, wenn man mittendrin steckt. Also: Am besten warten, bis die Luft im Spätsommer oder Herbst trocken genug ist, um stärkere Wolkenbildung weitgehend ausschließen zu können.

KURZINFO

Talort: Kuppelwies, 1153 m, am Zoggler Stausee im Ultental; Zufahrt von Lana im Etschtal; Bus 245 von Meran.
Ausgangspunkt: Kuppelwieser Alm, 1971 m. Zufahrt auf schmaler Asphaltstraße (Abzw. nahe Wollmanufaktur).
Gehzeit: 7¾ Std.
Höhenunterschied: 1300 m.
Anforderungen: Gute Kondition, Trittsicherheit, Schwindelfreiheit und eine gewisse Felsgewandtheit an Urgesteinsgraten (stellenweise Schwierigkeitsgrad I); insgesamt anspruchsvolle Bergtour, nur bei sicherem Wetter ab Juli!
Einkehr/Übernachtung: Keine.
Variante: Von der Sessellift-Bergstation an der Tarscher Alm, 1929 m, über die Zirmruanhütte und den Tarscher Jochwaal zum Latscher Joch, mit 1½ Std. etwa gleich lang wie von der Kuppelwieser Alm (empfehlenswert, wenn man sein Quartier im Vinschgau hat).
Karten: Freytag & Berndt 1:50.000, WKS 2 Vinschgau. Tabacco 1:25.000, Blatt 045: Latsch, Martell, Schlanders.

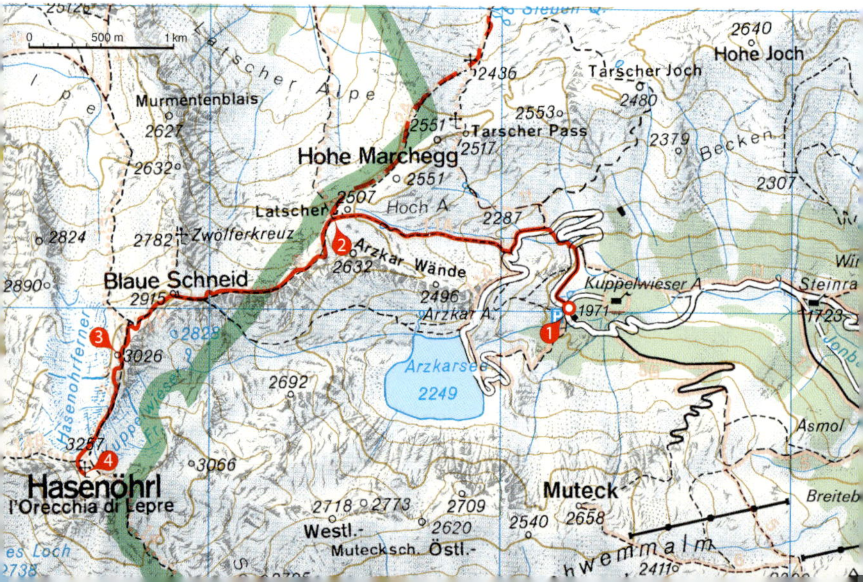

Von der **Kuppelwieser Alm (1)** starten wir auf dem Sträßchen, kürzen die Serpentinen aber auf dem Fußweg Nr. 11 ab. Die Abzweigung zum Tarscher Joch lassen wir rechts zurück; erst dem Weg 11 A folgen wir nach rechts zum **Latscher Joch (2)**, 2507 m.

Vor den Resten des Aquädukts vom Tarscher Jochwaal folgen wir dem Weg nach links hinauf. Über raues Mattengelände geht es auf einen Rücken, der bald gratartig wird. Hier ist stellenweise leichte Kraxelei gefragt, wobei eine Passage auch etwas ausgesetzt ist (links »gacher« Felsabbruch). Von einem noch relativ grünen Vorberg, 2915 m (laut f&b-Karte die Blaue Schneid), dessen höchster Punkt aber nicht direkt überschritten wird, geht es runter in eine oft schneegefüllte Mulde. Aus dieser halblinks heraus und die Abzweigung des Weges Nr. 14 ignorierend, gelangt man auf einen felsigen **Vorgipfel (3)**, 3026 m (laut Tabacco-Karte und Felsbeschriftung die Blaue Schneid).

Von nun an turnt man immer auf oder etwas unterhalb des **Hasenöhrl-Nordostgrates** zwischen dem Hasenohrferner rechts und dem Kuppelwieser Ferner links herum: Vom Punkt 3026 zunächst am Grat ein Stück bergab, dann einige Meter steil nach rechts hinunter. An alten, nicht durchgängig stabil fixierten Seilen quert man etwas ausgesetzt um einen wuchtigen Felsklotz herum. Zurück auf dem Grat, steigt und klettert man mit nur noch geringen Abweichungen vom eigentlichen Kammverlauf dahin. Dabei wird der Schwierigkeitsgrad I nicht überschritten, solange man sich an die Markierungen hält. Eine Gratsenke verlangt einen erneuten Zwischenabstieg. Nach einem letzten Gratstück geht man in einem Linksbogen über den obersten Ansatz des (dort spaltenlosen) Kuppelwieser Ferners zum Gipfel des **Hasenöhrls (4)**, 3257 m.

Abstieg wie Aufstieg. Vorsicht: Die als Abkürzung vielleicht verlockende, auf der Karte schwarz eingezeichnete Route über den Arzkar-Stausee ist verstürzt und existiert nicht mehr.

Beim Gipfelabstieg – unten der Hasenohrferner.

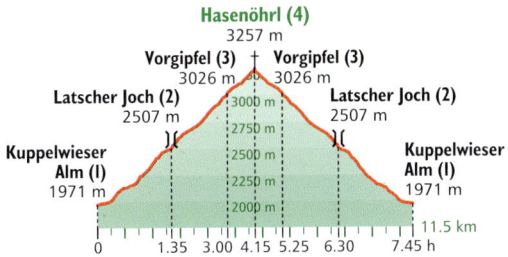

Ortlergruppe

20 ▶ Tarscher Jochwaal, Latscher Joch, 2507 m

Von der Tarscher zur Latscher Alm ★★

Bewundernswerte Bewässerungskultur über dem unteren Vinschgau
Mit den gleich ausgesprochenen großen Meeressäugern haben die Waale nur insofern etwas zu tun, als bei beiden Begriffen das Wasser eine Rolle spielt: Die Wale leben im Wasser, die Vinschgauer Waale führen Wasser – und zwar dorthin, wo es zur Bewässerung gebraucht wird. Wie im ebenfalls sehr trockenen Wallis versucht man im Vinschgau, das sommerliche Schmelzwasser von Gletschern und hoch gelegenen Schneefeldern mittels hangquerender Bewässerungskanäle auf bewirtschaftete Flächen zu leiten. Dieses Wasser fällt nämlich gerade dann an, wenn es besonders nötig ist: wenn große Hitze herrscht und der Regen ausbleibt. Nachdem die Bauern von der Vinschgauer Seite die Kuppelwieser Alm auf der Ultner Seite erworben hatten (das war schon 1782), wollten sie das Schmelzwasser des Kuppelwieser Ferners auch für ihre altangestammte Bergseite nutzen. Dazu bauten sie 1865–1868 den Tarscher Jochwaal. Er zählt zusammen mit dem Schnalser Klammwaal zu den höchstgelegenen Bewässerungskanälen der Alpen. Am Tarscher Joch wurde die Wasserleitung auf mächtigen Steinsäulen über die Senke geführt; die originalen Steinsäulen sind noch gut erhalten, die Holzgerinne (»Grandln«) wurden in jüngerer Zeit daraufgelegt, um dem Betrachter die Funktion des Gebildes zu veranschaulichen.

KURZINFO

Talort: Tarsch, 816 m, südöstlich von Latsch (639 m, Bahnhof der Vinschgerbahn), im unteren Vinschgau.
Ausgangspunkt: Sessellift auf die Tarscher Alm, 1929 m. Zufahrt zum Parkplatz der Talstation (1180 m) auf breiter Asphaltstraße von Tarsch. Stündl. Busverbindung mit Bhf. Latsch (ab 9.04 Uhr).
Gehzeit: 5 Std.
Höhenunterschied: 600 m im Aufstieg, 1350 m im Abstieg.

Anforderungen: Etwas Trittsicherheit am Waal und stabile Knie für den langen, anfangs steilen Abstieg; bei Nebel kann auch Orientierungssinn vorteilhaft sein; ansonsten relativ leichte Tour.
Einkehr/Übernachtung: Tarscher Alm, 1940 m, an der Bergstation (»Lounge«: Tel. +39 340 1153045); Latscher Alm, 1715 m (Tel. +39 334 156 2692).
Variante: 1) Auf der Skipiste oberhalb der Tarscher Alm nach links auf den Weg Nr. 15 (der zu den Kofelraster Seen führt), diesen bald wieder nach rechts verlassen, um bei der Zirmruanhütte wieder auf den Hauptweg zu stoßen.
2) Oberhalb der Latscher Alm auf Weg Nr. 9 in 30 Min. zur Bergstation queren (rund 120 m Anstieg) und knieschonend per Lift ins Tal.
Karten: Freytag & Berndt 1:50.000, WKS 2 Vinschgau. Tabacco 1:25.000, Blatt 045: Latsch, Martell, Schlanders.

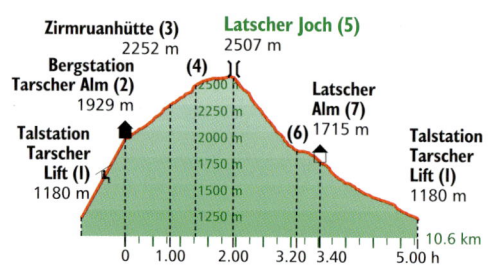

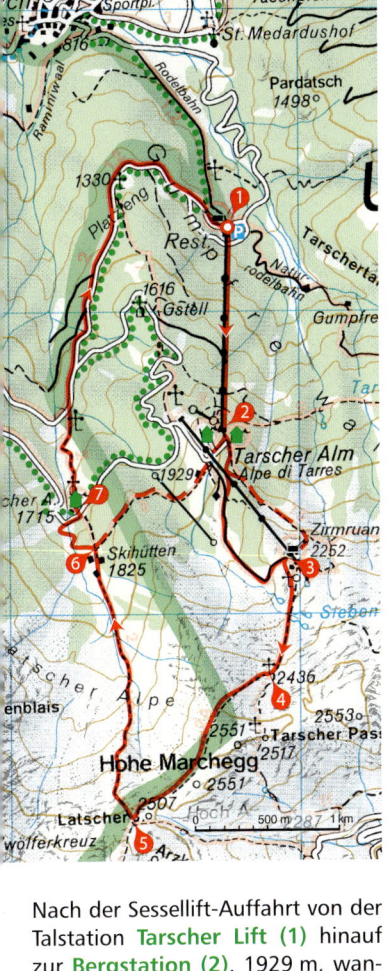

Nach der Sessellift-Auffahrt von der Talstation Tarscher Lift (1) hinauf zur Bergstation (2), 1929 m, wandern wir an den Gebäuden der Tarscher Alm vorbei auf einem Kiesweg aufwärts, der der Skipiste folgt. Das teils planierte Gelände bietet ob der Baumfreiheit immerhin freie Sicht über den Vinschgau. Wer es lieber etwas naturnäher hat, kann bald nach links abzweigen und die etwas längere Variante 1 wählen. Wer geradeaus weitergeht, folgt weiter der Piste (wobei manche Kurve des Fahrwegs abgekürzt werden kann), bis die Zirmruanhütte (3), 2252 m, ins Blickfeld rückt. Schon vor der Hütte zweigt der Wander-

Blick vom Tarscher Jochwaal über die Latscher Alm auf den Vinschgauer Talboden.

weg zum Tarscher Joch spitzwinklig nach rechts ab. Bald sind die sieben Quellen erreicht, wo man sich mit richtig gutem Wasser versorgen kann. Dem Hauptweg folgend steuern wir nun das weithin sichtbare, markante Wetterkreuz (4), 2436 m, an. Dort gibt es eine beschilderte Wegverzweigung: Geradeaus geht es zum Tarscher Joch, wir folgen dem teils unscheinbaren Pfad, der halbrechts weiterführt. Leicht ansteigend gelangt man zu einer vom Marchegg herabziehenden Gelän-

Ortlergruppe

derippe. Dahinter betritt man die Trasse des Tarscher **Jochwaals**, der die Nordwestflanke des Hohen Marchegg (2551 m) traversiert. Unmerklich ansteigend wandelt man nun auf der kunstvollen Einfassung des ehemaligen Bewässerungskanals dahin und staunt darüber, mit welch großem Aufwand das Wasser hier mit immer gleichem Gefälle um so manche Felsrippe herumgeführt wurde. Am **Latscher Joch (5)**, 2507 m, stehen noch die Reste des Aquädukts, über den das Wasser vom Kuppelwieser Ferner herübergeleitet wurde.

Beim Aquädukt zweigt nach rechts der Weg Nr. 2 ab, der steil ins darunterliegende Kar hinableitet. Auf ca. 1820 m kommt man zu einer **Verzweigung (6)**, von der man nach rechts zur Bergstation zurückwandern kann (Variante 2). Wer zu Fuß ins Tal geht, erreicht bald darauf die **Latscher Alm (7)**, 1715 m. Wenn man Glück hat, kann man dort zuschauen, wie Butter und Käse hergestellt werden.

Auf dem beschilderten Wanderweg 2 gelangt man hinunter zur Talstation **Tarscher Lift (1)**.

Das renovierte Aquädukt am Latscher Joch.

Almrosen bei den Sieben Quellen oberhalb der Zirmruanhütte.

Ötztaler Alpen

Vermoispitze, 2929 m

Von Sankt Martin im Kofel über den Ochsenbühel ★★

Großartiger Aussichts-»Balkon« – fast 2½ km über der Etsch
Eigentlich ist die Vermoispitze gar kein richtiger Gipfel, sondern »nur« das breite Ende eines Grates, dessen höchster Punkt (teilweise als Marzill-Spitze bezeichnet) 5 Meter höher ist. Und trotzdem: Das große, weithin sichtbare Kreuz der Vermoispitze ist eines der aussichtsreichsten Ziele im unteren Vinschgau überhaupt! Der Blick in die Tiefe überwindet fast 2½ Kilometer Vertikaldistanz, bis er bei Kastellbell die Etsch mit den umliegenden Obst- und Weinkulturen ertastet. Lässt man seinen Blick etwas höher schweifen, sieht man die gleißenden Gletscher der Eisriesen leuchten: in den Ötztaler Alpen den majestätischen Similaun, in der Ortlergruppe den nicht minder schön gezeichneten Cevedale. Dass man der fast dreitausend Meter hohen Vermoispitze bequem an einem Tag aufs Haupt steigen kann, ist der leisen und schnellen Seilbahn von Latsch nach St. Martin zu verdanken. Diese moderne Bahn ist vor allem ein Nahverkehrsmittel für die rund 120 Bewohner des exponiert gelegenen Bergdorfes am Vinschgauer Sonnenberg. Ihre Kirche (jetziger Bau aus dem 16. Jh.) wurde um eine Felsenhöhle gebaut, die wahrscheinlich sogar ein vorchristliches Höhlenheiligtum war. Später wurde dann der Heilige St. Martin darin verehrt (daher »… im Kofel«).
Den unter St. Martin sich ausbreitenden Teil des Vinschgauer Sonnenbergs – ein einzigartiges, wenn auch für uns Menschen etwas verdorrt wirkendes Biotop – erleben wir bequem aus der Seilbahngondel. Angesichts der dort meist herrschenden Hitze ist das ein beruhigender Gedanke.

KURZINFO

Talort: Latsch, 639 m, im Untervinschgau, Bhf. der Vinschgerbahn, Talstation der Seilbahn nach St. Martin im Kofel.
Ausgangspunkt: Seilbahn nach Sankt Martin im Kofel, 1776 m (Tel. +39 0473 622 212), Talstation im Nordosten von Latsch, Parkplatz zwischen dort und der Etschbrücke.
Gehzeit: 5¾ Std.
Höhenunterschied: 1160 m.
Anforderungen: Ausdauer und Trittsicherheit; kaum Schatten; schweißtreibend, daher reichlich zu Trinken mitnehmen!

Einkehr: Unterwegs keine, an der Bergstation Restaurant mit windgeschütztem Aussichtsbalkon (ideal für die Wartezeit bis zur stündlichen Talfahrt).
Karten: Freytag & Berndt 1:50.000, WKS 2 Vinschgau. Tabacco 1:25:000, Blatt 45: Latsch, Martell, Schlanders.

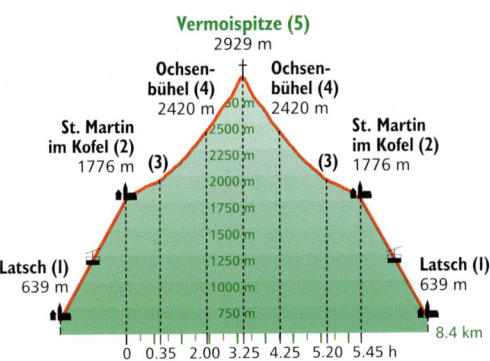

Ötztaler Alpen

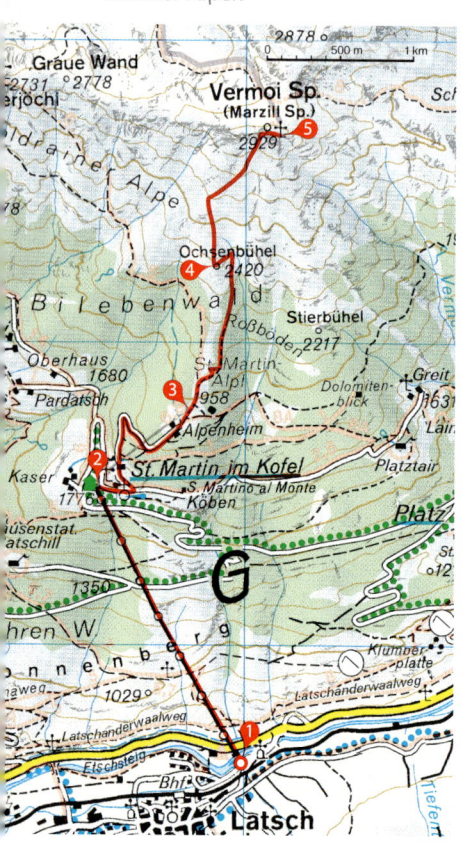

Von **Latsch (1)** gondeln wir hinauf zum Bergweiler **St. Martin im Kofel (2)**, 1776 m. Von dort gehen wir zunächst nach rechts und vorbei an der Schule (die 2005 geschlossen wurde, weil nur noch vier Kinder eingeschrieben waren). Gegenüber der Kirche führt unser Weg nach links hinauf. Die Abzweigung zum »Dolomitenblick« bleibt bald rechts zurück. Nach einer Bank auf einer Mini-Lichtung folgen wir der Kehre nach rechts hinauf in den Wald. Bei einer neu errichteten Almhütte erreicht man eine Lichtung mit Mauerresten und einer Wasserfassung. Hier, beim **St.-Martin-Alpl (3)**, 1958 m, folgen wir der Wegweisung nach links. Bald darauf zweigt unser Weg Nr. 8 rechtwinklig nach oben ab. Im folgenden dichten Wald lohnt es sich, genau auf die Markierungen zu achten (vor allem im Abstieg). Bald lichtet sich der Wald und der Blick auf den Gipfel

Blick von St. Martin im Kofel über den Vinschgau auf die Ortlergruppe – ganz links das Martelltal.

Blick vom Gipfel auf den Ötztaler Hauptkamm. Links der Similaun, rechts daneben folgen der Grafferner, die Marzellspitzen und die Hintere Schwärze.

wird wieder frei. Bei einem Trog, in das durch einen Schlauch köstliches Quellwasser geleitet wird, folgen wir dem nach links hinaufführenden Steig (nicht den Weg- bzw. Weidespuren folgen, die geradeaus durch eine schuttgefüllte Rinne führen!). Der richtige Weg führt auf einen aussichtsreichen Absatz, den **Ochsenbühel (4)**, 2420 m – ideal für eine Pause!

Weiter geht es über einen anfangs breiten, im weiteren Verlauf zunehmend felsigen Geländerücken. Oberhalb eines großen Steinmanns beginnt dann eine Querung nach rechts, bis der Steig schließlich durch eine steinige, teils erdige Rinne über einige kleine Felsstufen auf den Gipfelrücken führt. Hat man die Höhe erreicht, sind es nur noch einige genussvolle Meter zum Gipfelkreuz der **Vermoispitze (5)**, 2929 m – und damit zum beeindruckenden Tiefblick ins Etschtal.

Am Anstiegsweg kehren wir zurück.

Die Vermoispitze, gesehen vom Anstiegsweg beim St.-Martin-Alpl.

Ötztaler Alpen

22 Im Hintern Eis, 3269 m

Von Kurzras über die »Schöne Aussicht«

Ins Herz der Ötztaler Gletscherwelt

»Der Große Ferner« hieß die riesige Gletscherfläche, die bis ins 19. Jahrhundert den Ötztaler Hauptkamm so dominant bedeckte, dass die Gegend auf alten Karten als eine zusammenhängende Eisfläche dargestellt wurde. Ein relativ unscheinbarer Gipfel mitten in dieser Eiswelt wurde »Im Hintern Eis« genannt. Die Südseite dieses Berges bietet heute eine relativ leichte und eisfreie Möglichkeit, ins Herz der Ötztaler Gletscherwelt vorzustoßen. Die ist heute zwar nicht mehr so zusammenhängend vergletschert, bietet aber immer noch eine außerordentlich spektakuläre Szenerie: So steht man am Gipfel über der kilometerlangen Gletscherzunge des von der Weißkugel herabfließenden Hintereisferners, der zusammen mit dem nahen Vernagtferner zu den besterforschten Gletschern der Welt gehört. Das Verhalten dieser Gletscher wird bei der Analyse der weltweiten Klimaveränderungen mit berücksichtigt.

KURZINFO

Talort und Ausgangspunkt: Kurzras, 2011 m, höchstgelegener Ort im Schnalstal, Bus 261 von Naturns (Bhf. der Vinschgerbahn), mit Pkw bei Kompatsch westl. Naturns ins Schnalstal abzweigen.
Gehzeit: 6¾ Std.
Höhenunterschied: 1260 m.
Anforderungen: Etwas Trittsicherheit im rauen Urgesteinsgelände und ein wacher Blick für die Steigspuren und Steinmandln; bei Nebel oder Neuschnee kann zwischen Hütte und Gipfel die Orientierung zur Herausforderung werden, ansonsten relativ leichte Bergtour.
Einkehr/Übernachtung: Schutzhütte Schöne Aussicht, 2842 m (»Bellavista«, Tel. +39 0473 679 130, www.schoeneaussicht.it).
Variante: Von der Bergstation der Schnalstaler Gletscherbahn (3212 m, Tel. +39 0473 662 171) Abstieg auf einem Steig links vom Hochjochferner zur Schönen Aussicht hinab (1 Std., aktuellen Wegzustand an der Talstation erfragen).
Karten: Freytag & Berndt 1:50.000, WKS 2 Vinschgau. Tabacco 1:25.000, Blatt 04: Schnalstal. AV-Karte, 1:25.000, Blatt 30/2 Ötztaler Alpen, Weißkugel.

Ötztaler Alpen

Von **Kurzras (1)** folgen wir dem ausgeschilderten Weg nach Norden. Im Juni und im September werden über diese Trasse mehr als 3000 Schafe auf ihrem Weg zu und von ihren Weiden im Nordtiroler Teil der Ötztaler Alpen getrieben. Für Bergwanderer ist dieser Weg (Nr. 3) problemlos, Schneefreiheit vorausgesetzt. Zwischen der Steinschlagspitze zur Linken und der Grauen Wand zur Rechten streben wir zunächst auf unser Gipfelziel zu.

Die **Abzweigung (2)**, 2730 m, des Weges zur Weißkugel ignorieren wir und wandern auf deutlichem Weg nach Osten zum Gasthaus **Schöne Aussicht (3)**, 2842 m.

Nach der Hütte folgen wir dem Hinweis »Hintereis«. Ein Pfad führt durch teils schrofiges, teils schuttübersätes Gelände in nördlicher Richtung bergan. Im Frühsommer sind meist noch Schneefelder zu überqueren. Der Gipfel **»Im Hintern Eis« (4)**, 3269 m, bietet dann überwältigende Blicke auf die schier arktische Welt des Hintereisferners und seiner großartigen Umgebung. Abstieg am Anstiegsweg.

Ganz links erkennt man den Hochjochferner mit dem Schnalstaler Gletscherskigebiet. Von dort zieht nach rechts ein eisfreier Geländerücken zu unserem Gipfelziel hinauf. Optisch direkt darüber, jeweils leicht nach rechts versetzt: die Saldurspitze und der Ortler. Links am Horizont blinken die Gletscher des Cevedale mit seinen Trabanten, ganz rechts im Bild ragt die Weißkugel in den Himmel (aufgenommen vom Platteikogel oberhalb des Vernagtferners).

Ötztaler Alpen

23 »Ötzi«-Fundstelle, 3210 m

Durchs Tisental und über die Similaunhütte ★★

Wo das Eis 5300 Jahre lang einen Menschen konserviert hat

Die Altersbestimmung nach der C14- (Radiokohlenstoff-) Methode machte die Sensation erst perfekt: Die Gletschermumie vom Tisenjoch, die das Nürnberger Ehepaar Simon im September 1991 im abschmelzenden Eis entdeckt hat, ist vor 5300 Jahren gestorben! Normalerweise fließen Gletscherleichen mit dem Eis zu Tal und schmelzen im Ablationsgebiet nach einigen Jahrzehnten oder Jahrhunderten wieder aus. Ötzi aber lag ortsfest in einer Felswanne, die vor 5300 Jahren unmittelbar nach seinem offenbar gewaltsamen Tod eingeschneit wurde; der Schnee wurde zu Eis und das konservierte ihn. Das Eis bedeckte ihn 15.000 Generationen lang, bis es von der Gletscherschmelze am Ende des 20. Jahrhunderts dahingerafft wurde.

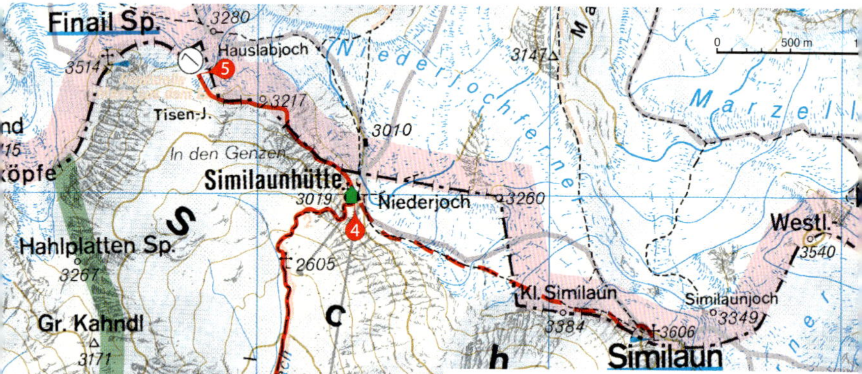

KURZINFO

Talort und Ausgangspunkt: Vernagt, 1700 m, Buslinie 261 vom Bhf. Naturns; mit dem Pkw zwischen Kompatsch und Staben ins Schnalstal abzweigen, Parkplatz bei der Staumauer.
Gehzeit: 8½ Std.
Höhenunterschied: 1520 m.
Anforderungen: Gute Kondition und Trittsicherheit in hochalpinem, stellenweise auch steilem Urgesteinsgelände.
Einkehr/Übernachtung: Tisenhof, 1814 m; Similaunhütte, 3019 m (Tel. +39 0473 669 711).
Variante: Von der Similaunhütte kann man in 2 Std. den 3600 m hohen Simi-

Ötztaler Alpen

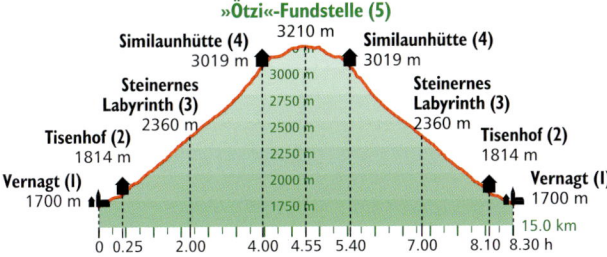

laun besteigen – bei guten Bedingungen im Frühsommer (Stapfschnee am Grat) meist ohne besondere Schwierigkeiten. Das lockt auch ambitionierte Bergwanderer an. Doch Vorsicht: Obwohl man immer wieder »Optimisten« ohne Seil auf dem Niederjochferner sieht, unter dem Schnee lauern Spalten und der Gipfelgrat ist so exponiert, dass auch kleine Ausrutscher fatal enden können! Also nur mit Hochtourenausrüstung und -ausbildung – oder mit einem Bergführer!

Karten: Freytag & Berndt 1:50.000, WKS2 Vinschgau. Tabacco 1:25.000, Blatt 04: Schnalstal. AV-Karte 1:25.000, Blatt 30/2 Ötztaler Alpen, Weißkugel.

Von **Vernagt (1)** spazieren wir hinauf zum **Tisenhof (2)**, 1814 m. Auf dem Weg Nr. 2 geht es durchs **Tisental** bergan, vorbei an einem Bildstock sowie am jungsteinzeitlichen »Schnegg«, dem **»Steinernen Labyrinth« (3)**, 2360 m. Im oberen Talabschnitt wendet sich der Weg nach rechts. Jetzt wird's anstrengend, gilt es doch eine Steilstufe zu überwinden. Dabei hilft der geschickt angelegte Steig, der durch eine Felsrinne und über schrofiges, teils etwas ausgesetztes Gelände schließlich zum **Niederjoch** führt. Dort werden sich trockene Kehlen (wer hat hier keinen Durst?) und hungrige Mägen am Angebot der **Similaunhütte (4)**, 3019 m, erfreuen – und das bei prächtiger Sicht auf den Marzellkamm, den Similaun und den Niederjochferner dazwischen.

Von der Hütte folgen wir dem teils gesicherten Steig Richtung Fundstelle. Er ist gut angelegt, verlangt aber durchaus Trittsicherheit. Nahe der **»Ötzi«-Fundstelle (5)**, 3210 m, erinnert eine aus Steinen aufgerichtete Mischung aus Pyramide und Obelisk an die archäologische Sensation. Ötzi lag an einem durchaus logischen Ort, da das höhere Tisenjoch früher den leichteren, schlechtwettertauglichen Übergang zwischen dem Venter Tal und dem Schnalstal bot. Das niedrigere Niederjoch (daher der Name) war vor der Anlage des heutigen Steiges schwieriger. Abstieg auf dem Anstiegsweg.

Niederjochferner und Similaun von der Hütte.

Ötztaler Alpen

24 Hochwilde, 3480 m

Durchs Pfossental und über die Stettiner Hütte

Anspruchsvoller Klassiker im Ötztaler Hauptkamm

Sie ist wirklich ein wilder Berg, die Hohe Wilde, meist kurz »Hochwilde« genannt. Sie zeigt recht unterschiedliche Gesichter – von Süden gesehen eine wuchtige Felsbastion, von Norden ein schlankes Horn inmitten weiter Gletscher. Aber egal von welcher Seite man sie besteigt, sie bietet dem Bergsteiger immer Eindrücke unverfälschter hochalpiner Wildnis. Steigt man von der Stettiner Hütte über den Hans-Grützmacher-Steig auf, muss man keine spaltigen Gletscherflächen begehen, was bei einem Berg dieser Höhe eher selten ist. Der lange Anmarsch durchs höchst reizvolle Pfossental baut so richtig Vorfreude auf das hochalpine Ziel auf – so entsteht ein Spannungsbogen, der sich stetig steigert, je näher wir unserem Gipfelziel kommen.

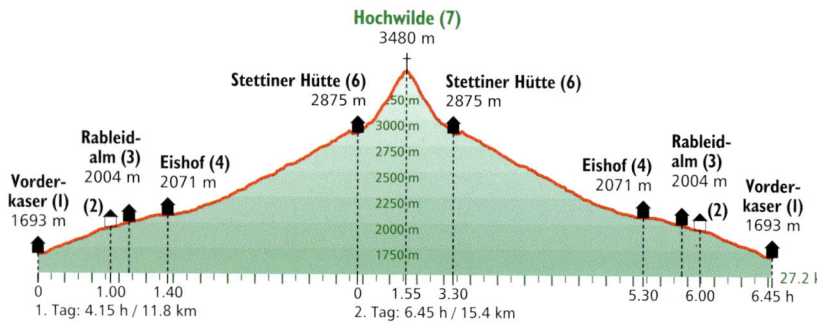

KURZINFO

Talort: Karthaus, 1327 m, im Schnalstal, Haltestelle der Buslinie 261 vom Bahnhof Naturns; mit dem Pkw zweigt man bei Kompatsch, westl. von Naturns, von der Vinschgauer Straße ins Schnalstal ab.

Ausgangspunkt: Parkplatz beim Gasthof Jägerrast (Vorderkaser), 1693 m, im Pfossental; Zufahrt auf schmalem, stellenweise bis zu 20% steilem Asphaltsträßchen, das unterhalb von Karthaus von der Schnalstaler Straße nach rechts hinab abzweigt (leicht zu übersehen). Wer ohne Auto anreist, kann sich von einem Shuttle-Taxi (Tel. +39 338 963 1628) zum Gasthof Jägerrast bringen lassen.

Gehzeit: 11 Std. (4¼ + 6¾ Std. mit Übernachtung in Stettiner Hütte).

Höhenunterschied: 1830 m.

Anforderungen: Bis zur Hütte leicht. Gipfeltour: Abschnittsweise ausgesetzt, Trittsicherheit, Felsgewandtheit und Schwindelfreiheit in stellenweise gesichertem, aber hochalpinem Steilgelände. Im Frühsommer kann man auf Schneereste und -wechten treffen – Vorsicht, v. a. wenn diese gefroren sind!

Einkehr/Übernachtung: Jägerrast/Vorderkaser, 1693 m; Mitterkaser, 1954 m; Rableidalm, 2004 m (Tel. +39 0473 667 229); Eishof, 2071 m (Tel. +39 335 654 330); Stettiner Hütte, 2875 m (CAI/Land, Tel. +39 0473 646 789).

Karten: Freytag & Berndt 1:50.000, WKS2 Vinschgau. Tabacco 1:25.000, Blatt 04: Schnalstal. AV-Karte 1:25.000, Blatt 30/1 Ötztaler Alpen, Gurgl.

1. Tag: Wir beginnen unsere Tour beim **Vorderkaser (1)** mit einer langen Wanderung durchs Pfossental, die bar jeder alpinistischen Herausforderungen, aber voller landschaftlicher Eindrücke ist – und so reich an Brotzeitstationen, dass man gar nicht alle Einkehrmöglichkeiten – **Mitterkaser (2)**, 1954 m, **Rableidalm (3)**, 2004 m, und **Eishof (4)**, 2071 m – wahrnehmen kann. Oberhalb der Baumgrenze wechselt unsere Strecke vom Fahrweg nach links auf einen Fußweg. Nach vielen Kehren erreicht man das **Eisjöchl (5)**, 2895 m. Darüber hinweg (ein alter Tunnel, der ganz oben durchs Joch führt, ist nicht mehr passierbar) in wenigen Minuten zur **Stettiner Hütte (6)**, 2875 m.

2. Tag: Von dort auf dem nach Norden führenden Steig aufwärts. An einem großen Schnee-

Ausgangspunkt Vorderkaser.

Rechts das Nährgebiet des Langtaler Ferners, darüber die Hochwilde und links darunter das Eisjöchl. Dahinter und links die Texelgruppe.

feld vorbei führt der Weg zu einer Felsrippe. Dahinter beginnt die Querung der gigantischen Ostflanke der Hochwilde. Diese ist ziemlich steinschlaggefährdet, daher wurde 2012 eine neue, markierte und gesicherte Anstiegsroute eröffnet: Sie verlässt den alten Hans-Grützenmacher-Steig vor einem Steinschlag-Warnschild nach links und leitet zum **Südgrat** hinauf. Darüber steigen und kraxeln wir vorsichtig hinauf zum Hauptgipfel der **Hochwilde (7)**, 3480 m.

Der Abstieg erfolgt am Anstiegsweg. Dabei ist noch mehr Vorsicht geboten als beim Aufstieg!

Blick vom Süd- zum Nordgipfel (links) der Hochwilde. Dahinter liegt der Gurgler Ferner, rechts unten der Langtaler Ferner – alles schon in Österreich gelegen.

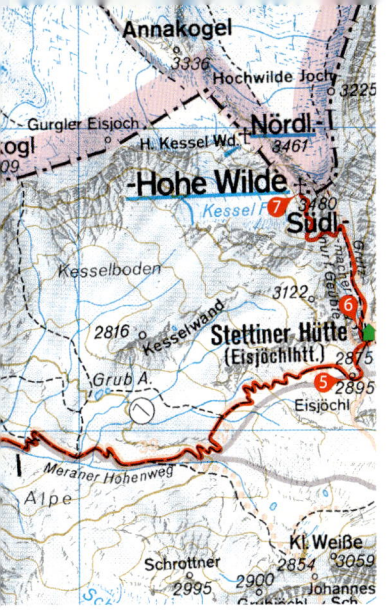

Elegant: Die Hochwilde, gesehen vom nördlich gelegenen Annakogel.

Ötztaler Alpen / Texelgruppe

25 Roteck, 3337 m

Über die Lodnerhütte und den Ostgrat

Höher geht's nicht in der Texelgruppe
Da es in der Texelgruppe eine durchaus hohe Texelspitze gibt, glauben viele, diese sei denn wohl auch der höchste Berg dieser Gebirgsgruppe. Diese Meinung wird auch von Straßenkarten nahegelegt, in denen die Texelspitze als einziger Gipfel der Texelgruppe eingezeichnet ist. Dabei gebührt in Wirklichkeit dem Roteck der Superlativ – schließlich überragt es die Texelspitze um 19 m! Zugegeben, wenn man vom Gipfel des Rotecks zur Texelspitze hinüberschaut, kann man den Höhenunterschied mit bloßem Auge nicht wirklich einschätzen. Das Auge wird eher vom zerschrundenen Texelferner angezogen, der nach Norden hinabfließt und das Pfossental in der trockenen Sommerzeit mit wertvollem Schmelzwasser versorgt. Spektakulär ist auch der Tiefblick auf den schuttübersäten Rest des Roteckferners im Nordosten. Ein bisschen abenteuerlich ist für Alpinwanderer auch schon der Normalweg aufs Roteck, zumindest an der etwas exponierten Kletterstelle am Grat, kurz vor dem kettengesicherten Ausstieg aus einer markanten Gratkerbe.

KURZINFO

Talort: Partschins, 681 m, westl. Meran.
Ausgangspunkt: Parkplatz Birkenwald, 952 m; Gästebus von Partschins fährt weiter zum Gasthaus Wasserfall.
Gehzeit: 12½ Std. (4 + 8½ Std. mit Übernachtung auf der Lodnerhütte).
Höhenunterschied: 2400 m.
Anforderungen: Bis zur Hütte leichte Wanderung. Gipfel: hochalpine Klettersteigtour, die Trittsicherheit und Schwindelfreiheit erfordert; Klettersteigset empfohlen (dessen sichere Handhabung selbstverständlich sein sollte); im Frühsommer evtl. harte Schneeflächen.
Einkehr/Übernachtung: Zielalm (Kuhalm), 2196 m (Tel. +39 0473 968 222); Lodnerhütte, 2262 m (Land, Tel. +39 0473 967 367, www.lodnerhuette.com).
Varianten: Von der Texelbahn-Bergstation (beim Giggelberg), in 3 Std., vom Parkplatz Steiner Brücke unter der Nasereithütte (schmale Zufahrt über Tabland) in 2¾ Std. zur Lodnerhütte.
Karte: Tabacco 1:25.000, Blatt 11: Meran und Umgebung.

Die gemütliche Lodnerhütte im Zentrum der Texelgruppe.

Nur für Schwindelfreie: Schlüsselstelle am Roteck-Ostgrat.

Im Lafaistal. Bald nach dieser Stelle führt unser Weg nach rechts hinauf.

1. Tag: Vom Parkplatz **Birkenwald (1)** folgen wir der Beschilderung zum Gasthof **Wasserfall**. Nach einem Abstecher zum sehenswerten Partschinser Wasserfall geht es auf dem Weg 8 B (ab Steiner Brücke Weg 8) hinauf zur **Nasereithütte (2)**, 1523 m. In Aufstiegsrichtung links des Baches folgen wir dann dem Weg Nr. 8 talein. An der **Zielalm (3**, Kuhalm), 2196 m, vorbei führt er zur **Lodnerhütte (4)**, 2262 m.

2. Tag: Von der Hütte geht man an der Kapelle vorbei ganz kurz nach Norden, um dann gleich nach links ins Tal des Lafaisbaches abzubiegen. Bald weitet sich das Tal etwas; dort heißt es aufpassen, um eine unscheinbare, aber entscheidende Verzweigung nicht zu verpassen, bei der wir den geradeaus talein führenden Weg verlassen und dem Steiglein folgen, das rechts am Hang entlang an Höhe gewinnt. Nach einer Rechtskehre eine kurze, feuchte Plattenzone überqueren (Vorsicht!). Nachdem der Steig wieder die ursprüngliche Westrichtung aufgenommen hat, leitet er über eine weitere Geländestufe zu einer relativ flachen, mit Platten und großen Brocken übersäten Felszone. In der gleichförmigen Landschaft genau den Markierungen folgen, insbesondere bei Nebel und beim Abstieg!

So werden wir leicht nach links geleitet – zum **Roteck-Ostgrat**, an dem die Route durch unschwieriges Felsgelände ansteigt. Eine Schlüsselstelle kommt dann an einer Gratkerbe, in die man auf einem kurzen ausgesetzten Gratstück hinabklet-

Flacher Abschnitt am oberen Roteck-Ostgrat, darüber das Gipfelkreuz.

tert. Jenseits geht es an einer Eisenkette sehr steil wieder hinauf. Zwischendurch wird der Grat dann zu einem flachen Rücken, auf dem bis in den Sommer hinein Schnee liegen kann (s. Bild oben). Über einige unproblematische Felsstufen erreicht man schließlich das Gipfelkreuz am **Roteck (5)**, 3337 m.

Abstieg wie Aufstieg, v. a. nach dem Grat sollte man genau auf die Markierungen achten!

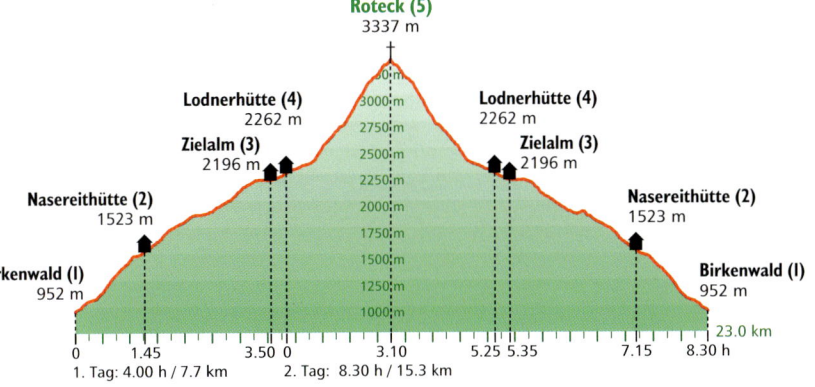

Ötztaler Alpen / Texelgruppe

26 Franz-Huber-Steig, bis ca. 2300 m

Über die Lodnerhütte zum Hochganghaus

Aussichtsreicher Höhenpfad über Schwindel erregenden Abgründen
Wirklich schwierig ist er nicht, der Franz-Huber-Steig – an der falschen Stelle stolpern darf man aber nicht. Der Pfad ist nämlich schmal und führt durch richtig steile Gras- und Schrofenflanken – das ist die eigentliche Herausforderung bei diesem Weg. Im Vergleich dazu ist die mit Trittbügeln gespickte Felsplatte harmlos, die dem Weg auch schon eine – nur sehr bedingt gerechtfertigte – Einstufung als Klettersteig eingebracht hat.

KURZINFO

Talort: Partschins, 681 m, bei Meran.
Ausgangspunkt: Parkplatz Birkenwald, 952 m; der Gästebus von Partschins fährt weiter zum Gasthaus Wasserfall.
Gehzeit: 9¾ Std. (4 + 5¾ Std. mit Übernachtung in Lodnerhütte).
Höhenunterschied: 1580 m.
Anforderungen: Schmaler Pfad in stellenweise äußerst steilem, teils felsdurchsetztem Grasgelände (also nicht bei Nässe gehen!); absolute Trittsicherheit und Schwindelfreiheit unerlässlich; eine steile Felsplatte mit Trittbügeln.
Einkehr/Übernachtung: Nasereithütte, 1523 m (Tel. +39 0473 968 222); Zielalm, 2196 m (Tel. +39 0473 968 222); Lodnerhütte, 2262 m (Land Südtirol, Tel. +39 0473 967 367); Hochganghaus, 1839 m (Tel. +39 0473 443 310, www.hochganghaus.it); Greiter, 1357 m; Prünster, 1196 m.
Karte: Tabacco 1:25.000, Blatt 11: Meran und Umgebung.

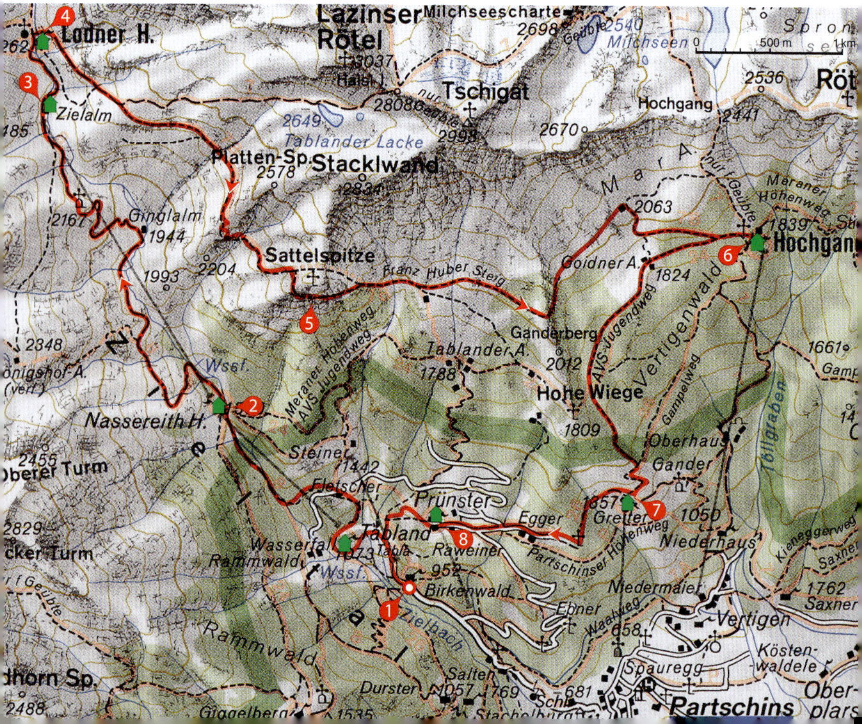

Am Franz-Huber-Steig – tief unten das Etschtal bei Meran.

1. Tag: Vom Parkplatz **Birkenwald (1)** folgen wir zunächst den Wegweisern zum Gasthof Wasserfall. Nach einem beschilderten Kurzabstecher zum wirklich sehenswerten Partschinser Wasserfall geht es über die Fletscher Stiege steil hinauf zur **Nasereithütte (2)**, 1523 m.

In Gehrichtung links des Baches folgen wir dem Weg Nr. 8 talein. An der bewirtschafteten **Zielalm (3)**, 2196 m, vorbei führt er zur **Lodnerhütte (4)**, 2262 m.

2. Tag: Ab der Hütte nehmen wir den Weg, der zur östlichen Talseite und an dieser entlang talaus führt. Bald zweigt der Weg zum Halsljoch ab; wir gehen an dieser Verzweigung rechts. Nach einem weiten Kessel kommt man zu einer Felszone. Dort wird eine steile Felsplatte auf eisernen Trittbügeln überwun-

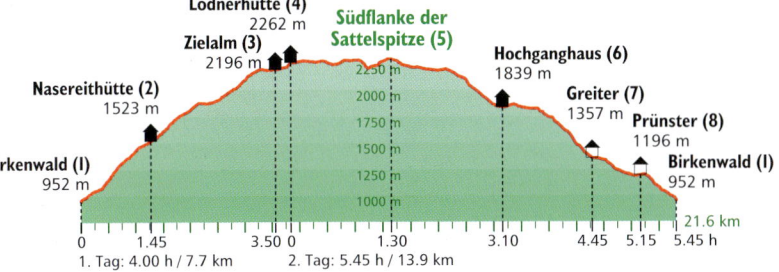

den. Nach einem steilen Zwischenabstieg geht es wieder aufwärts Richtung Sattelspitze. Diesen Vorgipfel der Stacklwand könnte man zwar auf Steigspuren überschreiten. Wenn man den spektakulärsten Teil des Franz-Huber-Steigs erleben will, spart man sich die Höhenmeter und bleibt auf dem deutlicheren Pfad, der die Südflanke der Sattelspitze (5) quert. Dabei bewegt man sich durch richtig steile Gras- und Schrofenflanken. Seile zum Festhalten konzentrieren sich auf besonders exponierte Abschnitte. Die Abzweigung zur Tablander Alm ignorieren wir. Erst ein Stück nach der Geländerippe des Ganderbergs, im Bereich der Hochbodenalm,

Am Franz-Huber-Steig: Exponierte, mit Halteseil gesicherte Querung unter der Sattelspitze.

Ein kurzer Abstecher vom Gasthaus Wasserfall führt zum 98 m hohen Partschinser Wasserfall.

wendet sich unser Weg in Form von etwas unscheinbaren Pfadspuren nach rechts. Unter einem Stadel setzt dann ein steiler Waldweg an, der schließlich auf den Meraner Höhenweg trifft. Darauf nach links, gelangt man zum Hochganghaus (6), 1839 m.

Von dort gehen wir kurz auf gleichem Weg zurück, bleiben dann aber auf dem Meraner Höhenweg (Nr. 24). Bald nach der Goidner Alm verlassen wir diesen wieder (nach links), um durch Wald zum Greiter (7), 1357 m, und somit zur nächsten Einkehrmöglichkeit hinabzusteigen. Auf einem Sträßchen spazieren wir dann zum Gasthaus Prünster (8), 1196 m, mit seiner bekannt guten Küche. Dem Partschinser Höhenweg folgen wir nach Westen, bis es nach links zum Parkplatz Birkenwald (1) hinabgeht.

Ötztaler Alpen / Texelgruppe

Spronser Rötelspitze, 2625 m

Über den Hochgang zur Spronser Seenplatte ★★★

Abwechslungsreiche Rundtour zu Seen und Schalensteinen

Die Spronser Seenplatte gehört zu den sehenswertesten Naturjuwelen Südtirols. Dass sie von keiner Straße oder Seilbahn aus auf kurzem Weg erreichbar ist, macht sie nur noch interessanter. Man muss aber auch gut planen, wenn man an einem Tag zumindest den zentralen Teil der Seenplatte erwandern will. Auf der hier vorgestellten Runde ist das mit Seilbahnhilfe möglich. Für Genießer kann es vorteilhaft sein, sich für die Tour zwei Tage Zeit zu nehmen. Dann ist auch der Gipfelabstecher auf die Spronser Rötelspitze ganz ohne Zeitdruck möglich.

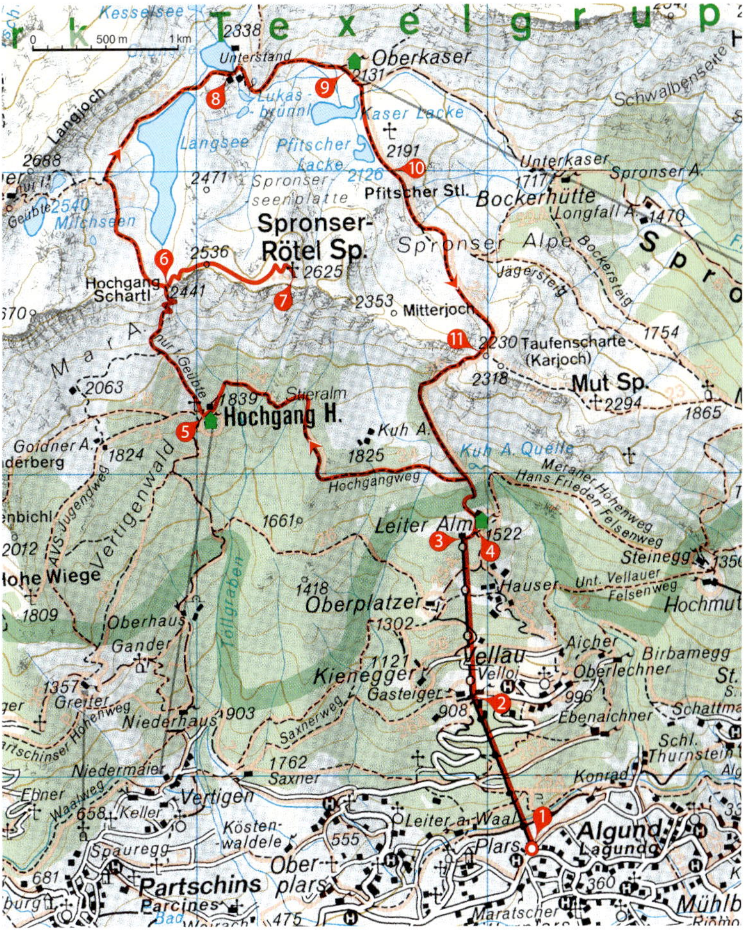

Ötztaler Alpen / Texelgruppe

KURZINFO

Talort: Algund, 360 m, nordwestlich von Meran, von dort Bus 18 oder 413.
Ausgangspunkt: Bergstation des Korblifts vom Gasthof Gasteiger in Vellau (ab 8 Uhr); dorthin mit Bus 235, eigenem Auto oder – erst ab 8.30 Uhr – Sessellift (Tel. für beide Lifte +39 0473 448 532) von der Talstation, 396 m, zwischen Algund und Mitterplars.
Gehzeit: 8 Std.
Höhenunterschied: 1350 m.
Anforderungen: Großteils unschwierige alpine Bergwege; zum Hochgang gesicherter, stellenweise ausgesetzter Steig, der z. T. den Charakter eines leichten Klettersteigs hat; richtig Klettern muss man nicht, Trittsicherheit und etwas Schwindelfreiheit sind aber wichtig. Abstecher zur Rötelspitze auf schwachen, kaum markierten Trittspuren, mit einigen nicht besonderes schwierigen Kraxeleinlagen. Unter der Taufenscharte sehr steiles Gelände (bei Nässe gefährlich!).
Einkehr/Übernachtung: Leiteralm, 1522 m (Tel. +39 338 317 2484); Hochganghaus, 1839 m (www.hochganghaus.it, Tel. +39 0473 443 310 oder +39 0473 449 015); Oberkaser, 2131 m (Tel. +39 0473 923 488).
Karte: Tabacco 1:25.000, Blatt 11: Meran und Umgebung.

Von Plars (1) schweben wir mit dem Sessellift nach Vellau (2), dann mit dem Korblift hinauf zur Bergstation (3). Von dort steigt man in wenigen Minuten zur Leiteralm (4), 1522 m, hinauf. Anschließend folgen wir dem Meraner Höhenweg (Nr. 24) nach links. Bald darauf lassen wir den Weg zur Taufenscharte (unser Rückweg) rechts zurück. Ein früher knifflig zu begehender Murgraben wird auf einer stabilen Hängebrücke überquert, bevor wir das Hochganghaus (5), 1839 m, erreichen.
Von der Hütte weg nehmen wir den Weg 7, der in das Waldstück führt, das sich links der Weide oberhalb des Hochganghauses erstreckt. Der Weg wird immer steiler und zieht in Serpentinen in eine wildromantische Felszone hinauf. Dort helfen gute Sicherungen über abschüssige und ausgesetzte Stellen. In der Hochgangscharte (6), 2441 m, führt der Hauptweg nach links weiter, für den Gipfelabstecher folgen wir den nach rechts führenden Wegspuren. Diese leiten über das schrofige Gelände nördlich der soeben überwundenen Wandzone. Eine kleine Felsstufe erfordert etwas Kletterfertigkeit. Nach einer mit

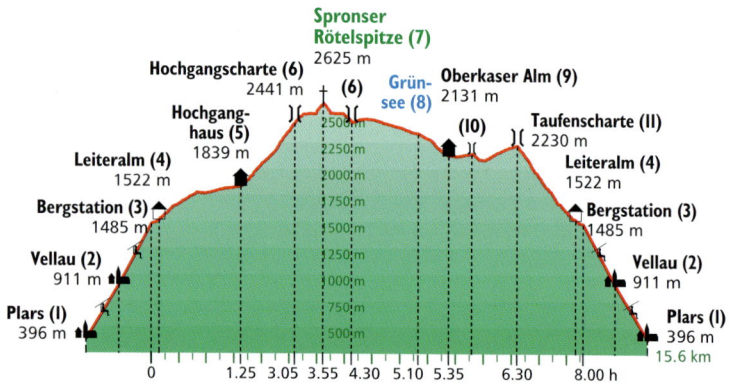

Blick vom Hochganghaus zur Hochgangscharte.

Felsspalten durchsetzten Flachzone kommt man an den rauen Gipfelaufbau. Den Steigspuren folgend bzw. über viele kleine Blöcke steigend erreicht man etwas nach links ausholend die aussichtsreiche **Spronser Rötelspitze (7),** 2625 m. Zurück an der **Hochgangscharte (6)**, geht es auf Weg Nr. 7 weiter, der am knapp über 1 km langen und gut 35 m tiefen **Langsee**, 2377 m, links vorbeiführt. Der See hat an seinem nördlichen Ende eine kleine Mauer, mit der zusätzliches Wasser angestaut wird, das man in sommerlichen Wassermangelzeiten zur Bewässerung ablassen kann. Von der Staumauer hinab zum **Grünsee (8),** 2338 m. Bei dessen Abfluss ist eine Wegverzweigung, an der wir uns rechts halten. So gelangt man zur **Oberkaser Alm (9),** 2131 m.

Nach der Alm gehen wir noch ein kurzes Stück auf dem Weg Nr. 6 und biegen dann nach rechts auf den Weg Nr. 25 ab. An Kaser und Pfitscher Lacke (2126 m) vorbei kommen wir zum **Pfitscher Sattel (10)**, bei dem es die meisten Schalensteine weit und breit gibt – sie werden als Relikte einer bronzezeitlichen Kultstätte interpretiert. Vom Sattel geht es vorübergehend abwärts. Bald verlassen wir den Jägersteig und gehen nach rechts zur **Taufenscharte (11),** 2230 m, hinauf. Jenseits steigen wir in vielen Serpentinen durch steiles Gelände ab (vorsichtig, v. a. bei Nässe!) und erreichen nach einer Waldpassage wieder die **Leiteralm (4)**, 1522 m. Zurück ins Tal **(1)** mit dem bekannten Lift, nach 18 Uhr zu Fuß, 1¼ Std. zur Bushaltestelle in **Vellau (2).**

Meran

28 Tappeinerweg und Schloss Tirol, 647 m

Rundweg über Dorf Tirol und den Tiroler Steig ★★

Genusswanderung durch ein Blumenparadies
Meran liegt nur gut 300 m über dem Meeresspiegel. Da wundert es nicht, dass an den besonders sonnenverwöhnten Hängen über den Dächern der Kurstadt eine Vegetation wachsen kann, wie man sie sonst eher an den Gestaden des Mittelmeers antrifft. Um die Gäste auch richtig in den Genuss dieser Pracht kommen zu lassen, ließ der Kurarzt Dr. Franz Tappeiner 1893 eine bequeme Promenade anlegen. Dieser Weg wird in der vorgeschlagenen Wanderung in eine Runde eingebunden, die u. a. zum Stammschloss der Grafen von Tirol führt. Die spielten im Mittelalter eine entscheidende Rolle bei der Entstehung des eigenständigen Landes Tirol.

KURZINFO

Talort: Meran, 325 m; Bahnverbindung mit Bozen und Mals.
Ausgangspunkt: Meran, 310 m, Thermenplatz nahe dem südlichen Passerufer; dort große Parkgarage. Alternativ auch erreichbar vom Bahnhof über Europaallee, Freiheitsstraße und Theaterplatz.
Gehzeit: 3¼ Std.

Höhenunterschied: 350 m.
Anforderungen: Leichte Wanderung, überwiegend auf gepflegten Spazierwegen, »gewürzt« mit einem steilen Naturpfad-Aufstieg.
Einkehr: Saxifraga Stub'n und Café Unterweger am Tappeinerweg, Café Fernblick am Tiroler Steig; Gasthäuser beim Schloss und in Dorf Tirol.
Karte: Tabacco 1:25.000, Blatt 11: Meran und Umgebung.

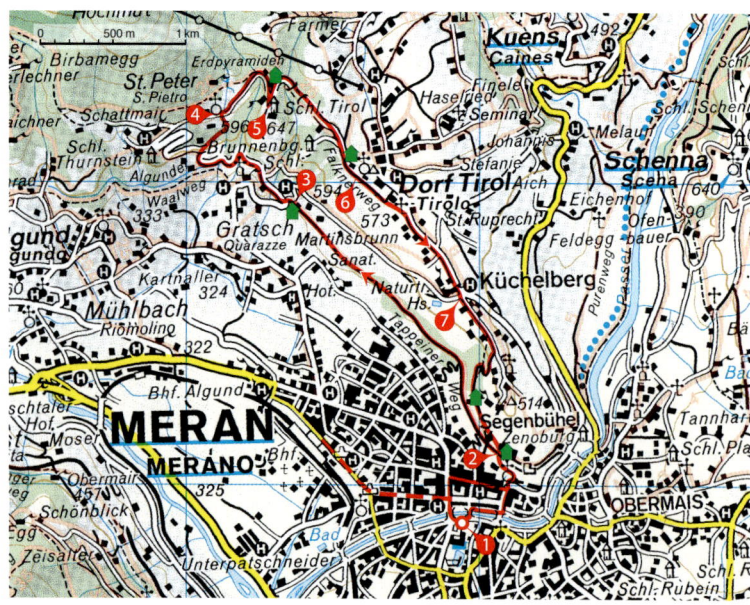

Blick vom Tappeinerweg über Weinberge auf die 3000 m hohe Zielspitze.

Wenn man vom Parkhaus (oder vom Bahnhof) das Passerufer in **Meran (1)** erreicht hat, geht man am nördlichen Ufer flussaufwärts – auf der klassischen Flaniermeile Merans, der Kurpromenade. Am Kurhaus vorbei gehen wir bis zur nächsten Brücke, dort nach links und über den **Sandplatz** durch das Tor zum Pfarrplatz. Wenn man um die **Pfarrkirche**, 323 m, rechts herum geht, trifft man hinter dem Gebäude gleich auf einen befestigten Treppenweg, dem wir steil aufwärts folgen. Beim Restaurant **Saxifraga Stub'n (2)** ist der Tappeinerweg erreicht.

Wir gehen hier links und spazieren auf einer gepflegten Promenade gemütlich und weitgehend auf gleicher Höhe durch exotisch bewachsene Hänge. Bald nach dem **Café Unterweger (3)** trifft man auf die Laurinstraße. Dieser folgen wir Richtung St. Peter ein Stück aufwärts. Den rechts abzweigenden Gnaidweg ignorieren wir. Bald darauf verlassen wir die Straße nach links auf eine moderne Fußgängerbrücke. Diese führt zu einem reizvollen **Waalweg**, dem wir aber nur ganz kurz folgen. Die erste Abzweigung nach rechts hinauf führt uns wieder zur Straße. Die überqueren wir und steigen auf dem gegenüber ansetzenden Fußpfad durch dichten Wald bergan. Auf dem für diese Tour relativ steilen Kreuzweg mit Bildstöcken gelangen wir zu **St. Peter (4)**, 596 m, einer der ältesten Kirchen Tirols. Auf dem Sträßchen nach rechts, erreichen wir kurz darauf das

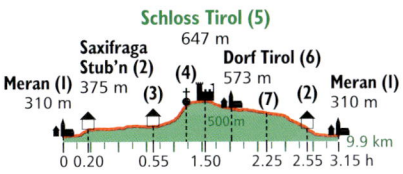

Schloss Tirol.

Schloss Tirol (5), 647 m (lohnende Besichtigung, Ausstellung).
Auf dem Rückweg folgen wir dem Sträßchen, das am Schloss entlang zunächst auf den Berg zuführt. Nach einem Kiosk geht es hinab in den Kostengraben, in dem der Regen im Lauf der Zeit Erdpyramiden aus dem eiszeitlichen Moränenmaterial herausmodelliert hat. Damit man sich in dem labil gelagerten Geschiebe sicher bewegen kann, wurde 1682 ein **Tunnel** angelegt, durch den wir auf **Dorf Tirol (6)**, 573 m, zusteuern. Dort spazieren wir über die aussichtsreiche Falkner-Promenade, bis wir auf die Hauptstraße stoßen. Dieser folgen wir nach rechts, um bald darauf in die **Segenbühel-Straße (7)** einzubiegen. Davon zweigt bei einem leicht zu übersehenden Wegweiser (»Tiroler Steig«) unser Abstiegsweg nach rechts ab. Zuerst auf reizvollem Waldpfad, dann auf schmalen Zufahrtssträßchen und Weinberg-Erschließungswegen, gelangt man am **Café Fernblick** vorbei hinab zum Tappeinerweg, den wir bei den **Saxifraga Stub'n (2)** überschreiten.
Nun geht es am Anstiegsweg nach Meran hinunter. Nach der Kirche sollte man am Pfarrplatz nach rechts in die **Laubengasse** gehen, um so einen Teil der eng zusammengebauten Altstadt Merans zu erleben. Beim Kornplatz gehen wir nach links in den **Rennweg**, überqueren geradewegs den Theaterplatz und die Passer. So kommen wir zur Therme von **Meran (1)**, wo man den Tag genüsslich ausklingen lassen kann.

In den Hängen über Meran. Blick über Dorf Tirol auf den Ifinger.

Sarntaler Alpen

Hirzer, 2781 m

Von der Seilbahn über die Hirzerhütte ★★★

Auf den höchsten Gipfel der Sarntaler Alpen

Mit einer Gipfelhöhe von knapp 2800 m liegt der Hirzer eigentlich nur im »braven« Mittelfeld der Südtiroler Gipfel. Mit der Aussicht, die er bietet, gehört er jedoch zu den absoluten Highlights! Kein Wunder, ist er doch der höchste Berg der Sarntaler Alpen, und die liegen im Herzen Südtirols. Wenn man mitten im Land auf dem höchsten Gipfel weit und breit steht, hat man die Bergwelt dieses schönen Landes natürlich perfekt im Blick: Die Ortlergruppe im Westen, die Dolomiten im Osten, die Ötztaler, Stubaier und Zillertaler Alpen im Norden. Und im Süden heben sich die Silhouetten von Monte Baldo und Brenta gerade noch vom Dunst der dahinter schon zu erahnenden Poebene ab.

Überwindet fast 1500 Höhenmeter zwischen Obstgärten und Hochalmen: Die Hirzer-Seilbahn.

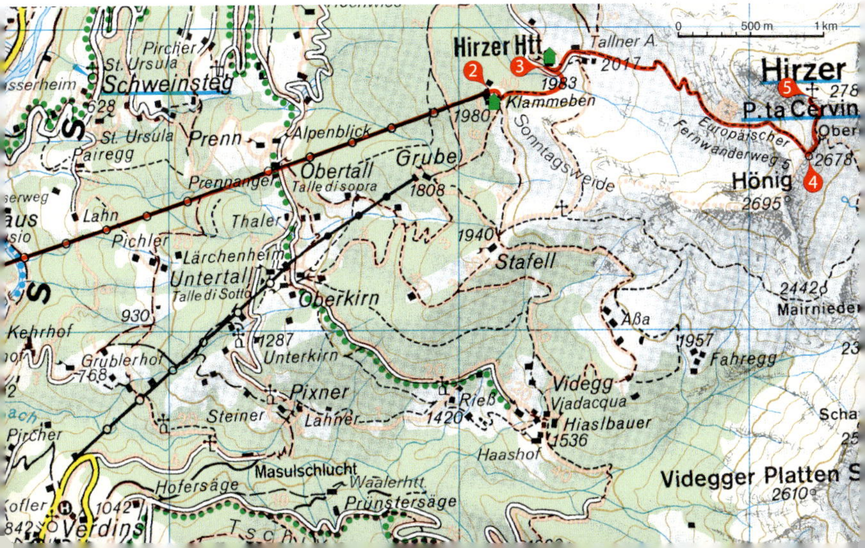

Auf dem Hirzer. Blick auf die Ortlergruppe (links vom Gipfelkreuz), die Texelgruppe (rechts vom Gipfelkreuz) und die Ötztaler Alpen (rechts im Bild).

KURZINFO

Talort: Saltaus, 490 m, im Passeiertal, Haltestelle der Buslinie Nr. 240 (Meran – St. Leonhard); großer Parkplatz bei der Talstation der Hirzer-Seilbahn.

Ausgangspunkt: Hirzer-Seilbahn (www.hirzer.info, Tel. +39 0473 645 498, erste Bergfahrt 8.30 Uhr), Bergstation bei der Klammebenhütte, 1980 m.

Gehzeit: 4¾ Std.
Höhenunterschied: 860 m.
Anforderungen: Trittsicherheit und auch etwas Felsgewandtheit, insbesondere für den alpinen Felssteig an der Oberen Scharte.
Einkehr/Übernachtung: Klammebenhütte, 1980 m; Hirzerhütte, 1983 m (Tel. +39 330 515 900); Tallner Alm, 2022 m.
Karte: Tabacco 1:25.000, Blatt 11: Meran und Umgebung.

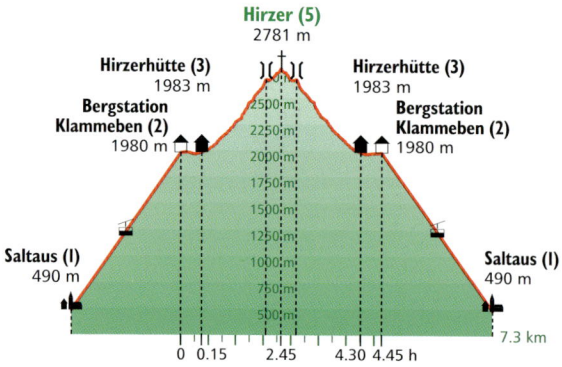

Sarntaler Alpen

Von **Saltaus (1)** schweben wir über die Mittelstation Prenn bis zur Bergstation **Klammeben (2)**. Dort folgen wir dem beschilderten Weg zur **Hirzerhütte (3)**, 1983 m. Die verlockende Einkehr dort planen wir besser für den Rückweg ein. Auf dem Europäischen Fernwanderweg Nr. 5 passieren wir die Tallner Alm, 2017 m, und halten auf das Hirzer-Massiv zu. Über dem felsigen Kar zwischen Hönig und Hirzer wird der Weg zu einem steilen, stellenweise sogar anspruchsvollen Felssteig. An der **Oberen Scharte (4)**, 2678 m, erreicht er die Kammhöhe. Dort öffnet sich der Blick nach Osten: Ab jetzt bereichern die Dolomiten die Aussicht. Von der Scharte folgen wir kurz dem jenseits abwärts führenden Weg; nun heißt es aufpassen, um den bald links abzweigenden Steig nicht zu verpassen, der wieder auf den Kamm hinauf und an die Gipfelflanke heranführt. In dieser quert der Steig zunächst nach rechts. Einer scharfen Kehre folgt man dann nach links (geradeaus führende Steigspuren ignorieren!). Schließlich geht es durch steiles Schrofengelände auf den Gipfel des **Hirzer (5)**, 2781 m.
Auf dem Anstiegsweg zurück.

Der Gipfelweg durch die Hirzer-Südostflanke.

Ötztaler Alpen / Texelgruppe

30 Texelrunde, Lazinser Rötelspitze, 3037 m

Über die Lodnerhütte und die Spronser Seen ★★★

Zweitagestour »durchs wilde Texelstan«
Die Lazinser Rötelspitze ist bei dieser Tour eigentlich nur das »Dreitausender-Tüpferl auf dem i«. Im Vordergrund steht hier die gewaltige Landschaft der Texelgruppe (mit 33.430 ha der größte Naturpark Südtirols), die man auf den teils hochalpinen Steigen dieser Runde besonders eindrucksvoll erlebt. Am schuttübersäten Grubferner und an der anschließenden Johannesscharte bewegen wir uns in einer abenteuerlichen, garadezu dramatischen Szenerie. Die Nacht verbringen wir in der heimeligen Lodnerhütte. Sie wurde 1891 von der Alpenvereinssektion Meran erbaut. Nach der Enteignung 1922 gehörte sie dem Club Alpino Italiano, seit 2012 ist sie Eigentum des Landes Südtirol. Der zweite Tag beschert uns neben dem Kraxelabstecher auf einen gestandenen Hochgebirgsgipfel vor allem stille Bergpfade und viele reizvolle Brotzeitplätze an den romantischen Spronser Seen.

KURZINFO

Talort: Pfelders, 1628 m, Zufahrt von Moos in Passeier (Timmelsjochstraße) durchs reizvolle Pfelderer Tal; Bus 240 von Meran.
Ausgangspunkt: Großer Parkplatz am Ortseingang.
Gehzeit: 14¾ Std. (7 + 7¾ Std.).
Höhenunterschied: 2600 m.
Anforderungen: Ausgewachsene Bergtour, die sehr gute Kondition, ausgeprägte Trittsicherheit und stellenweise Schwindelfreiheit verlangt. Mit dem Grubferner wird zwar ein Gletscherrest gequert, wegen seiner dicken Schuttdecke braucht man dafür aber keine Gletscherausrüstung. Wegen der langen Tagesetappen nur bei stabiler Wetterlage, ansonsten sehr früh aufbrechen, um vor möglichen Gewittern in der Hütte bzw. im Tal sein zu können. Im Frühsommer kann harter Altschnee – v. a. an der Johannesscharte – problematisch sein (ggf. vorher erkunden).
Einkehr und Übernachtung: Lazins, 1782 m; Lazinser Kaser, 1860 m; Stettiner Hütte, 2875 m (CAI/Land, Tel. +39 0473 424 244); Lodnerhütte, 2262 m (Land, Tel. +39 0473 967 367, Übernachtung wegen der Tourenlänge obligatorisch); Faltschnalalm, 1871 m (diese Einkehrmöglichkeit gibt es erst kurz vor Tourenende, also genug Proviant für den langen 2. Tag mitnehmen!).
Varianten: Verknüpfungsmöglichkeiten mit Hochwilde (Tour 24), Roteck (Tour 25) und Pfelderer Höhenweg (Tour 31), dann jeweils weitere Übernachtung einplanen.
Karten: Freytag & Berndt 1:50.000, WKS 8: Passeier Tal, Timmelsjoch, Jaufenpass. Tabacco 1:25.000, Blatt 11: Meran und Umgebung und Blatt 39: Passeier Tal.

Abstieg vom Eisjöchl in den Kessel des ehemaligen Grubferners.

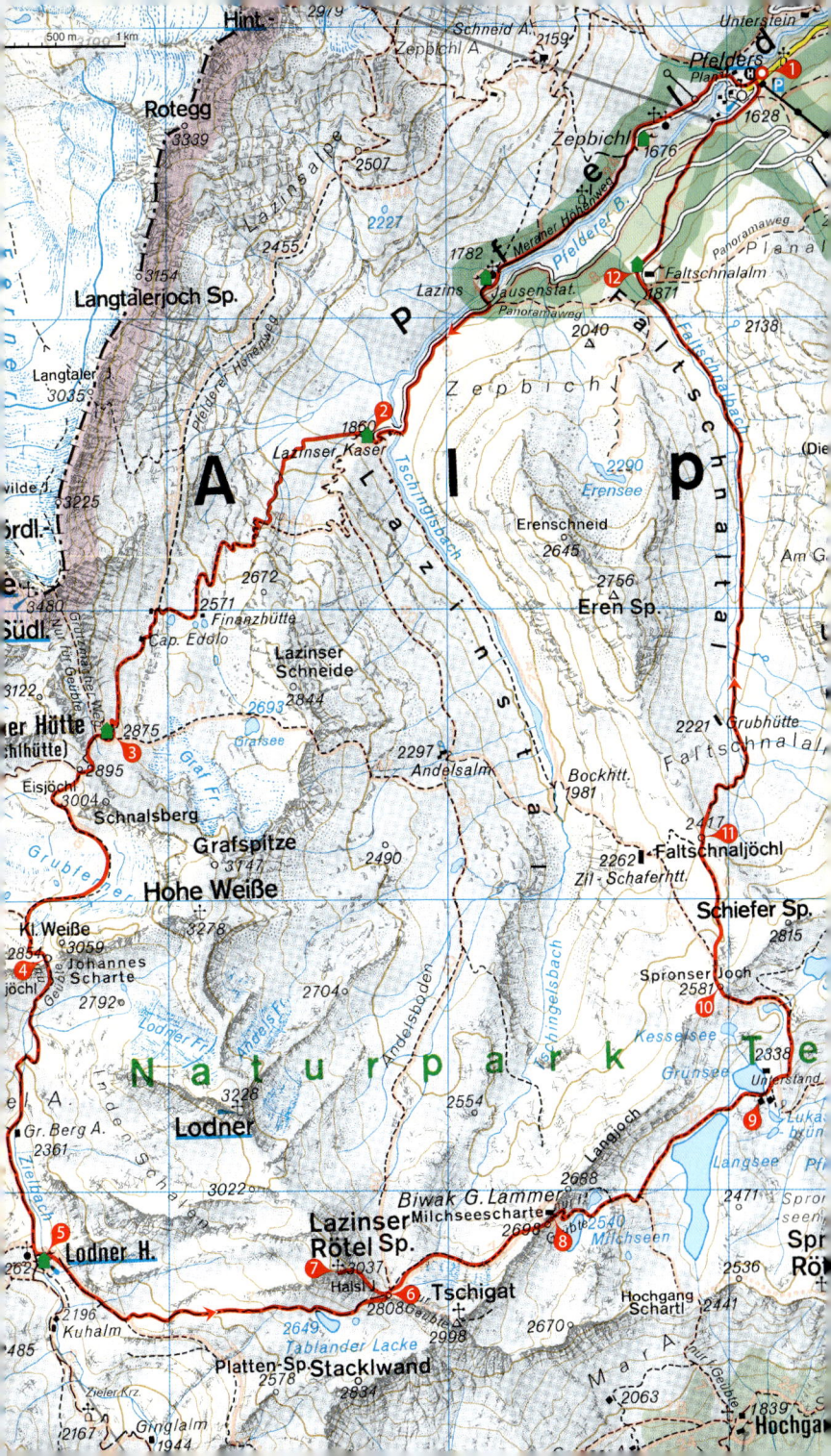

Die spektakuläre Eiszerfallslandschaft des »sterbenden« Grubferners.

1. Tag: Von **Pfelders (1)** folgen wir der Markierung »24« und spazieren talein zum **Lazinser Kaser (2)**, 1860 m. Dann geht es auf einem Wanderweg wenig ansteigend nach Westen, bevor eine steile Geländestufe auf neu angelegtem Weg (Stelle mit Halteseil) überwunden wird. Weiter oben folgen wir dann einem alten Militärweg zur **Stettiner Hütte (3)**, 2875 m.

Abstieg durchs obere Zieltal. Rechts im Hintergrund erkennt man die Johannesscharte.

Nach einer Stärkung gehen wir hinüber zum **Eisjöchl**, 2895 m. Den Hauptweg ins Pfossental verlassen wir kurz darauf nach links, einem Steig folgend, der uns zum weitgehend abgeschmolzenen **Grubferner** führt. Ein Stahlseil führt über eine brüchige Stufe hinab zum schuttübersäten Toteisbereich des Gletschers. Dass wir über Eisreste gehen, merken wir allenfalls daran, dass der Schutt unter unseren Füßen stellenweise instabil ist. Hier unbedingt an die Markierungen halten.

Auch nach dem ehemaligen Gletschergelände haben wir noch nicht richtig festen Boden unter den Füßen: Unser Steig windet sich über viel losen Schutt aufwärts. Eine Querung nach links führt zu

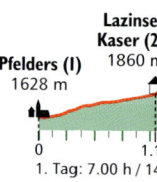

1. Tag: 7.00 h / 14

Ötztaler Alpen / Texelgruppe

Blick vom Tschigat-Nordwestgrat über das Halsljoch hinweg auf die Lazinser Rötelspitze mit dem Südostgrat (rechts, unsere Gipfelroute). Der zweite Gipfel von links ist das Roteck (Tour 25); rechts darunter der Rest des Roteckferners.

einer steilen Schuttrinne, die nach rechts hinauf den Zugang zur Johannesscharte (4), 2854 m, vermittelt. Diese Rinne war früher eisgefüllt, daher gibt es links oberhalb alte Markierungen und Sicherungen. Die können teilweise helfen, wenn die Rinne früh im Jahr noch schneegefüllt ist. Ansonsten kämpft man sich mühsam über den Schutt empor und ergreift oben dann gerne die neueren Stahlseile. Der südseitige Abstieg ist ebenfalls recht steil. Nach einem Stahlseil folgt der Steig vorübergehend einer Rippe (Vorsicht, links ein Abgrund!), führt stellenweise aber auch wieder über tückisch loses Geschröf. Bald wird der Weg zahmer, sodass man den Blick nach links hinüber zum eigenwillig aussehenden Lodner genießen kann, und wir erreichen die Lodnerhütte (5), 2262 m.

2. Tag: Nach Übernachtung auf der Lodnerhütte (5) beginnt der neue Tag mit einem knapp zweistündigen Anstieg auf dem Weg Nr. 7, der über die Tablander Lacken zum Halsljoch (6), 2808 m, führt. Dort setzt der Gipfelaufstieg an: Nach links gehen und kraxeln wir am Südostgrat den Sicherungen, Markierungen und Steigspuren folgend auf die Lazinser Rötelspitze (7), 3037 m.

Zurück am Halsljoch (6), folgen wir dem Weg 7, der durch ein Meer von Felsplatten und -blöcken unterhalb der einst eisbedeckten Nordflanke des Tschigat vorbei zur Milchseescharte (8), 2698 m, führt. Dort steht das Guido-Lammer-Biwak, benannt nach dem Wiener Soloberg-steiger, der 1899 z. B. die Südrippe der Lazinser Rötelspitze erstbegan-

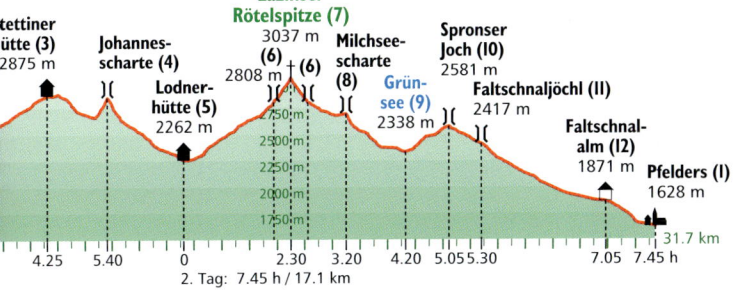

2. Tag: 7.45 h / 17.1 km

Gletscherschliffe am Milchsee.

gen hat. Nun auf einem gesicherten Steig steil hinunter zu den **Milchseen**. Noch etwas tiefer liegt der **Langsee**. An seinem Ufer gehen wir nach links und hinab zum **Grünsee (9)**, 2338 m. Bei seinem Abfluss zweigen wir links ab und steigen nun wieder auf. Bald kommen wir zur Verlandungszone des **Schiefersees**. Dort im Linksbogen herum und hinauf zum **Spronser Joch (10)**, 2581 m.

Jenseits gehen wir kurz bergab und passen auf, dass wir eine unscheinbare Verzweigung nicht verpassen; dort gehen wir rechts. Unter der Schieferspitze queren wir nun zum **Faltschnaljöchl (11)**, 2417 m. Dort geht es nach rechts hinab und durch das lange Faltschnaltal hinaus zur **Faltschnalalm (12)**, 1871 m; dieser ersten Einkehrmöglichkeit des langen Tages wird wohl kaum jemand widerstehen können.

Nach einem kurzen Stück auf dem Versorgungssträßchen zweigt der Wanderweg nach links ab und führt durch Wald zurück nach **Pfelders (1)**.

Die hellen Kalkgipfel Lodner und Hohe Weiße (von links) werden bei der Tour umrundet, der Langsee (unten im Bild) wird am zweiten Tag passiert.

Ötztaler Alpen

Pfelderer Höhenweg, Stettiner Hütte, 2875 m 31

Durch die Südostflanke des Ötztaler Hauptkamms ★★

Alpiner Pfad mit bester Sicht auf die Texelgruppe

Der Pfelderer Höhenweg bietet ständig herrliche Ausblicke: Talein wandern wir am südöstlichen Abhang des Ötztaler Hauptkamms und genießen den Blick in die Texelgruppe, am Rückweg von der Stettiner Hütte können wir dann hinaufschauen zu dem wilden Gelände, das wir bei der ersten Etappe durchwandert haben. Dabei fallen die Kalk- und Marmorbänke vom so genannten »Schneeberger Zug« ins Auge; sie zeigen sich auch andernorts in den südlichen Ötztaler und Stubaier Alpen (z. B. in der Schneeberg-Region) in Form von oft schon gleißend hellen Formationen.

An der Oberen Schneid. Im Hintergrund die Texelgruppe.

KURZINFO

Talort: Pfelders, 1628 m, Zufahrt von Moos in Passeier (Timmelsjochstraße) durchs Pfelderer Tal; Bus 240 von Meran.
Ausgangspunkt: Großer Parkplatz am Ortseingang.
Gehzeit: 8¾ Std.
Höhenunterschied: 1400 m.
Anforderungen: Trittsicherheit in alpinem Gelände, teils schmaler Steig in Fels- und Mattengelände, die Querung einiger lang anhaltend schneegefüllter Gräben kann problematisch sein; vorher nach Schneelage fragen – wenn kritisch, Steigeisen/Grödel und ggf. Pickel mitnehmen; auf jeden Fall mit Stöcken gehen.
Einkehr/Übernachtung: Schneidalm, 2159 m; Stettiner Hütte, 2875 m (Eisjöchlhütte/Rifugio Petrarca, CAI/Land, Tel. +39 0473 424 244); Lazinser Kaser, 1860 m; Lazins, 1782 m; Zeppichl, 1676 m.
Karten: Freytag & Berndt 1:50.000, WKS 8: Passeiertal, Timmelsjoch, Jaufenpass. Tabacco 1:25.000, Blatt 39: Passeier Tal. AV-Karte 1:25.000, Blatt 30/1 Ötztaler Alpen, Gurgl.

Am Ortsrand von **Pfelders (1)** folgen wir der Wegweisung nach rechts, gleich darauf nach links. So spazieren wir durch den unteren Ortsteil und auf einer Brücke über den Pfelderer Bach. Beim Feuerwehrgebäude gehen wir nach rechts auf einen Fahrweg, den wir gleich wieder verlassen: Wir folgen hier nämlich dem Wegweiser zur Zwickauer Hütte nach links hinauf und wandern nun auf gutem Bergweg über Mähwiesen. Wer einkehren will, kann das bei der **Schneidalm (2)**, 2159 m, tun; ansonsten kann man auf dem linken Weg etwas abkürzen. Beim kleinen Absatz der **Oberen Schneid (3)**, 2372 m, verzweigen sich die Wege: Nach rechts führt der Weg zur Zwickauer Hütte; wir gehen geradeaus auf dem Pfelderer Höhenweg Richtung Stettiner Hütte. Der Weg quert nun um einen Rücken und unter einer Felswand hindurch in eine riesige, vom Hinteren Seelenkogel herabziehende **Lawinenrinne (4)** hinein. Dort bleibt der von rechts einmündende Weg 44 von der Zwickauer Hütte unberücksichtigt. Die Rinne selbst zu überwinden, ist meist problemlos, kann aber auch schwierig sein. Dort liegt nämlich fast ganzjährig Lawinenschnee; ist er gefroren und glatt, besteht Abrutschgefahr; hat das Schmelzwasser den Schnee schon ausgehöhlt, besteht die Gefahr, durchzubrechen; ist der Schnee schon weitgehend abgeschmolzen, gilt es, eine kurze Felspartie zu überwinden. Ähnliche Probleme kann auch die Querung eines weiteren Grabens bereiten. Ansonsten geht es jetzt in mehrmaligem Auf und Ab, zunächst aber ohne wirklich große Höhenunterschiede, durch die riesige Ostflanke der Langtalerjochspitze. Bald nach einer kurzen,

Ötztaler Alpen

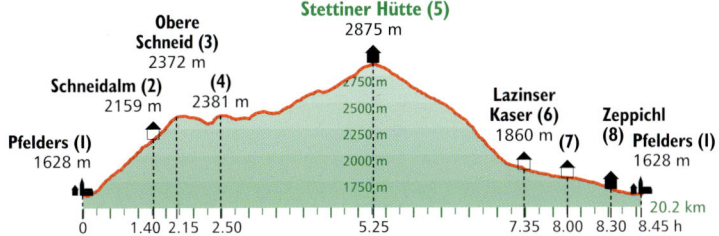

etwas ausgesetzten Wegpassage erreicht man eine relativ **flache Felslandschaft** mit vielen Buckeln und oft schneegefüllten Mulden. Hier gilt es, genau auf die Markierungen zu achten, die von den Schneefeldern aus oft gar nicht so leicht zu erkennen sind. Nahe den Endmoränenwällen des abgeschmolzenen Grabferners treffen wir auf den Hauptweg vom Tal herauf und folgen ihm nach rechts. Auf den Resten eines militärischen Versorgungsweges gelangen wir zur **Stettiner Hütte (5)**, 2875 m.

Beim Abstieg halten wir uns zunächst an einen alten Militärweg, dann an einen links abzweigenden, stellenweise gesicherten Pfad. So kommem wir über viele Serpentinen zum **Lazinser Kaser (6)**, 1860 m, hinab. Im Talboden schlendern wir dann schließlich nach **Lazins (7)**, 1782 m, von wo wir auf der linken Talseite über **Zeppichl (8)**, 1676 m, nach **Pfelders (1)** gelangen.

Am Pfelderer Höhenweg. Blick talaus nach Pfelders.

Ötztaler Alpen

32 Hinterer Seelenkogel, 3470 m

Über die Zwickauer Hütte und den Ostgrat ★★★

Eisfreier Felsanstieg auf einen vergletscherten Riesen
Es gibt in den Ostalpen nicht gar zu viele dreieinhalbtausend Meter hohe Berge, die man ohne Gletscherberührung besteigen kann. Der Hintere Seelenkogel ist so einer, obwohl er auf drei Seiten von eindrucksvollen Gletschern umgeben ist. Bergsteigerische Reife braucht man aber trotz des eisfreien Steiges: wegen der Höhe und der damit möglichen extremen Witterungserscheinungen sowieso, dazu kommen aber auch noch Kletterstellen im I. Schwierigkeitsgrad – einige davon durchaus exponiert. Nur eine Passage ist per Stahlseil gesichert, man kann also nicht von einem »gesicherten Steig« sprechen, wie in älterer Literatur noch zu lesen ist. Der Name des Berges hat übrigens nichts mit den Seelen Lebender oder Verstorbener zu tun, er geht vielmehr auf die »kleinen Seen« auf der Nordtiroler Seite zurück, die auf ötztalerisch »See'len« heißen.

Da lohnt sich frühes Aufstehen: Sonnenaufgang auf der Hüttenterrasse, fast 3000 m über dem Meer.

KURZINFO

Talort: Pfelders, 1628 m, Zufahrt von Moos in Passeier durch das reizvolle Pfelderer Tal; Bus 240 von Meran.
Ausgangspunkt: Großer Parkplatz vor dem Ortseingang.
Gehzeit: 9¾ Std. (ca. 4 + 5¾ Std.).
Höhenunterschied: 1850 m.
Anforderungen: Gute Kondition bis zur Hütte, Schwindelfreiheit und Kletterfertigkeit im I. Schwierigkeitsgrad für den Gipfel; oberhalb der Hütte fast durchgängig ungesichertes Felsgelände; im Abstieg ist dort auch Orientierungssinn nötig.
Einkehr/Übernachtung: Schneidalm, 2159 m; Zwickauer Hütte, 2979 m (Planfernerhütte, CAI/Land, Tel. +39 333 658 3451).
Karten: Freytag & Berndt 1:50.000, WKS 8: Passeiertal, Timmelsjoch, Jaufenpass. Tabacco 1:25.000, Blatt 39: Passeier Tal. AV-Karte 1:25.000, Blatt 30/1 Ötztaler Alpen, Gurgl.

Bild rechts: Blick von der Zwickauer Hütte auf ihren Schatten. Im ersten Morgenlicht rechts der Sockel des Seelenkogels, links die Hohe Wilde, darüber der Mond.

1. Tag: Am Ortsrand von **Pfelders (1)** folgen wir wie bei Tour 31 der Wegweisung auf die andere Talseite und wandern dort auf gutem Bergweg über Mähwiesen bergan. Wer einkehren will, kann bei der **Schneidalm (2)**, 2159 m, vorbeischauen. Ansonsten kann man auf dem linken Weg etwas abkürzen. Beim kleinen Absatz der **Oberen Schneid (3)**, 2372 m, verzweigen sich die Wege: Geradeaus geht es auf dem Pfelderer Höhenweg zur Stettiner Hütte, nach rechts führt unser Weg zur Zwickauer Hütte. Nach einem kurzen flachen »Anlauf« wird es zunehmend steil und steinig. Eine zweite Abzweigung zur Stettiner Hütte lassen wir links liegen, die Abzweigung zum Rauhen Joch bleibt rechts zurück. Nach einer kurzen Querung des sanft geneigten Randes eines großen Schneefeldes kommt der kurze, aber dafür umso steilere Schlussspurt zur Terrasse der **Zwickauer Hütte (4)**, 2979 m, hinauf. Dort sollte man sich weder den Sonnenuntergang noch

Zwickauer Hütte – das Haus über den Wolken.

den Sonnenaufgang entgehen lassen.

2. Tag: Von der **Zwickauer Hütte (4)** geht man zunächst ohne große Steigung über den Rücken (mit Hubschrauberlandeplatz) zwischen dem Planfernerbecken rechts und dem Schneefeld zur Linken. Dann scheinen mehrere Steigerl in die folgende hohe Felsflanke zu führen – der richtige ist mit Steinmandln und (teils blassen) Farbflecken markiert. Vor einem besonders steilen Auf-

Von der Scharte links bis zum Gipfel wird am Ostgrat aufgestiegen.

schwung quert man kurz nach links, dann auf einem ausgesetzten Band nach rechts hinauf; ein Stahlseil (das einzige am ganzen Berg!) folgt aber erst bei der folgenden Querung nach links.

Nach einem Absatz und einem leichteren Abschnitt erreicht man auf einem Felsköpfl den eigentlichen **Ostgrat**. Dort geht es zunächst auf gelegten Felsplatten einige Meter leicht aber recht luftig (!) hinab in eine kleine Scharte (links im Bild oben). Danach folgt anregende Kraxelei, meist direkt über die Gratlinie oder nur knapp daneben. Zum Schluss wird es dann noch mal richtig steil. Dort steigt man am besten direkt über den etwas rechts an die Wand gemalten Punkt und quert dann nach links, bevor man den Gipfel des **Hinteren Seelenkogels (5)**, 3470 m, ansteuert.

Abstieg am Anstiegsweg; dabei nicht abweichen! Die Schwierigkeit wird den meisten Bergsteigern ab-

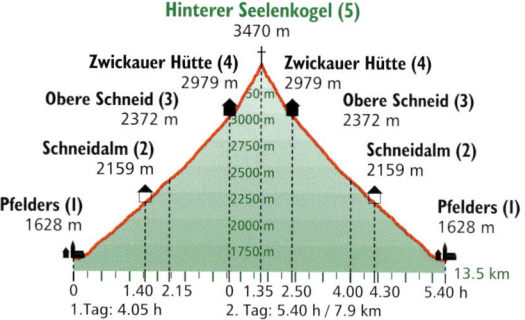

Am Gipfel – Der Blick nach Osten reicht bis zum Großglockner.

wärts deutlich höher vorkommen, vor allem an den exponierten Kletterstellen – also genug Zeit für den Abstieg einplanen. Nach der Verflachung über dem unteren Steilstück läuft man besonders leicht Gefahr, geradeausgehend in wegloses Steilgelände zu geraten – der richtige Steig führt bei der Geländekante kurz nach rechts in die Felsflanke. Auch dort gibt es verführerische »Sackgassen«.

Blick vom Gipfel nach Norden über das Gurgler Tal hinweg. Rechts vorne der Ansatz des Planferners.

Stubaier Alpen

33 Über die Schneebergscharte, 2687 m

Schneeberghütte und Poschhaus aus dem Passeier ★★

Durch das einst bedeutendste Bergbaugebiet der Alpen

Die Südtiroler Seite der Stubaier Alpen ist ein eher ruhiges Gebiet. Das war nicht immer so: Ein relativ großer Teil dieser Region zwischen Sterzing und Timmelsjoch – »Schneeberg« genannt – war in den letzten Jahrhunderten eines der bedeutendsten Bergbaugebiete Europas. Zunächst lieferte es Silber (schon in prähistorischen Zeiten), später Blei- und Zink. 1237 erstmals erwähnt (»argentum bonum de Sneberch«), erlebte es Ende des 15. Jh. seine Blütezeit. 1967 wurde der Bergbau eingestellt. Er hat Spuren hinterlassen, die die Landschaft nicht verschönert haben, warum also gerade dorthin gehen? Man wächst hier förmlich hinein in die Welt des alpinen Bergbaus und kann sich mehr und mehr vorstellen, unter welch harten Bedingungen hier gearbeitet wurde. Darüber informiert z. B. das kleine Museum neben der Schneeberghütte. Besonders interessant sind die Führungen durch alte Stollen (auch mit Fahrt auf der Grubenbahn). Um die Vielzahl an Entdeckungs- und Tourenmöglichkeiten nutzen zu können, sollte man gleich Quartier nehmen auf der Schneeberghütte, die für sich schon ein Tourenziel darstellt: Das ehemalige Herrenhaus des Bergwerksbetriebs ist jetzt eine der architektonisch ungewöhnlichsten Bergsteigerunterkünfte. Obwohl sie relativ viel Komfort bietet, erahnt man in ihren Gemäuern dank der behutsamen Renovierung trotzdem noch einen Hauch Knappen-Flair.

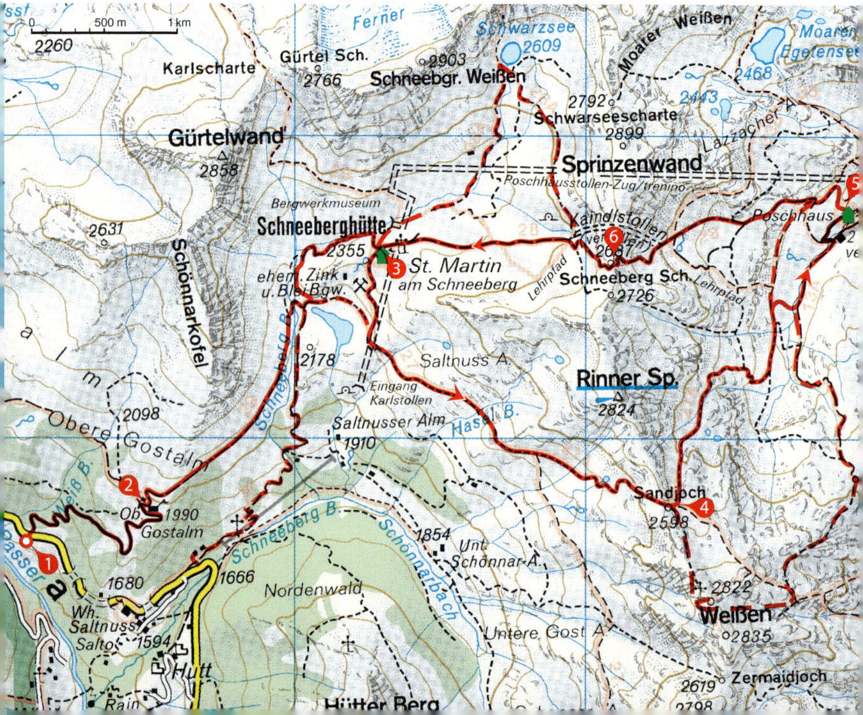

Stubaier Alpen

KURZINFO

Talort: Moos in Passeier, 1007 m, Buslinie 241/242 von Meran.
Ausgangspunkt: Parkplatz Platterköfel (Bushaltestelle Linie 242), 1700 m, an der Timmelsjochstraße beim Beginn des Fahrwegs zur Gostalm; Anfahrt über die Schneebergbrücke (dort können Busfahrer zu Variante 1 aussteigen) und am Wirtshaus Saltnuss vorbei.
Gehzeit: 9 Std.
Höhenunterschied: 1620 m.
Anforderungen: Mäßig anspruchsvolle Bergwanderung, die vor allem an die Orientierung gewisse Ansprüche stellt. Variante 3 (Schwierigkeit »schwarz«) nur für erfahrene und felsgewandte Bergsteiger mit sehr guter Orientierungsgabe.
Einkehr/Übernachtung: Schneeberghütte, 2355 m (Tel. +39 0473 647 045, www.schneeberg.org); Poschhaus (Moarerbergalm), 2112 m (Tel. +39 348 816 6977).
Varianten: 1) Start bei der Brücke über den Schneebergbach, 1666 m (Bus-Hst.): Gegenüber einem Schuppen setzt der Weg Nr. 31 an. Er führt anfangs durch steiles Waldgelände bergan und leitet zum Seemoos, 2168 m; von dort weiter auf dem breiten Hauptweg.
2) Abkürzung beim Aufstieg: vom Seemoos nicht zur Schneeberghütte, sondern nach rechts direkt zum Weg Richtung Sandjoch (¾ Std. kürzer).
3) Zum selten bestiegenen Nordgipfel der Weißen, 2822 m (1½ Std. zusätzlich, Gelände und Orientierung anspruchsvoll, also keinesfalls bei Nebel!): Beim Sandjoch rechts, über einen Geländerücken zum rechten Rand des wuchtigen Felsaufbaus; dort durch eine schrofige Rinne

Mit charakteristischem Kalkgürtel: Die Gürtelwand westlich von St. Martin am Schneeberg.

mit verschneidungsartiger Schlüsselstelle (Schwierigkeit I+). Auf der Kammhöhe nach links zum Nordgipfel. Zurück in den Sattel zwischen den beiden Gipfeln, dort nach links durch ein steiles, grasiges Kar weglos hinab zu einem Pfad; diesem nach links folgen und bei einer Verzweigung nach rechts queren. Nun auf schwachen Steigspuren zur Ratschinger Scharte (eigentlich ein Sattel), 2480 m; dort links halten und hinab zum Poschhaus.
4) Lohnender Umweg (1 Std. zusätzlich) über den herrlich gelegenen, kreisrunden Schwarzsee: Beim Abstieg von der Schneebergscharte rechts abzweigen.
Karte: Tabacco 1:25.000, Blatt 39: Passeier Tal.

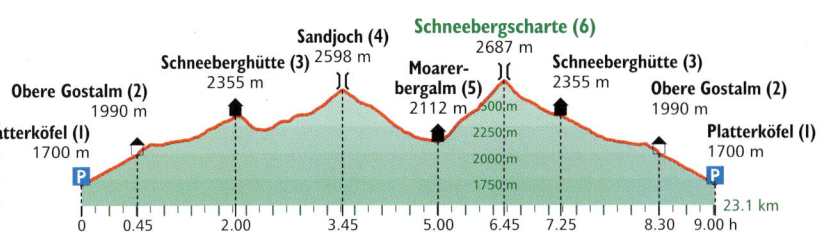

Von Parkplatz **Platterköfel (1)** wandert man auf einem Almweg (abschnittsweise Abkürzungen möglich) zur **Oberen Gostalm (2)**, 1990 m. Weiter kurz aufwärts zu Weg 29, der einen Hang (»Hochmahd«) querend in den Talgrund hineinführt; dort über den Bach, kurz talaus Richtung Seemoos, dann links und auf dem Knappenweg Nr. 29 hinauf zur **Schneeberghütte (3)**, 2355 m.

Von der Hütte gehen wir am Bergbaumuseum vorbei zur Geländekante. Dort bietet sich ein beeindruckender Tiefblick entlang eines Steilaufzuges hinab zum bunt schillernden Schlackensee. Unser Weg Nr. 27 wendet sich dort nach links und leitet – sehr aussichtsreich – quer durch die Westhänge der Rinnerspitze. Eine Abzweigung nach rechts ignorieren wir und halten die Grundrichtung bei. In einer Feuchtzone mit reizvollem Wollgras verliert sich der Weg vorübergehend etwas. Wenn man aber genau auf die immer wieder sichtbaren Trittspuren achtet und leicht an Höhe gewinnend am Hang weitergeht, hat man bald wieder einen deutlichen Bergpfad unter den Füßen. Nach Durchquerung der Mulde des Haselbachs geht es um bzw. über einen Geländerücken. Bald darauf zweigt der Weg 27 zur Hochalm rechts ab. Wir gehen geradeaus weiter und steigen schräg hinauf zum **Sandjoch (4)**, 2598 m. Hier setzt Variante 3 an.

Der Hauptweg beschreibt am Joch eine Linkskurve und führt dann durch einsame Landschaft Richtung **Moarerbergalm (5,** Poschhaus), 2112 m. Diese kleine bewirtschaftete Hütte kann man auf dem unteren Weg ansteuern. Ansonsten bleibt man am Hang oberhalb der Hütte. In beiden Fällen folgt man bald darauf dem Weg 28 nach links hinauf und gelangt in den Kessel unter dem Schneebergsattel. Auf einem gut begehbaren, nach oben hin aber schweißtreibenden Weg erreichen wir die **Schneebergscharte (6)**, 2687 m. Dort öffnet sich der Blick auf einen riesigen Kessel, der vom Bergbau geprägt ist. Nach kurzem Abstieg zweigt bald der Weg 28A zum Schwarzsee (Variante 4) rechts ab. Der Weg 28 führt in ziemlich direkter Linie zur **Schneeberghütte (3)**, 2355 m, in der ehemaligen Knappensiedlung **St. Martin am Schneeberg** zurück. Dort kann man sich noch mit den g'schmackigen Knappennudeln stärken, bevor man auf bekanntem Weg ins Tal zum Parkplatz **Platterköfel (1)** geht.

Moarer Weißen (am Horizont) und St. Martin am Schneeberg (im Vordergrund).

Die Schneeberghütte.

Stubaier Alpen

Wilder Freiger, 3418 m

Aus dem Ridnauntal übers Becherhaus ★★★

Klassiker im Zentrum der Stubaier Alpen

Die prominentesten Gipfel im Zentrum der Stubaier Alpen, Zuckerhütl und Wilder Freiger, sind klassische Ziele für Alpinisten mit vollständiger Gletscherausrüstung. Der Wilde Freiger ist von der Südtiroler Seite bei guten Bedingungen aber auch für felsgewandte Alpinwanderer besteigbar – zwar mit etwas Eisberührung, aber ohne Überschreitung tückischer Gletscherspalten. Ein Highlight dieser Tour ist das Becherhaus. Es wurde von der DAV-Sektion Hannover gebaut und 1894 als »Kaiserin-Elisabeth-Haus« fertiggestellt. Die höchste Hütte Südtirols beherbergt mit der Kapelle »Maria im Schnee« das höchstgelegene Marienheiligtum der Alpen.

KURZINFO

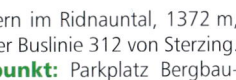

Talort: Maiern im Ridnauntal, 1372 m, Endstation der Buslinie 312 von Sterzing.
Ausgangspunkt: Parkplatz Bergbaumuseum, 1420 m, bei der ehemaligen Erzaufbereitung oder längs der Zufahrtsstraße.
Gehzeit: 14¾ Std. (7 + 7¾ Std.).
Höhenunterschied: 2150 m.

Anforderungen: Bis zum Fuß des Becher mittel (»rot«). In der Felsbuckellandschaft nach der Teplitzer Hütte kann man sich verlaufen, wenn man bei Schnee und Nebel die teils schwachen Markierungen verliert. Die Gletscherrest-Querung unter dem Becher ist relativ harmlos. Im Eis/Fels-Übergangsbereich instabiler Schutt; die klettersteigartig gesicherten Abschnitte sind relativ leicht, erfordern aber Trittsicherheit, stellenwei-

Am Weg Teplitzer Hütte – Becherhaus. Blick auf die Dreitausender Hochgewand, Botzer und Königshofspitz (von links) sowie auf den Übeltalferner, als er in den 2000er-Jahren noch im Vogelhüttensee gekalbt hat.

Am Steig zum Becherhaus.

1. Tag: Von den Parkplätzen beim **Bergbaumuseum (1)** wandern wir talein. Der Fahrweg zur Poschhaus bleibt links zurück. So beginnt die Tour gleich mit einem ausgesprochen reizvollen Waldweg. Nach einem Kiesstraßen-Intermezzo erreicht man eine **Schutzmauer (2)**, die nach einem verheerenden Gletscherseeausbruch im Jahr 1868 zum Schutz vor Hochwasserspitzen gebaut wurde. Heute erstreckt sich dahinter die Aglsboden-Schwemmebene. An deren anderem Ende lockt die **Aglsbodenalm** (Sennerbodenalm, 1710 m) mit der ersten Einkehrmöglichkeit (dorthin geht man auf dem Fahrweg halblinks weiter).

se auch etwas Schwindelfreiheit. Die Passage auf dem Gletscherrand zwischen Becher und Freiger ist spaltenmäßig bisher unproblematisch, Grödel oder Steigeisen sind bei hartem Firn aber erforderlich. Am Freiger-Südgrat im unteren Bereich leichte Kletterei im ungesicherten Gelände (I+), der gesicherte obere Abschnitt des Grats ist luftig, technisch aber unschwierig. Solide Bergerfahrung im hochalpinen Gelände sollte für diese Tour selbstverständlich sein – und stabiles Wetter!

Einkehr/Übernachtung: Aglsbodenalm, 1710 m; Grohmannhütte, 2254 m (CAI/Land, Tel. +39 348 240 0286); Teplitzer Hütte, 2586 m (CAI/Land, Tel. +39 338 135 8371, www.teplitzerhuette.com); Becherhaus, 3191 m (CAI/Land, Tel. +39 0472 656 377 oder +39 348 600 5734, www.becherhaus.com).

Karten: Tabacco 1:25.000, Blatt 38: Sterzing, Stubaier Alpen. AV-Karte 1:25.000, Blatt 31/1 Stubaier Alpen, Hochstubai.

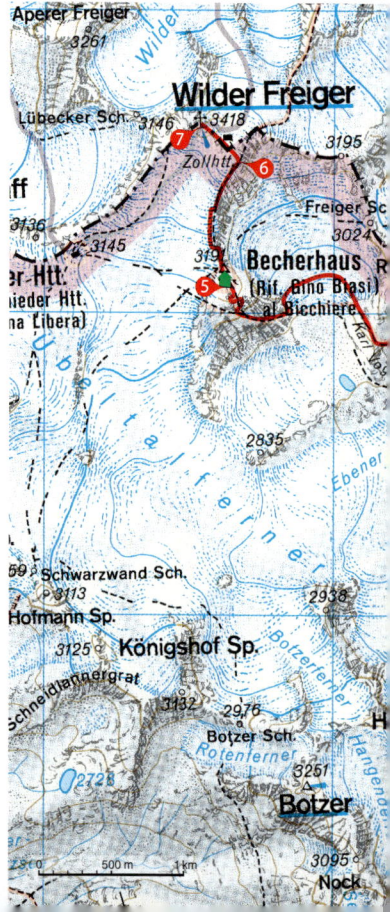

Wer eher einem zielstrebigen »Aufi muaß i« folgt, geht rechts an der Schwemmebene entlang. Bei der folgenden Verzweigung geht's links weiter talein zur nächsten Geländestufe. Dort trifft der »Einkehrschwung« von der Aglsbodenalm über eine Hängebrücke wieder zum Hauptweg. Immer rechts des Baches zieht man zur kleinen, gemütlichen Grohmannhütte (3), 2254 m. Hier lädt die nächste Speisekarte zu kulinarischen Genüssen. Zu schwer sollte das Mahl aber nicht sein, denn die folgende Etappe hat es in sich: Mit Knödelbauch ist der steile Steig zur Teplitzer Hütte (4), 2586 m, kein Vergnügen!

Frühmorgens am Becherhaus, am Horizont die Marmolada.

Die letzten Meter am Wilden Freiger: auf dem Weg vom Signal- zum Hauptgipfel; wegen abschmelzenden Firns geht es zunehmend über Felsgelände.

Die nächste Etappe beginnt mit der Überquerung des Gletschervorfeldes des Hangenden Ferners, dessen Zunge vor einem guten Jahrhundert noch nahe der Hütte lag. Über einige teils gesicherte Felsstufen und viele Felsbuckel führt der Pfad auf eine Verebnung mit den Resten einer alten Hütte; daran rechts vorbei. Danach nicht auf dem noch erkennbaren alten Weg geradeaus, sondern den Markierungen nach rechts in ein Nebental folgen; der Bach darin wird auf etwas glatten Felsen vorsichtig gequert. Durch teils unübersichtliche Felsbuckellandschaft wandert man um die Ausläufer des Roten Grats herum und sieht dann den hüttengekrönten Becher übermächtig vor sich.

Bevor man die restlichen Höhenmeter angeht, gilt es in den bis in die 2000er-Jahre vergletscherten **Geländekessel** unter dem Becher zu queren; dabei fordern Eisreste und loser Schutt etwas Aufmerksamkeit. Am Becher selbst geht es dann überwiegend gesichert durch steiles Felsgelände. Wo der Weg zur Müllerhütte geradeaus führt, steigen wir auf einem stellenweise etwas luftigen Steig nach rechts hinauf zum Gipfel und damit zum **Becherhaus (5)**, 3191 m.

2. Tag: Vom **Becherhaus (5)** steigen wir auf einem leichten Plattenweg 35 Höhenmeter nach Norden hinunter in ein kleines Joch. Von dort gehen wir (ggf. mit Grödel oder Steigeisen) links der Felsen über den Rand des Übeltalferners. Bald nachdem sich die Felsen zur Rechten etwas flacher gezeigt haben, bilden sie einen Grat aus. Den erklimmen wir, um auf der Gratschneide in leichter Kraxelei zu einem wuchti-

Blick vom Wilden Freiger auf den Übeltalferner, den größten Gletscher Südtirols. Mittendrin das Becherhaus auf dem pyramidenförmigen Becher.

gen Felsaufschwung zu gelangen. Dieser wird etwas nach links ausweichend erklettert (Schlüsselstelle, I+). Danach wird der Grat noch etwas luftiger, ist dafür aber dann leichter und mit einem Stahlseil gesichert. Vom Freiger-Südsporn, dem **Signalgipfel (6)**, 3392 m, geht es schließlich über immer weniger Firn und mehr Felsgelände auf den Hauptgipfel des **Wilden Freiger (7)** – überwältigende Aussicht!

Beim Abstieg genau an den Anstiegsweg halten – insbesondere an der Schlüsselstelle oberhalb des Übeltalferners, die man von oben kommend als steilen Gratabbruch wahrnimmt; dort kurz nach rechts ausweichend zum Rand des Gletschers abklettern.

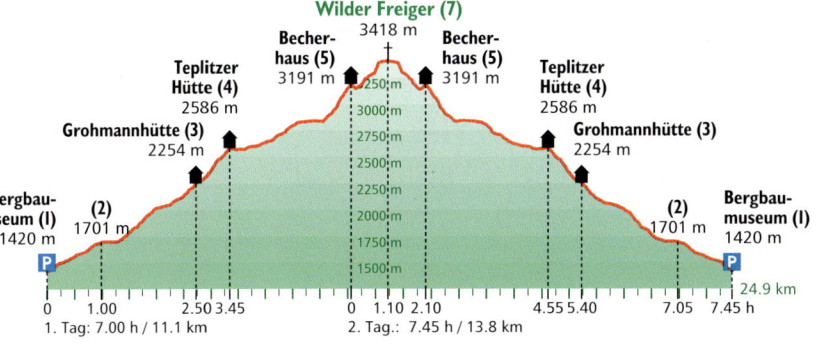

Stubaier Alpen

35 Hoher Zahn, 2924 m

Aus dem Pflerschtal über die Tribulaunhütte

Aussichtsberg auf der Grenze zwischen Nord- und Südtirol
Wer auf der Autobahn über den Brenner nach Italien fährt, hat bald nach der Grenze einen großartigen Blick nach rechts – in ein grünes Tal, das von hohen Fels- und Gletscherbergen umgeben ist. Es ist das Pflerschtal. Ein echter Geheimtipp, denn die meisten Urlauber übersehen in ihrem Drang nach Süden dieses stille Tal, das von Tourismusauswüchsen bisher weitgehend verschont geblieben ist. Einen schönen Überblick über die Bergwelt des Pflerschtals und der östlichen Stubaier Alpen hat man vom Hohen Zahn. Sein Name geht wohl darauf zurück, dass ihn Kartografen mit der benachbarten, wie ein Zahn aussehenden Weißwandspitze verwechselt haben.

KURZINFO

Talort: St. Anton, 1246 m, im inneren Pflerschtal; Buslinie 313 (über Gossensass Verbindung mit Brenner und Sterzing).
Ausgangspunkt: Parkplatz beim Wasserfall »Höll«, ca. 1470 m. Zufahrt: In St. Anton links über die Brücke (Ww. »Zur Hölle«) und Richtung Hinterstein fahren; vor einer großen Brücke (dort auch ein Parkplatz) kann man bis 10 Uhr und ab 16 Uhr nach links hinauf über eine Schotterstraße bis zum Parkplatz Höll fahren.
Gehzeit: 7½ Std.
Höhenunterschied: 1550 m.
Anforderungen: Trittsicherheit im Gipfelbereich, bei Nebel und Neuschnee kann es Orientierungsprobleme geben.
Einkehr/Übernachtung: Tribulaunhütte, 2368 m (CAI, Tel. +39 0472 632 470, nicht verwechseln mit gleichnamiger Hütte auf der Nordtiroler Seite).
Karten: Tabacco 1:25.000, Blatt 38: Sterzing, Stubaier Alpen. AV-Karte 1:50.000, Blatt 31/3 Brennerberge.

Ein gastliches Haus: die Tribulaunhütte unter dem Goldkappl.

Der Weg zur Tribulaunhütte. Im Hintergrund der vergletscherte Feuerstein.

Vom **Parkplatz Höll (1)** gehen wir talein zum Bach hinab. An der anderen Bachseite ignorieren wir den rechts abzweigenden Wasserfallweg und gehen ein Stück Richtung Magdeburger Hütte talein, bis der Weg 8 rechts abzweigt; diesem folgen wir. Man gewinnt nun recht effizient an Höhe, auch wenn man sich angesichts der schier unendlich hoch aufragenden Felsmauer des Pflerscher Tribulaun recht klein fühlt und die Vormittagssonne im Genick zu manch zusätzlicher Pause drängt.

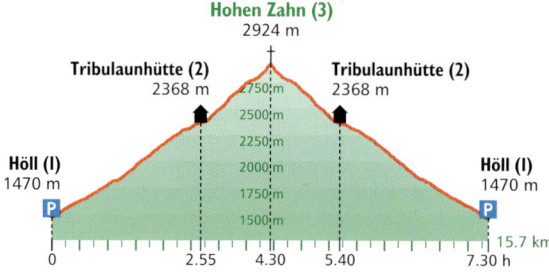

Aber bei der großartigen Aussicht ist eine Rast im Gras der Hochmähder eh ein Genuss. Nach einigen Kehren im Osthang der Wartliggrubenspitze trifft man auf den Pflerscher Höhenweg. Dort links und fast eben zur **Tribulaunhütte (2)**, 2368 m.

Der weitere Weg führt hinter der Hütte rechts am **Sandessee** vorbei. Bei der folgenden Verzweigung nicht zum Sandesjöchl, sondern nach links hinauf. In der folgenden, von Felsbuckeln und -mulden geprägten Zone genau auf die Markierungen und Wegspuren achten! Ein kurzes Stück verläuft der Weg bald auf dem **Grenzrücken** zwischen Süd- und Nordtirol – mit Blick ins Gschnitztal –, um dann vor dem Hohen Zahn nach links auf dessen Ostgrat zu führen. Über ein Meer von Felsplatten leitet der Steig sodann durch die Südflanke zu einer Verzweigung. Geradeaus können sichere Bergsteiger zur Magdeburger Hütte gelangen (wenn das exponierte Band in der Ostflanke der Weißwandspitze begehbar ist – dort liegt nämlich oft harter, abschüssiger Schnee); unser Weg führt problemlos einige Meter nach rechts hinauf zum kleinen Gipfelplateau des **Hohen Zahn (3)**, 2924 m.

Abstieg am Anstiegsweg.

Dominiert die Ausblicke vom Weg: der Pflerscher Tribulaun (3097 m).

Stubaier Alpen

Fleckner(spitze), 2331 m

Von der Römerkehre über den Rinner Sattel ★★★

Der geräumige Gipfel der Flecknerspitze. Blick nach Südosten.

Höhenwanderung übers Rückgrat Südtirols
Die Rundtour über den Fleckner zählt zu den aussichtsreichsten unter den kürzeren Wanderungen in Südtirol. Sie verläuft über die weite Passlandschaft am Jaufen mitten im Land und bietet ein besonders umfassendes Panorama – obwohl nur relativ geringe Höhenunterschiede zu bewältigen sind. Dazu bieten sich hier ideale Möglichkeiten für Familien mit Nachwuchs. Während die geländegängigen Familienmitglieder die beschriebene Tour unternehmen, kann der »diensthabende« Elternteil die sehr aussichtsreiche Strecke vom Parkplatz zur Alm sogar mit einem Kinderwagen zurücklegen (wenn er denn einigermaßen große Räder hat) – und auf Almweiden am Weg ohne Absturzgefahr Kinder jeden Alters tollen und toben lassen. Und am Treffpunkt Flecknerhütte fällt's leicht, auf die anderen zu warten.

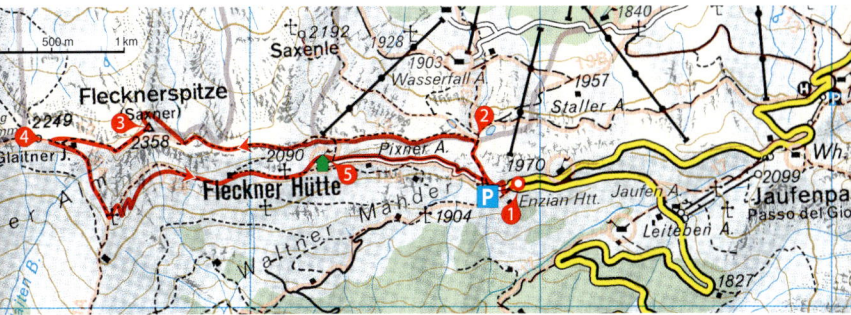

Stubaier Alpen

Am Weg zur Flecknerhütte. Im Hintergrund die Jaufenspitze (Tour 37).

KURZINFO

Talort: St. Leonhard in Passeier, 688 m, an der Buslinie 240 von Meran; Sterzing, 948 m, Bahnhof der Brennerbahn.
Ausgangspunkt: Römerkehre, 1970 m, an der Jaufenpass-Südrampe (Hst. Bus 239) oder geräumigerer Parkplatz, 2005 m, am Flecknerhütten-Versorgungssträßchen (kurze, aber steile und schmale Zufahrt von der Römerkehre).
Gehzeit: 3¼ Std.
Höhenunterschied: 450 m.
Anforderungen: Bergwanderung, die an einigen Stellen etwas Trittsicherheit verlangt, die sonst aber bei Trockenheit und gutem Wetter keine Probleme bereitet.
Einkehr: Flecknerhütte, 2060 m (Tel. +39 340 380 5160).
Karten: Tabacco 1:25.000, Blatt 38: Sterzing, Stubaier Alpen; Blatt 39: Passeiertal. AV-Karte 1:50.000, Blatt 31/3 Brennerberge.

Von der Bushaltestelle an der Römerkehre (1) auf dem steilen Fahrweg zum angelegten Parkplatz, 2005 m. Gleich danach verzweigen sich die Wege. Wir nehmen den rechten und kommen so in wenigen Minuten zum historisch bedeutenden Rinner Sattel (2), 2031 m. Der ist fast 70 Meter niedriger als der heutige Straßenpass – kein Wunder also, dass Händler und Boten früher hier die Jaufenhöhe überwunden haben.

Beim Zaun halten wir uns links und folgen dem Pfad, der nun über den Bergrücken führt – mit großartiger Aussicht auf beide Seiten. Ein Zufahrtsträßchen zu einer Liftstation wird überquert, um bald darauf dieses futuristische Gebilde zu passieren. Unser Pfad umgeht einen Vorgipfel links. Dabei stößt von links eine kleine Pfadspur von der Flecknerhütte auf unseren Weg. Vom folgenden Sattel queren wir halb rechts leicht ansteigend durch eine Flanke, um dann schließlich von hinten auf den Fleckner (3), 2331 m, zu steigen. Neben dem stattlichen Gipfelkreuz lädt eine Gipfelwiese zum längeren Verweilen ein.

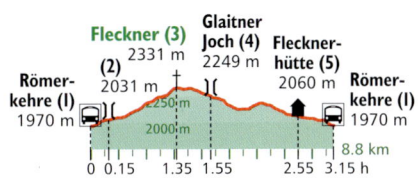

Beim Abstieg folgen wir dem nach Westen führenden Pfad, der links der nächsten Graterhebung (Saxner, 2358 m) durch eine stellenweise steile und schrofige Grasflanke führt (keine Steine lostreten, sie würden auf den Weg stürzen, den wir bald selber gehen werden).

Beim nächsten Sattel, dem Glaitner Joch (4), 2249 m, haben wir den Wendepunkt der Tour erreicht: Wir gehen auf schmaler Pfadspur scharf nach links und zunächst leicht bergab. Jetzt wandern wir »ein Stockwerk tiefer« als zuvor zurück, das Passeiertal nun immer zur Rechten. Nach einer Geländerippe geht es etwas steiler bergab, ansonsten hält man auf dem Weg zur Flecknerhütte (5), 2060 m, etwa die Höhe.

Auf einem weitgehend ebenen Fahrweg kommen wir schließlich zur Römerkehre (1) zurück.

Blick vom Fleckner nach Westen. Ganz links der Lodner und die Hohe Weiße in der Texelgruppe, links der Bildmitte die Hochwilde (Tour 24), rechts davon der Hintere Seelenkogel (Tour 32) am Ötztaler Hauptkamm. Der Weg in der unteren Bildhälfte ist unser Rückweg.

Sarntaler Alpen

37 Jaufenspitze, 2481 m

Vom Jaufenhaus über den Nordwestrücken

Stippvisite auf einem anspruchsvollen Aussichtsberg
Kurz, aber knackig ist die Tour auf die Jaufenspitze – und lohnend, bietet sie doch eine hervorragende Aussicht vom Gipfel. Es ist der Nordwestsporn der Sarntaler Alpen, so hat man freien Blick auf die Südseiten der Ötztaler, Stubaier und Zillertaler Alpen mit ihren vergletscherten Dreitausendern. Wer nicht trittsicher und schwindelfrei ist, sei jedoch gewarnt: Der anfangs einladend gute Weg führt bald in ein steiles Felsgelände, das erfahrenen Alpinwanderern vorbehalten bleiben sollte.

KURZINFO

Talort: St. Leonhard in Passeier, 688 m, Buslinie 240 von Meran; Sterzing, 948 m, Bhf. der Brennerbahn.
Ausgangspunkt: Parkplatz Jaufenhaus, 1990 m, ggf. auch Jaufenpass, 2099 m; Bus 239 von St. Leonhard, Bus 317 von Sterzing.
Gehzeit: 3 Std.
Höhenunterschied: 540 m.
Anforderungen: Anspruchsvolle Bergtour (stellenweise I); ausgesetzte Stellen und klettersteigartige Passagen verlangen Trittsicherheit und Schwindelfreiheit.
Einkehr: Bar am Jaufenpass, 2099 m; Jaufenhaus am Ausgangspunkt, 1990 m.
Variante: Passhöhe als Ausgangspunkt, Gehzeit dann nur 2½ Std.
Karten: Tabacco 1:25.000, Blatt 38: Sterzing; Blatt 39: Passeiertal.

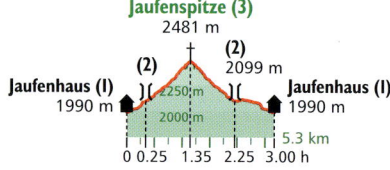

Blick von der Jaufenspitze auf die südlichen Stubaier Alpen.

Der Steig auf die Jaufenspitze quert durch die Flanke nach rechts und führt dann über den Grat zum Gipfel.

Vom **Jaufenhaus (1)** führt der Wanderweg 17a zur obersten Kehre der **Passstraße**. Unter den Lawinenverbauungen folgen wir dem nach links querenden Weg. Er führt zu einem **Sattel (2)**. Dort folgen wir dem Weg, der nach links in eine Flanke führt. Bald geht es einige Meter über rutschigen Fels hinauf. Hinter einer Felsnase folgt eine Rampe; hier nicht den geradeaus führenden alten Steigspuren folgen, sondern der Markierung nach rechts zu einem Stahlseil, das über eine kleine Wandstufe hilft. Der Steig quert nun ein Stück »zurück«, um dann über eine breite **Wiesenrampe** wieder dem Gipfel zuzustreben. So kommt man auf einen Felsgrat, von dem man sich an einem Stahlseil bald wieder hinunterhangelt und so wieder ein gutes Dutzend Höhenmeter verliert. Nach einer felsigen Querung kommt man wieder an den Grat und an ein Stahlseil. Nach einer Querung nach rechts gewinnt man über eine breite, aber brüchige Rinne den **Südgrat**. Flach, aber ausgesetzt kriecht oder geht man nun zum Gipfel der **Jaufenspitze (3)**, 2481 m. Je nach Fortbewegungsart kann man das Stahlseil am Gipfelgrat als Hilfe oder als Stolperdraht empfinden.

Beim Abstieg folgt man dem Anstiegsweg. Nachdem man die obere Schrofenzone verlassen und auf der folgenden Bergwiese schon ein Stück hinter sich gebracht hat, gilt es aufzupassen, dass man den Weg nicht verliert; der führt dann nämlich – von oben gesehen scheinbar unmotiviert – nach rechts in die untere Schrofenzone. Beim **Sattel (2)** führt der linke Weg um einen Rücken herum zur Bar am Jaufenpass. Dort rechts, geht es entlang der Straße zur nächsten Kehre und zurück zum Anstiegsweg.

Sarntaler Alpen

38 Penser Weißhorn, 2705 m

Vom Penser Joch übers Gröller Joch

Aufs »Matterhorn der Sarntaler Alpen«
Zum höchsten Berg der Sarntaler Alpen fehlen dem Penser Weißhorn zwar fast achtzig Meter, dafür ist es sicher der auffallendste, formschönste und eleganteste Berg dieser Gebirgsgruppe – und einer der aussichtsreichsten, kann man von seinem Gipfel doch fast ganz Südtirol überblicken. Unter dem spitz aufragenden Gipfelhorn hat er eine inmitten der Urgesteinsumgebung recht auffällige Visitenkarte: eine hell leuchtende Marmorbank, der der Berg auch den Namen »Weiß«-Horn verdankt. Der Weg auf diesen markanten Gipfel unterteilt sich in Etappen recht unterschiedlichen Charakters: einen relativ langen Anmarsch durch Almgelände und einen rassigen, gesicherten Gipfelaufstieg durch steiles Felsgelände.

KURZINFO

Talort: Sterzing, 948 m, im Eisacktal; Weißenbach, 1393, im Sarntal.
Ausgangspunkt: Penser Joch, 2211 m.
Gehzeit: 4 Std.
Höhenunterschied: 550 m.
Anforderungen: Absolute Trittsicherheit und ein Mindestmaß an Schwindelfreiheit; am Gipfelaufbau gibt es neben einigen nicht gerade straff gespannten Tauen auch einige ungesicherte Stellen (I), die den Einsatz der Hände erfordern.
Einkehr/Übernachtung: Unterwegs keine, am Ausgangspunkt Alpenrosenhof, 2215 m (Tel. +39 0472 647170 oder +39 335 6547582).
Karte: Tabacco 1:25.000, Blatt 40: Sarntaler Alpen.

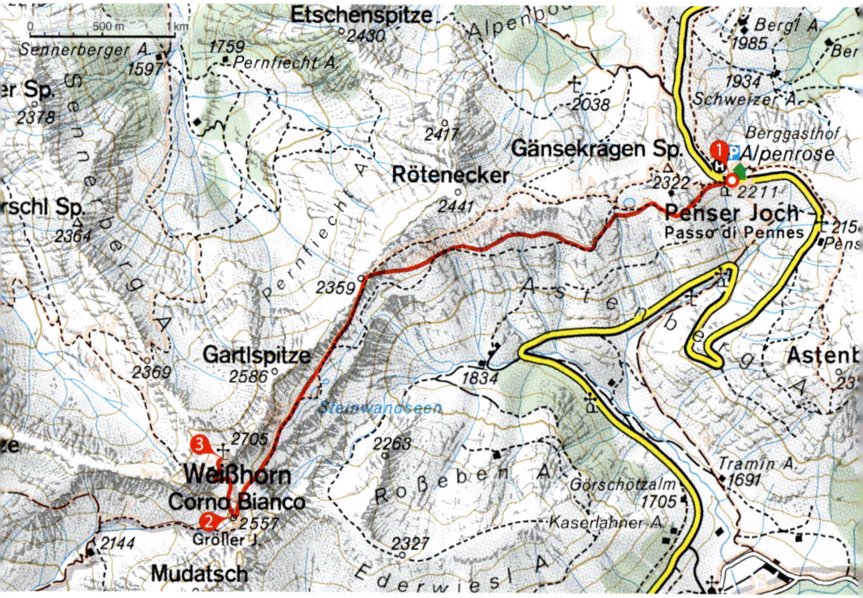

Links der ausgesetzte Gipfelsteig, rechts der Blick übers Penser Joch auf die Pfunderer Berge und den Zillertaler Hauptkamm.

Am **Penser Joch (1)** startet man gegenüber dem Alpenrosenhof. Dem Wegweiser folgend geht es zunächst nur leicht bergan zu einer Bank mit Aussicht ins obere Sarntal, also das Penser Tal. Dann verliert man gleich wieder Höhe und passiert zwei fast verlandete Lacken; dort bleibt man auf dem linken, deutlicheren Weg. Eine Wegspur, die etwas später an einem Weidezaun geradeaus führt, lassen wir links liegen. Der rechte Weg quert dann unter dem Rötenecker vorbei zu einem **Sattel**, 2359 m, an dem sich der Blick nach Norden, insbesondere auf die Stubaier Alpen, öffnet.

Im weiteren Verlauf weicht der Weg der Gartlspitze nach links aus. Unter einer steil aufragenden Wand (hier besser keine Pause machen – Steinschlag nicht ausgeschlossen!) quert der Weg durch stellenweise abschüssiges Gelände in ein steiniges Kar. Dabei bleiben die kleinen Steinwandseen links unter dem Weg.

Nahe der weithin sichtbaren Marmorbank, unmittelbar vor dem **Gröller Joch (2)**, 2557 m, zweigen wir rechts ab. Steigspuren führen direkt in den steil aufragenden Gipfelaufbau. Nach einer anfangs ungesicherten Schrofenzone helfen einige massive Taue über schwierigere bzw. ausgesetztere Stellen. Eine Querung nach links führt zu einem

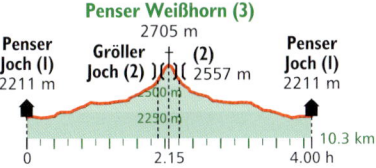

Blick vom Penser Weißhorn in die Dolomiten: Marmolada, Langkofel, Fünffingerspitze, Grohmannspitze und Plattkofel (von links).

aussichtsreichen Eck; direkt vor diesem wendet man sich nach rechts und folgt dem deutlichen Steig zum finalen Felsaufschwung, der noch einige Meter konzentriertes Kraxeln erfordert. Über den flachen Gipfelrücken geht's schließlich bequem zum Gipfelkreuz am **Penser Weißhorn (3)**, 2705 m, hinüber.
Der Abstieg erfolgt am Anstiegsweg – bis zum Gröller Joch mit besonderer Vorsicht.

Das Penser Weißhorn. Der Weg führt zum Sattel in der rechten Bildhälfte und quert dann zum Gröller Joch links des kecken Gipfelhorns.

Sarntaler Alpen

Jakobspitze, 2742 m

Von Durnholz über die Flaggerschartenhütte ★★

Großartige Rundtour mit alpiner Gipfelüberschreitung
Die Sarntaler Alpen bestehen aus zwei Hauptkämmen, die durch das Haupttal getrennt sind: Der höchste Berg des westlichen Kamms ist allseits bekannt, weil er gleichzeitig der höchste des ganzen Gebirges ist: der Hirzer. Doch wo erreicht der östliche Kamm zwischen Sarntal/Penser Tal und dem Eisacktal seinen höchsten Punkt? In der eher unbekannten Jakobspitze! Dieser Gipfel bietet nicht nur eine hervorragende Aussicht, man kann ihn auch überschreiten: Denn neben dem in den meisten Karten eingezeichneten Normalweg von Norden – von der Flaggerscharte – ist auch der Westsüdwestgrat, der den Gipfel mit dem Tellerjoch verbindet, für trittsichere und felsgewandte Bergsteiger ohne größere Schwierigkeiten begehbar. Das Ganze ergibt insgesamt eine wunderbare Rundtour, die noch gekrönt werden kann, wenn man auf der Flaggerschartenhütte (Marburg-Siegener-Hütte) übernachtet und die Abendstimmung auf dem kleinen »Bichl« nördlich der Hütte genießt – mit Blick aufs Alpenglühen in den Dolomiten.

KURZINFO

Talort: Durnholz, 1568 m, Zufahrt von Astfeld im Sarntal durch das Durnholzer Tal, Bus 150 von Bozen.
Ausgangspunkt: Parkplatz, 1530 m, ca. 300 m vor dem Ort.
Gehzeit: 7¼ Std.
Höhenunterschied: 1250 m.
Anforderungen: Bis zur Flaggerschartenhütte keine nennenswerten Probleme, der Steig auf die Jakobspitze erfordert Trittsicherheit, der Abstieg über den Westsüdwestgrat darüber hinaus Gespür fürs Gelände, leichte Kletterei (knapp I) und etwas Schwindelfreiheit.
Einkehr/Übernachtung: Fischerwirt, 1550 m; Seebalm, 1808 m; Flaggerschartenhütte, 2481 m (Marburg-Siegener-Hütte, CAI/Land, Tel. +39 347 828 4867 oder +39 340 937 2144).
Variante: Wer es bei »roter« Schwierigkeitseinstufung belassen will, kehrt am Anstiegsweg über die Flaggerscharte zurück.
Karte: Tabacco 1:25.000, Blatt 40: Sarntaler Alpen.

Vom Parkplatz vor **Durnholz (1)** spazieren wir entlang der Straße in wenigen Minuten zum Seeabfluss hinauf. Dort links und am See entlang zum **Fischerwirt (2)**. Gleich danach lassen wir den Seerundweg rechts liegen und folgen dem ansteigenden Fahrweg. Bei einer Verzweigung nicht der Rechtskehre folgen, sondern geradeaus weiter gehen.
Unter der **Seebalm (3)**, 1808 m, nehmen wir den links zur Terrasse hinaufführenden Weg und gehen oberhalb der Alm auf einem Pfad

Abend an der Flaggerschartenhütte, ganz links der Gipfel der Jakobspitze.

Blick über die Jakobspitze auf die Zillertaler Alpen.

nach rechts in den Wald. Er quert mäßig steigend durch Hänge mit immer lichterem Baum- und Strauchbestand. Die Abzweigung zur Hohen Scheibe bleibt links zurück. In einem Rechtsbogen wird eine Geländeschwelle überwunden und der Karboden unter der Jakobspitze erreicht. Nach Überwindung eines steilen Schuttwalls zweigt der Weg zur Latzfonser-Kreuz-Hütte rechts ab (ca. 2360 m). Wir gehen nach links zur **Flaggerscharte**, 2436 m, dort wieder links und erreichen gleich darauf die **Flaggerschartenhütte (4)**, 2481 m.

Zurück an der Flaggerscharte, steigt man der Markierung folgend Richtung Süden hinauf. Nachdem der Steig einige Felsstufen (nur teilweise und sparsam gesichert) überwunden hat, quert er durch den Westhang der Lorenzenspitze und leitet dann über weitere Felsstufen zu einer kleinen Verebnung, von der sich neue Ausblicke nach Osten ergeben. Der folgende Aufstieg über die Nordflanke unseres Gipfelziels führt auf eine Felswand zu, vor der das Steiglein nach links ausweicht. Gleich darauf ist das Gipfelkreuz der **Jakobspitze (5)**, 2742 m, erreicht.

Für den Abstieg gehen wir zunächst ohne großen Höhenverlust über den hier oben unmarkierten Westsüdwestrücken. Ein nach Süden abkni-

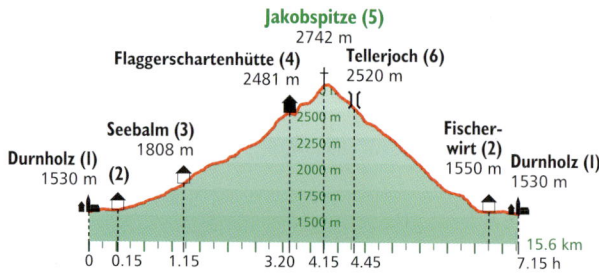

ckender Rücken bleibt links liegen; wir halten die Richtung bei und steigen meist auf, teils links der Kammlinie über einen mäßig steilen Grat ab; dabei ist streckenweise etwas Kraxelei erforderlich. Es gibt hier zwar nur vereinzelt Steigspuren, verlaufen kann man sich trotzdem nicht, solange man den Grat nicht wirklich verlässt.

Am **Tellerjoch (6)**, 2520 m, trifft man auf die Sarner Hufeisenrunde und folgt ihr ein kurzes Stück nach links hinab. Wo der Hauptweg scharf nach links abknickt, um etwas steiler in ein kleines Kar hinabzuführen, weist uns eine Markierung auf einem Stein (Bild) den – hier zunächst geradeaus führenden – Weg Richtung Durnholz. Über alpine Matten und Weideböden führt dieser Steig zu den Höfen über dem Durnholzer See. Nach einem kurzen Wegabschnitt auf dem Höfesträßchen leitet unser Weg nach links

»Bodenständige« Wegweisung knapp südlich vom Tellerjoch.

über eine letzte Geländestufe hinab. Beim **Fischerwirt (2)** trifft man wieder auf den Anstiegsweg.

Sarntaler Alpen

40 Latzfonser-Kreuz-Hütte, 2302 m

Über die Fortschellscharte zum Durnholzer See

Zur höchstgelegenen Wallfahrtskirche Europas

In einer kleinen, 1868 erbauten Kirche auf dem Höhenzug zwischen dem Durnholzer Tal und dem Eisacktal residiert den Sommer über der »Schwarze Herrgott«. Genau genommen handelt es sich dabei um ein geschnitztes, gotisches Holzkreuz, das bis zum Jahr 1700 in der Totengruft von Latzfons lag und dann als Wetterkreuz auf den Berg gestellt wurde – in der Hoffnung, dass es Wetterunbilden abwenden kann. Ein Schutzanstrich aus Baumharz und Ochsenblut ließ es schwarz werden. 1743 wurde eine Kapelle für das Kreuz gebaut. Um den immer zahlreicheren Pilgern Schutz zu bieten, kam 60 Jahre später eine erste Hütte dazu, die aber 1850 abgebrannt ist. Um 1860 nahm man den Bau der heutigen Kirche in Angriff; eine neue Schutzhütte kam auch wieder dazu, die war aber nie längere Zeit in gutem Zustand. Das jetzige Haus wurde 1952 eingeweiht. Es übt heute auf die meisten Wanderer eine mindestens so große Anziehungskraft aus wie die hoch gelegene Kirche. Besonders viel Besuch erhält das Haus am Samstag nach Fronleichnam, wenn beim »Gerichtsumgang« das Kreuz vom Winterquartier in einer feierlichen Prozession zur Kirche hinaufgetragen wird.

KURZINFO

Talort: Reinswald, 1492 m; Zufahrt von Astfeld durch das untere Durnholzer Tal, bei Gufl rechts ab oder – für Variante 2 – bei der Brücke parken und weiter mit Bus 150 (verkehrt von Bozen über Astfeld).
Ausgangspunkt: Parkplatz der Reinswalder Kabinenbahn, 1560 m.

Eine Perle: der abgelegene Ort Durnholz in den Sarntaler Alpen.

Der höchste Wallfahrtsort Europas: die Kirche, in der den Sommer über das Latzfonser Kreuz aufbewahrt wird. Im Hintergrund die Dolomiten.

Gehzeit: 8¼ Std.
Höhenunterschied: 1100 m.
Anforderungen: Überwiegend problemlose Wege, nach dem Latzfonser Kreuz sind auf schmalem, teils gesichertem Steig felsige Abschnitte zu queren, die etwas Trittsicherheit erfordern. Als Tagestour konditionell anspruchsvoll.
Einkehr/Übernachtung: Getrumalm, 2083 m; Latzfonser-Kreuz-Hütte, 2302 m, (Tel. +39 0472 545 017, +39 334 114 5608); Fischerwirt, 1550 m.
Varianten: 1) Kassianspitze, 2581 m, vom Latzfonser Kreuz 1½ Std. rauf und runter. 2) Abschluss der Wanderung in Durnholz und Bus-Rückfahrt nach Gufl.
Karte: Tabacco 1:25.000, Blatt 40: Sarntaler Alpen.

Vom Liftparkplatz **Reinswald (1)** starten wir auf dem anfangs befestigten Fahrweg Nr. 7 (Fußweg-Abkürzung möglich). Bei den folgenden Verzweigungen folgt man jeweils den Wegweisern. Bis zur **Getrumalm (2)**, 2083 m, geht man auf einem bequemen, schließlich gekiesten Güterweg. Weiter talein führt ein reizvoller Wanderweg in den weiten Talkessel mit den Weiden der Getrumalm. Dort nicht links abzweigen, sondern in einem großzügigen Rechtsbogen auf eine Geländestufe zu, über die das **Lückl (3)**, 2378 m, erreicht wird. Dort öff-

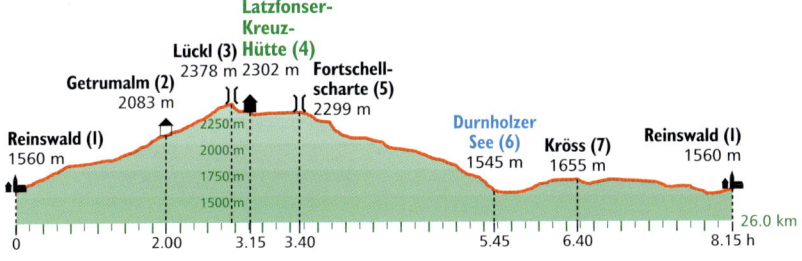

Am Durnholzer See.

net sich der Blick auf das Ensemble aus Kirche und **Latzfonser-Kreuz-Hütte (4)**, 2302 m.
Jenseits der Hütte nehmen wir nicht den breiten Zustiegsweg von der Eisacktaler Seite, sondern den schmäleren Weg, der von der Kirche weg ohne großen Höhenverlust am Hang entlang weiterführt. Stellenweise schmal und gesichert, leitet er nun mit mehrmaligem Auf und Ab um die Ausläufer der Kassianspitze herum zur **Fortschellscharte (5)**, 2299 m. Nach Westen geht es sanft bergab. Die Abzweigung zur Flaggerschartenhütte bleibt rechts zurück und bald darauf ist die Inderstalpe erreicht. Der Weg Nr. 5 leitet nun immer weiter in die Zivilisation zurück, durch gepflegtes Bergbauernland hinunter zu den Spaziergängern am **Durnholzer See (6)**, 1545 m.
Rechts herum kommt man am Fischerwirt vorbei zum Seeabfluss. Dort gehen wir halblinks und passieren bald Schacherhof und Eggerhof. Einen Fahrweg verlassen wir nach rechts auf einen unscheinbaren Pfad. Dem nächsten Sträßchen kurz nach links folgen und beim **»Kröss« (7)** nach rechts auf einen Wiesenpfad hinab (der frisch nach der Mahd undeutlich sein kann). Unten

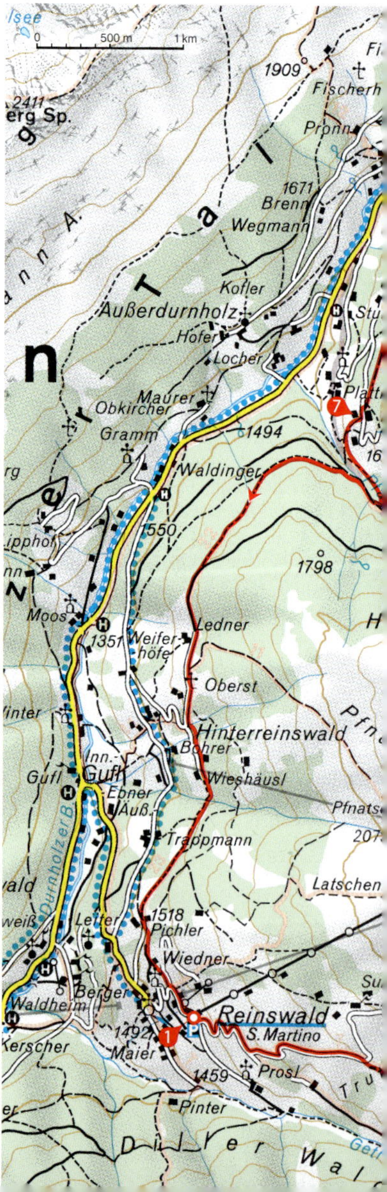

Sarntaler Alpen

queren wir vor dem Wald nach links in den Talgrund, jenseits steigen wir steil hinauf zu einer Kiesstraße, der wir kurz nach rechts folgen. Nach zweimaligem Linksabzweigen genießen wir einen hangquerenden Waldweg. Die Richtung beibehaltend wechseln wir auf einen weiteren Fahrweg. Die Abzweigung zur Pfnatschalm ignorieren wir. Bald danach geht es links ab, am Wieshäusl vorbei und über den Durrbach. Nach den Häusern um den Pichler gelangt man links haltend nach **Reinswald (1)** und dort wiederum links zum Parkplatz.

Sarntaler Alpen

41 Getrumalm, 2083 m

Von der Pichlbergalm ins Getrumtal ★

Gemütliche Höhenwanderung ohne Aufstiegsmühen
Eine unbeschwerte Wanderung mit herrlichen Ausblicken auf den Villanderer Berg im Süden und über das verblüffend ebene Plateau der Jocherer Alm hinweg auf die Dolomiten – und das bei einem Weg ohne nennenswerte Anstiege. So viel Aussicht bei so wenig Anstrengung findet man nicht oft! Diese Wanderung ist ideal für Familien mit kleinen Kindern und für alle, die es gerne gemütlich angehen lassen – oder nur mal eben einige wenige Stunden »oben« sein wollen – einfach so zum Seele baumeln lassen.

KURZINFO

Talort: Reinswald, 1492 m, Zufahrt von Astfeld durch das untere Durnholzer Tal, bei Gufl rechts ab. Bus 150 von Bozen.
Ausgangspunkt: Parkplatz der Reinswalder Kabinenbahn, 1560 m.
Gehzeit: Knapp 2¾ Std.
Höhenunterschied: 60 m bergauf, 650 m bergab.
Anforderungen: Leichte Wanderung auf problemlosen Bergwegen.
Einkehr: Pichlbergalm, 2150 m, an der Bergstation; Getrumalm, 2083 m.
Variante: Von der Getrumalm auf dem Weg 7a durch den landschaftlich reizvollen Talgrund des Getrumbachs zum Ausgangspunkt zurückwandern.
Karte: Karten: Tabacco 1:25.000, Blatt 40: Sarntaler Alpen.

Blick über das Getrumtal auf den langen, flachen Rücken der Jocherer Alm.

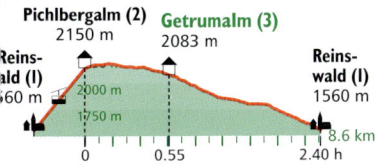

Am Höhenweg von der Pichlbergalm. Im Hintergund die Langkofelgruppe in den Dolomiten.

Einkehr bei der urigen Getrumalm.

Mit der Seilbahn schweben wir von Reinswald (1) auf die Pichlbergalm (2), 2150 m. Dort steigen wir nach Osten über eine Böschung zu einem Brunnen hinauf. Noch ein kleines Stück höher sind wir auf dem wunderbaren Höhenweg Nr. 11, der sehr aussichtsreich durch freies Almgelände und über alpine Matten führt. Die Abzweigung zum Blankenhorn lässt man links liegen, bald darauf wird in einem weiten Bogen ein flaches Tal durchquert. Um den folgenden Geländerücken herum kommen wir ins Getrumtal. Nachdem wir einige winzige Hütterl (rechts unter uns) passiert haben, erreichen wir die Getrumalm (3), 2083 m – eine Jausenstation, die man einfach nicht auslassen kann. Nach einer gemütlichen Brotzeit in oder besser noch vor der Hütte spaziert man auf dem Versorgungsweg der Getrumalm ohne Schwierigkeiten hinunter nach Reinswald (1).

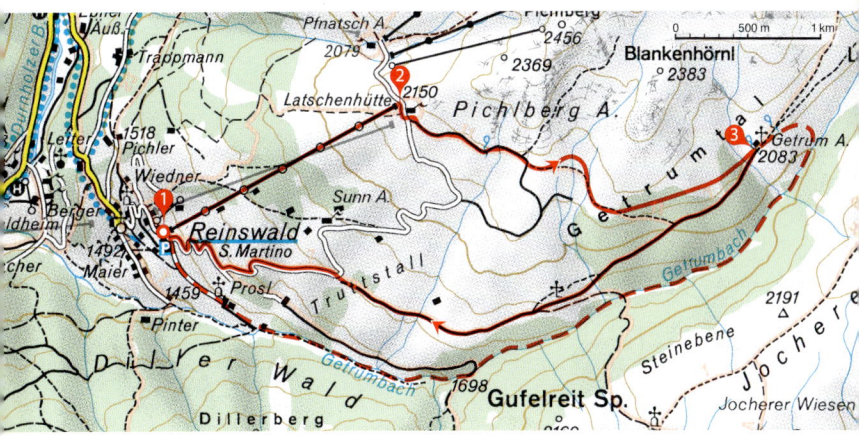

Sarntaler Alpen

42 Kratzberger See, 2119 m

Am Gebirgsjägersteig zum Missensteinerjoch ★

Reizvoller Abschnitt des Europäischen Fernwanderwegs 5

Der Bergkamm vom Hirzer über die Plattenspitze zum Ifinger ist vom Touristenmagneten Meran aus gesehen eine vielbestaunte Kulisse am hohen Horizont. Und dementsprechend viele Wanderer sind unter diesen Gipfeln auf der Meraner Seite unterwegs. Anders auf der Sarntaler Seite: Wenn man dort im traditionell bewirtschafteten Bergbauernland um Aberstückl loswandert, über weite Almwiesen streift und raue Schrofenhänge quert, sieht man oft für längere Zeit keine Menschenseele – obwohl man auf einem Abschnitt des Europäischen Fernwanderwegs 5 und beim Abstieg ein Stück am Sarner Hufeisenweg unterwegs ist. In einem Kar unter der Verdinser Plattenspitze liegt der 10 m tiefe Kratzberger See. Abgehärtete Naturen können auch mal mehr als den großen Zeh ins Wasser halten oder gar darin schwimmen. Die 160 m Seelänge sollte man angesichts der erfrischenden Wassertemperatur aber lieber nicht ausschwimmen …

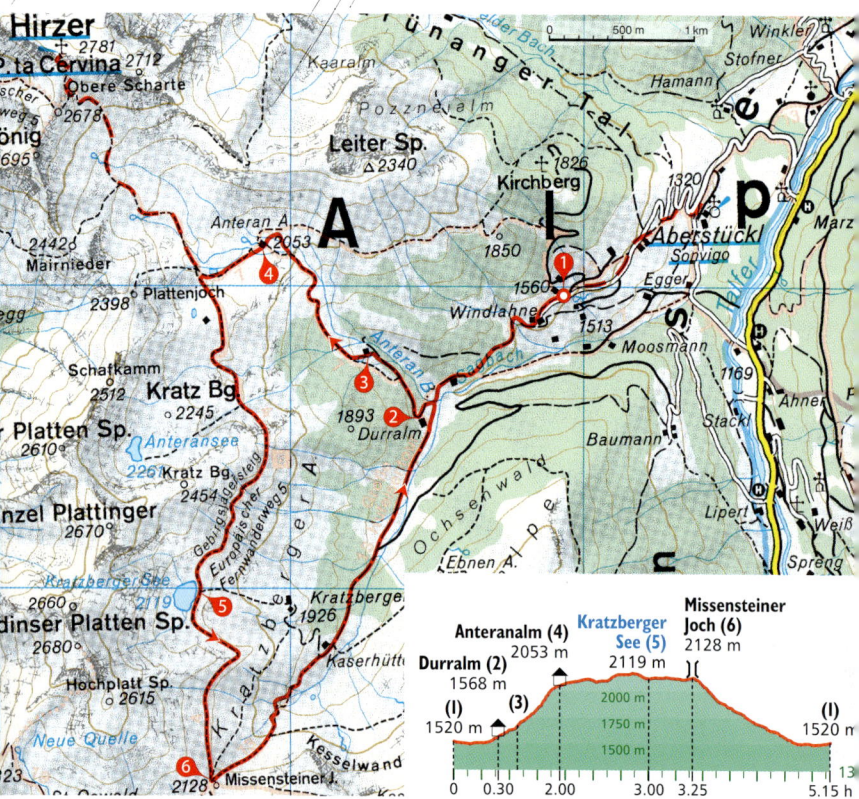

Sarntaler Alpen

KURZINFO

Talort: Aberstückl, 1320 m, am westl. Talhang zwischen Bozen und Penser Joch, Bus 150 von Bozen.
Ausgangspunkt: Knappe Parkmöglichkeit bei der Rechts-Aufwärts-Kehre, 1520 m, an der der Sagenweg links abzweigt. Ansonsten in Aberstückl.
Gehzeit: 5¼ Std.
Höhenunterschied: 800 m.
Anforderungen: Bergwanderung auf alpinen Pfaden, die stellenweise schmal sind und abschüssiges Gelände queren; im Weidegelände weglose Abschnitte, die etwas Orientierungsvermögen verlangen.
Einkehr: Durralm, 1568 m; Anteranalm, 2053 m, jeweils nur in der Saison.
Variante: Abstecher auf den Hirzer, 2781 m: Nach der Anteranalm dem E5 nach rechts folgen, Richtung Obere Scharte. Kurz davor der Markierung folgend nach rechts auf den Gipfel (von der Anteranalm 2 Std. rauf, 1½ Std. runter).
Karte: Tabacco 1:25.000, Blatt 40: Sarntaler Alpen.

»Hinkelsteine« bei der Anteranalm, im Hintergrund der Hirzerkamm.

Von der **Kehre (1)** gehen wir erst mal auf dem Sagenweg am Wippinger Hof (»Windlahner«) vorbei, queren durch den »bröseligen« **Windlahnergraben** und am Hangweg weiter ins Sagbachtal. Über eine Brücke und durch Buschwerk führt der Pfad auf einen Fahrweg. Ein Karrenweg leitet uns nach rechts hinauf zur **Durralm (2)**, 1568 m, wo der Weg einen Rechtsbogen beschreibt.
Bei der **Premstallötzalm (3)**, 1677 m, endet der Almversorgungsweg. Wir gehen dort (bzw. kurz davor) nach links und halten über eine Weide auf einen frei stehenden Baum zu. Nun gilt es, schwach ausgeprägten Wegspuren zu folgen, die durch teils steiles Weidegelände hinaufführen und dabei nach rechts hinüberziehen. Durch eine Quellzone kommt man zu einem querenden Höhenweg und auf diesem nach links an der kleinen Hütte der **Anteranalm (4)**, 2053 m, vorbei. Am Hangfuß trifft man auf den Europäischen Fernwanderweg 5. Nach rechts führt er zum Hirzer (Variante), wir gehen links und halten uns an die spärlichen Trittspuren. Im steileren Gelände wird der Weg wieder deutlicher und quert durch einige Gräben und über eine Geländerippe zum **Kratzberger See (5)**, 2119 m.
Nach einer weiteren Rippe ist das **Missensteiner Joch (6)**, 2128 m, erreicht. Hier wenden wir und steigen auf einem Wiesenweg (Nr. 13) steil ins Sagbachtal hinab. Die Durchquerung eines bröseligen Murgrabens erfordert Vorsicht und einen sicheren Tritt. Auf dem Talweg gelangen wir zur Wegverzweigung unterhalb der Durralm. Hier schließt sich der Kreis: Der schon bekannte Weg durchs Gebüsch und über die Brücke führt uns zurück zum **Ausgangspunkt (1)**.

Sarntaler Alpen

43 ▸ Saltner Höhe, 1450 m

Über den Gschnofer Stall zum Tschaufenhaus

Genussvolle Rundwanderung über den südwestlichen Tschögglberg
Wenn man durchs Etschtal fährt, kann man sich kaum vorstellen, dass sich oberhalb des gut 800 m hohen Steilabfalls über Bozen und Terlan eine sanfte Mittelgebirgslandschaft erstreckt: eine geradezu paradiesische Gegend mit kleinen Wäldern, verstreuten Baumgruppen (v. a. Lärchen), herrlichen Blumenwiesen, weidenden Haflingern – und immer wieder eindrucksvollen Ausblicken übers Etschtal hinweg auf die Bergriesen der Ortlergruppe wie auch der Texelgruppe. Und wenn man auf der Schlussetappe der vorgeschlagenen Wanderung vor dem Tschaufenhaus sitzt und nach Süden schaut, kann man den Blick übers Etschtal schweifen lassen und im Überetsch das kleine Auge des Kalterer Sees entdecken.

KURZINFO

Talort: Terlan 247 m, Bhf., im Etschtal nordwestlich von Bozen.
Ausgangspunkt: Verschneid, 1104 m; von Terlan kommend, kurz vor dem Café Linde an der rechten Straßenseite direkt neben dem alten Brotbackofen des Dorfes einige Parkplätze, ebenso bei der Kirche einige Meter oberhalb. Haltestelle der Buslinie 204 Terlan (Bhf.) – Mölten.
Gehzeit: 3½ Std.

Höhenunterschied: 400 m.
Anforderungen: In jeder Hinsicht leichte Wanderung auf (nur anfangs befestigten) Spazierwegen und Waldpfaden; nur die (vermeidbare) Pfadvariante beim Abstieg vom Tschaufenhaus erfordert etwas Trittsicherheit.
Einkehr/Übernachtung: Gschnofer Stall, 1439 m; Tschaufenhaus, 1350 m (Tel. +39 0471 668 235).
Karten: Freytag & Berndt 1:50.000, WKS 1: Bozen, Meran. Tabacco 1:25.000, Blatt 34: Bozen, Ritten, Tschögglberg.

Vom Dorfbackofen in **Terlan (1)** über ein steiles Sträßchen am Lebensmittelmarkt und an der **Kirche** vorbei einige hundert Meter bergauf. Bei einer Gabelung dem Wegweiser zum Salten nach links folgen. Auf dem befestigten Fahrweg an zwei Gehöften jeweils rechts vorbei. Bei einer Straßengabelung im Wald dem Wegweiser folgend nach rechts hinauf. Bei einer **Wasserfassung** (bei der die Teerdecke endet) rechts vorbei. Ein reizvoller Wanderpfad führt nun durch den Wald, anfangs stellenweise steil, dann flacher. Bei einer Verzweigung dem Wegweiser nach rechts folgen. Nachdem wir am Waldrand ein Gatter überklettert haben, öffnet sich der Blick auf die Jausenstation **Gschnofer Stall (2)**, 1439 m. Dort folgen wir der Wegweisung zum Salten rechtwinklig nach links und gehen auf einem Wiesenweg (12B) zu einer Haflinger-

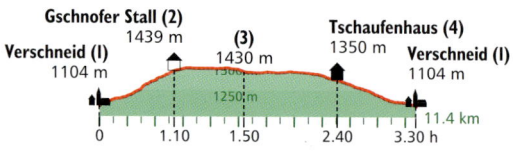

Weide. Diese durchqueren wir immer rechts am Zaun entlang, obwohl eine Markierung an einem Unterstand nach links ablenken könnte. Beim Verlassen der Weide trifft man auf den grob gekiesten Weg mit der Markierung »m«. Auf diesem nach rechts (in dieser Richtung hier kein Wegweiser). Die folgende Abzweigung zum Wieser und Tschaufen ignorieren wir. Bald mündet von links ein Fahrweg; wir behalten unsere Richtung bei und wandern nun durch die herrliche, parkartige Landschaft der **Saltner Höhe**. Bald nachdem von links ein zweiter Weg eingemündet ist, verzweigt sich unser Weg spitzwinklig. Wir nehmen den rechten, ausgeschildert mit »Wieserhof« und »Tschaufenhaus«. Bei der folgenden **Kreuzung (3)**, 1430 m (nahe einem

Beim Gschnofer Stall.

Gehöft) gehen wir im rechten Winkel nach rechts und unter den Gebäuden vorbei. Gleich nach dem bunt, wenngleich nicht mehr ganz frisch bemalten kleinen Gehöft Winterle kommt ein Gatter, hinter dem wir den Fahrweg nach links verlassen. Die Markierung 7 leitet uns wieder auf einen Fahrweg (der nach links zum Wieserhof führt). Wir gehen hier auf einem Wiesenpfad geradeaus weiter. Eine weitere Ab-

Gemütliches Schlendern über saftige Weiden beim Gschnofer Stall.

zweigung lassen wir links liegen. Unser Weg führt nun durch einen reizvollen Wald, der nach rechts zwischendurch aber immer Blicke zur Texelgruppe hinter Meran freigibt. Ein scharf nach rechts abzweigender Weg bleibt unberücksichtigt. Bald nach dem fast vollständig mit Schilf zugewachsenen **Tschaufenweiher** verliert der Weg an Höhe und mündet in eine breite Kiesstraße; nun sieht man schon das **Tschaufenhaus (4)**, 1350 m; es lockt die großen Wanderer mit einem aussichtsreichen Gastgarten, die kleinen mit einem Spielplatz.

Auf dem gekiesten Versorgungssträßchen geht es problemlos zurück nach **Verschneid (1)**. Eine naturnäherer Abstiegsweg, der mit einer etwas steileren Passage »gewürzt« ist, zweigt knapp unter dem Tschaufenhaus nach links auf einen Waldpfad ab.

Gastgarten mit Spielplatz vor dem Tschaufenhaus. Im Hintergrund erkennt man die Laugenspitze (in Bildmitte) und das Hasenöhrl (rechts dahinter).

Nonsberggruppe / Gampenjoch

Große Laugenspitze, 2434 m

Über den Laugensee und die Laugenalm ★★

Ein Aussichtsgipfel erster Klasse

Das Gampenjoch verbindet das Meraner Land mit der weitläufigen Mittelgebirgslandschaft des Nonsbergs, die größtenteils schon zum Trentino gehört. Von der Passhöhe aus kann man mit überschaubarem Aufwand einen der aussichtsreichsten Zweitausender Südtirols besteigen: die Große Laugenspitze (eigentlich »der Große Laugen«). Für den Berg ist eine Besteigung im Jahre 1552 dokumentiert – eine der frühesten schriftlich erwähnten Gipfeltouren und die früheste »Damentour«, von der man weiß (durch Katharina Botsch, ihren Ehemann und ihre Mutter Regina von Brandis). Noch viel weiter kann man gedanklich zurückgehen, wenn man am Gipfelgrat an griffigem Porphyr hinaufkraxelt und sich vorstellt, wie dieses Gestein einst in einem vulkanischen Magmagang erstarrt ist. In der jüngeren Erdgeschichte kamen dann die Gletscher, die den kleinen Laugensee »ausgehobelt« haben und viele glatt geschliffene Felsrücken hinterließen, die sich in der Sonne gut erwärmen und auf denen es sich herrlich verweilen lässt. Ein schöner Platz zum Seele baumeln lassen oder gar für ein Mittagsschläfchen!

KURZINFO

Talort: Lana, 290 m, im Etschtal südlich von Meran.
Ausgangspunkt: Gampenjoch(-pass), 1518 m, Hst. Bus 246 Meran – Lana – Fondo.
Gehzeit: 5 Std.
Höhenunterschied: 940 m.
Anforderungen: Mäßig anspruchsvolle Bergwanderung, beim beschriebenen Abstieg sind die Orientierung und eine kleine Felsstufe etwas anspruchsvoller.
Einkehr/Übernachtung: Laugenalm, 1853 m; am Ausgangspunkt Gasthof Gampenpass, 1519 m.
Variante: Vom Gipfel über den Grat ein Stück am Anstiegsweg zurück und geradewegs weiter, direkt hinab zur Laugenalm (20 Min. kürzer und etwas leichter).
Karte: Tabacco 1:25.000, Blatt 046: Lana, Etschtal.

Laugensee und Große Laugenspitze.

Am **Gampenjoch (1)** setzt schräg gegenüber dem Gasthof Gampenpass unser Weg an – zunächst in Form eines gekiesten Fahrwegs. Bald nach einer Linkskehre verlassen wir den Laugenalm-Weg, indem wir einem scharf nach rechts abzweigenden Forstweg folgen. Ein kleiner

Höhenverlust sollte nicht irritieren – bald geht's wieder bergauf. Nach dem Ende der Forststraße gewinnt man auf einem schmalen und richtig steilen Waldpfad schnell an Höhe. Dabei sind immer wieder kleine »Wurzelkletterein« zu bewältigen. Über der Waldgrenze bleibt eine kleine Hütte links liegen. Bald darauf beschreibt der Weg einen Rechtsbogen und überwindet einige Felsrippen, an denen man schon mal die Hände gebrauchen kann.

Oberhalb einer Geländestufe liegt er dann vor uns, der Laugensee (2). Nach rechts hinauf zieht der durch viele gletschergeschliffene Felsbuckel gegliederte Hang der Kleinen Laugenspitze. Links hinter dem See ragt die Große Laugenspitze steil in den Himmel.

Wir gehen vom See nach links hinüber zum markanten Südostrücken (3) der Laugenspitze. Dort treffen wir auf den Weg von der Laugenalm und folgen ihm über griffigem Porphyr nach rechts hinauf. Auf einem mit bemerkenswertem Aufwand gebauten »Holzweg« erreicht man ohne nennenswerte Probleme den Gipfel des Großen Laugen (4), 2434 m.

Der Abstieg führt über den deutlichen Weg, der dem anfangs nach Südwesten ziehenden Grat folgt. Teils auf, teils neben dem oft gratartigen Rücken verliert man zunächst noch wenig an Höhe. Auf einem Wiesenhang macht die – hier nicht mehr so deutliche – Pfadspur einen Linksbogen und steuert eine Geländestufe an, für deren Überwindung man einige Meter abklettern muss – sogar über eine senkrechte Stelle (»schwarz«). Hier ist Vorsicht geboten, zumal das Gelände darunter abschüssig ist. Nach der Kraxeleinlage steigt man nach rechts zu einem breiten Hang. Vor der nächsten Geländestufe verzweigen sich die

Der Laugensee unter der Kleinen Laugenspitze.

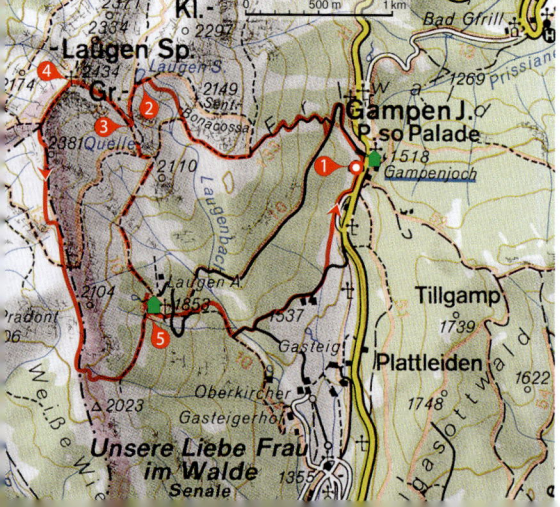

Genialer Platz für eine Brotzeit: die Terrasse der Laugenalm.

Wegspuren. Wir holen der Markierung folgend an einem Felsgraben vorbei nach rechts aus und weichen damit einer steinschlaggefährdeten Zone aus. Auf einer flachen Wiese kreuzt der Weg 133. Wir gehen auf mäßig deutlichem Pfad geradeaus. Über die saftig grünen Wiesen des Grenzrückens zwischen Südtirol zur Linken und dem Trentino zur Rechten schlendern wir nun so lange, bis sich der Pfad nach links hinab wendet. Zwischen herrlichen Lärchen verlieren sich die Spuren zwar kurzzeitig etwas, ein Blick nach vorne zeigt aber wieder einen Weg, der uns – die Grundrichtung beibehaltend – zur Laugenalm (5), 1853 m, bringt.

Beim Rückweg gehen wir von der Wirtsterrasse aus unten am Nebengebäude vorbei und kreuzen der Markierung 10 folgend die Kiesstraße. Ein schmaler Waldpfad führt nun zügig bergab. Er stößt bald noch einmal auf die Fahrstraße, verlässt sie auf der anderen Seite wieder und wird stellenweise richtig steil. Wo der Weg zum Dorf »Unsere Liebe Frau im Walde« nach rechts abzweigt, folgen wir dem Weg 10a nach links. Ein Bauernhof bleibt rechts unterhalb des mittlerweile breiteren Weges zurück. Bald macht der Fahrweg einen Rechtsbogen; dort folgen wir der Wegweisung geradeaus und über eine ebene Wiese zum Wald. Ein reizvoller Pfad leitet nun ohne große Höhenänderung zur Passstraße, entlang der dann nur noch wenige Meter bis zum Parkplatz am Gampenjoch (1) zu gehen sind.

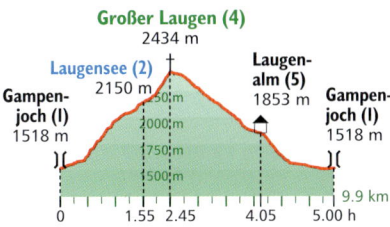

Überetsch / Mendelkamm

45 Penegal, 1737 m

Vom Mendelpass in die Furglauer Schlucht ★★

Aussichtsreiche Überschreitung auf Kaiserin Elisabeths (Sissis) Spuren
Die Fassaden mancher Hotels zeugen davon: Der Mendelpass war zur Zeit des Jugendstils mal eine sehr noble Urlaubsadresse. Und so wundert es nicht, dass auch Sissi hier mal vorbeigeschaut hat – am 15.9.1889. Sie war zwar nur auf der Durchreise, genau genommen auf der Rückreise von Madonna di Campiglio, hat die kurze Zeit aber gut genutzt: Für eine Wanderung längs des Mendelkamms über den Penegal und durch das Furglauer Tal hinunter nach Eppan. Genau diese Tour wollen wir »nachgehen«.

KURZINFO

Talorte: Kaltern/St. Anton, 523 m. Eppan/St. Michael.
Ausgangspunkt: Standseilbahn Mendelpass; Talstation, 1363 m, in Kaltern/St. Anton (Bus 132 von Bozen über St. Michael).
Zielpunkt: Bus-Hst. St. Michael Zentrum, 411 m.
Gehzeit: 5 Std.
Höhenunterschied: 420 m aufwärts, 1370 m abwärts.
Anforderungen: Problemloser Wanderweg zwischen Mendelpass und Penegal (»blau«); der steile, teilweise ausgesetzte Steig durch die Furglauer Schlucht erfordert jedoch absolute Trittsicherheit, Schwindelfreiheit und Felsgewandtheit. Nicht bei Nässe oder Gewittern – nichts für Kinder; Steigzustand vorher erfragen.
Einkehr/Übernachtung: Gasthäuser am Mendelpass, Serafino Hotel Penegal (Tel. +39 0471 200 769 oder +39 338 388 2008); Gasthof Steinegger, 614 m.
Variante: Wenn das Auto bei der Mendelbahn-Talstation steht, kann man auch direkt dorthin zurückgehen: Dazu am Ausgang des Furglauer Tals rechts auf den Eppaner Höhenweg (Nr. 9) abzweigen, später kurz dem Kalterer Höhenweg (ebenfalls Nr. 9) folgen, bis der Weg 91 nach St. Nikolaus hinabführt; dort und durch Pfuss jeweils an den Kirchen vorbei zurück nach St. Anton spazieren; beschildert, Gesamtzeit gut 6 Std.
Karte: Tabacco 1:25.000, Blatt 049: Südtiroler Weinstraße.

Über den Kalterer Weinbergen: der Penegal, rechts im Bild der Sendemast.

Übertsch / Mendelkamm

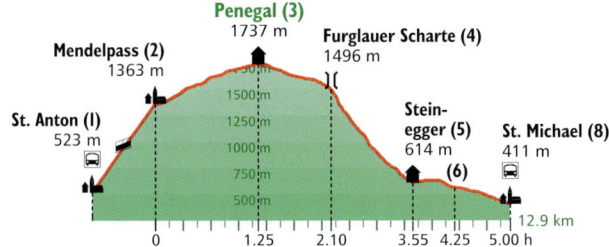

Die Standseilbahn fährt in 12 Min. von **St. Anton (1)** auf den **Mendelpass (2)**, 1363 m. Von der Bergstation gehen wir zum Kalterer Hof (Durchgang direkt daneben, von der Gebäuderückseite gesehen links vorbei) und auf einem Zebrastreifen über die Mendelstraße. Damit haben wir den Startpunkt unseres Wanderweges erreicht. Diesem folgt

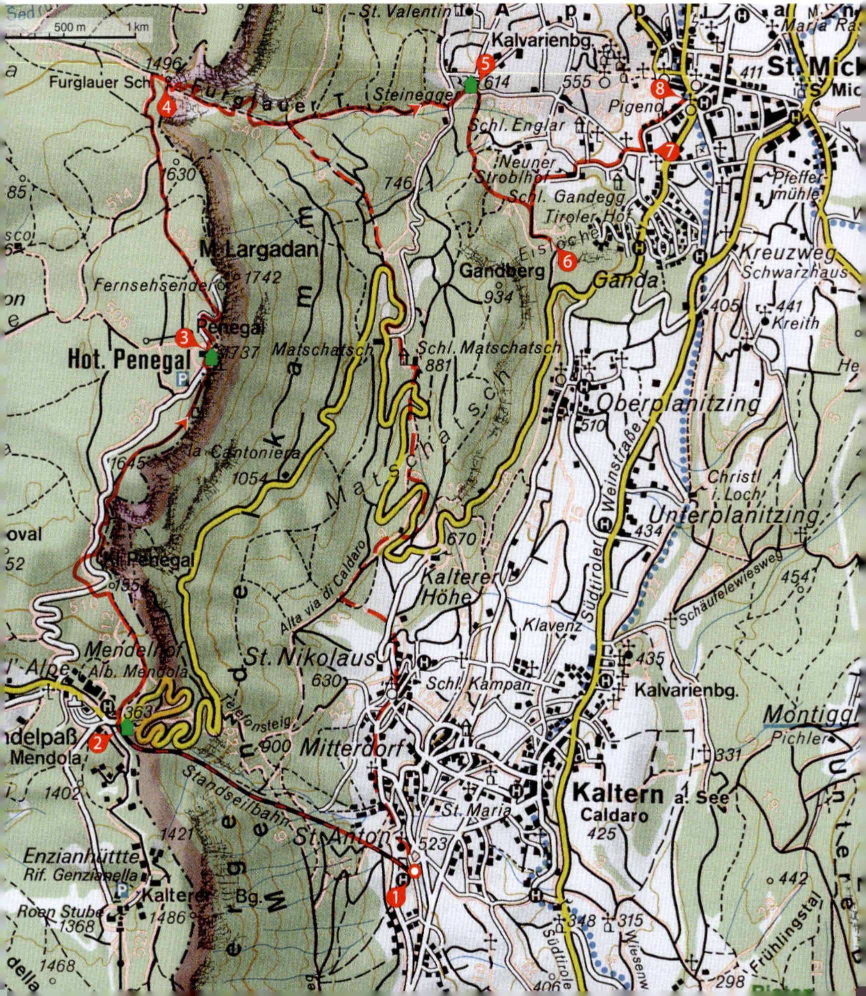

Blick vom Penegal über den Gantkofel auf die Ötztaler und Stubaier Alpen.

man auf einem zunächst befestigten Weg, der anfangs eher wie ein Hofeingang aussieht (Wegweiser etwas höher).

Doch bald haben wir die Häuser hinter uns, Bäume um uns und einen reizvollen Pfad unter den Füßen – er hat die **Nummer 500** (ex 512). Wer gleich mal den Blick in die Tiefe erhaschen will, kann nach rechts zu einem **Aussichtspunkt** gehen, der nach Prinz Ferdinand von Habsburg benannt ist. Zurück am Weg 500 nehmen wir die ursprüngliche Richtung wieder auf. Im weiteren Verlauf treffen wir auf die schmale Asphaltstraße zum Gipfelhotel; das stört aber kaum, weil wir die Wegalternativen durch den lichten Wald benutzen.

Im flachen Gipfelbereich des **Penegal (3),** 1737 m, angekommen, passiert man das Hotel sowie den baufälligen Aussichtsturm. Dem Weg 500, der hier ein gekiester Fahrweg ist, folgen wir weiter Richtung Norden. Der Weg beschreibt kurz vor einem Sendemast eine Linkskurve (mit Leitplanke). Gleich danach wechseln wir mit dem Weg 500 nach links hinab auf einen Wanderweg. Abzweigungen ignorierend kommen wir zur **Furglauer Scharte (Forcolana, 4)**, 1496 m. Dort halten wir uns rechts und steigen auf dem Weg 540 steil hinab durchs eng eingeschnittene Furglauer Tal. Der Steig wechselt mehrmals die Talseite und leitet über schrofige Felsstufen, Schuttkegel sowie steile Waldhänge. Im unteren Bereich überrascht noch ein exponiertes Felsband – mit bergseitigen Eisenstangen und -seilen zum Festhalten. Den Eppaner Höhenweg kreuzend erreichen wir den Gasthof **Steinegger (5)**, 614 m. Von hier ginge es auch direkt nach St. Michael – es reizt aber noch ein »Schlenker« zur Bergsturzlandschaft der **Eislöcher (6)**, die auf dem Weg 7A in einer halben Stunde zu erreichen ist. Bei den kühlen Felslöchern kehren wir um und folgen dem Weg 15 zu einem Straßenknick. Dort rechts und mit Blick auf prachtvolle Schlösser und Ansitze in den reizvollen Weiler **Pigeno (7)** – wo sich eine spätrömische Höhensiedlung befand. Beim Brunnen wenige Meter links, dann rechts nach **St. Michael (8)**.

Der Linienbus 132 chauffiert uns schließlich zur Mendelbahn, falls das Auto dort steht.

Überetsch / Mendelkamm

Monte Roen, 2116 m

Vom Mendelpass über die Roenalm ★★

Auf den Höchsten im Mendelkamm
Der Monte Roen ist ein Grenzberg mit zwei Gesichtern: Während er ins Südtiroler Etschtal mit imposanten Felswänden und steilen Flanken abfällt, geht sein nur mäßig geneigter Westhang ohne nennenswerte Absätze ins Nonstal über, das schon zum Trentino gehört. Auch geologisch ist das Roen-Massiv nicht einheitlich aufgebaut: Sein Sockel besteht aus dem rötlichem Ergussgestein Quarzporphyr (das man z. B. nahe der Halbweghütte antrifft), der Gipfel besteht aus Dolomit, also einem marinen Ablagerungsgestein.

KURZINFO

Talort: Kaltern, 425 m, im Überetsch, an der Buslinie 130 Bozen – Überetsch.
Ausgangspunkt: Parkplatz beim Halbweglift, 1368 m (Sessellift Monte Roen, Tel. +39 0471 632 159), beschilderte Zufahrt vom Mendelpass. Liftbetrieb im Mai/Juni an Wochenenden, Juli bis Mitte Oktober 9.00–13.00 und 14.30–17.30 Uhr (August 18.00 Uhr). Für geringen Aufpreis gibt es ein Rückfahr-Ticket, das erspart den weniger schönen Abstieg über die Skipiste. In knapp halbstündigem Fußmarsch auch von der Bergstation der Mendelbahn erreichbar (die Talstation Kaltern/St. Anton fährt der Bus 132 von Bozen an).
Gehzeit: 4¼ Std.
Höhenunterschied: 570 m/800 m.
Anforderungen: Leichte Bergwanderung auf Wander- und Fahrwegen, steinige und wurzeldurchsetzte Stellen im unteren Bereich können bei Nässe glitschig sein. Vorsicht – v. a. mit Kindern – an der Kante zwischen den Gipfelwiesen und der urplötzlich abbrechenden Ostwand!
Einkehr/Übernachtung: Halbweghütte, 1594 m (Rif. Mezzavia, Tel. +39 0471 632 221); Roenalm, 1773 m (Malga Romeno, Tel. +39 333 631 7283); bei Variante 1: Überetscher Hütte, 1773 m (CAI, Tel. +39 0471 812 031).
Varianten: 1) Erfahrene und natürlich auch schwindelfreie Klettersteiggeher mit entsprechender Ausrüstung gehen bei

Die Roenalm (Malga Romeno).

der Roenalm nach links zur Überetscher Hütte (½ Std.) und steigen dann auf dem Klettersteig durch eine imposante, aber gut gegliederte Wandflucht aufs Roen-Plateau (Schwierigkeit »schwarz«). Dort angekommen, wandert man links zum Gipfelkreuz und auf dem Normalweg zurück zur Roenalm, wo sich die Runde wieder schließt.
2) Wer per Mendelbahn von Kaltern heraufgekommen (und über die Enzianhütte zur Halbweghütte gewandert) ist, kann am Rückweg kurz vor der Halbweghütte nach rechts auf den Prazöller Steig (Weg Nr. 538) abbiegen und durch einsame Landschaft zum Sportplatz bzw. zur nahen Talstation der Mendelbahn hinabsteigen.
Karte: Tabacco 1:25.000, Blatt 049 Südtiroler Weinstraße.

Überetsch / Mendelkamm

Vom **Parkplatz (1)** schaukeln wir per Sessellift beschaulich durch den Wald hinauf zur **Bergstation (2)**. Von dort halten wir auf die Hütte »Baita Mexico« zu. Daran rechts vorbei, wandern wir auf einem Waldpfad in wenigen Minuten zur **Halbweghütte (3)**, 1594 m. Von der Hüttenterrasse runter, folgen wir der Markierung 500 (ehemals 521) nach

Monte Roen (5) 2116 m
Halbweghütte (3) (2) 1591 m
Roenalm (4) 1773 m
Roenalm (4) 1773 m
Halbweghütte (3) 1594 m
(I) 1368 m
(I) 1368 m
11.4 km

links – zunächst auf einem Fahrweg, dieser wird dann vorübergehend zu einem Karrenweg und bietet dann abschnittsweise einen parallelen Wanderpfad, der schließlich die Oberhand gewinnt.

Abzweigungen zum Monte Lira und nach Kaltern bleiben unberücksichtigt. Wo der Weg wieder auf einen Fahrweg mündet, folgen wir diesem aufwärts und gelangen darauf zur **Roenalm (4)**, 1773 m. Dort verzweigen sich die Wege: Nach links führt der Fahrweg zur Überetscher Hütte, nach rechts der Fahrweg zum nahen Parkplatz auf der Trentiner Seite; geradeaus und halbrechts hinauf führt unser anfangs breiter Wanderweg zum Monte Roen. Zunächst durch Wald, später durch Latschen gewinnt er zügig an Höhe. In den Latschen könnte der Wegweiser »Malga Smarano – Croce Roen« dazu verleiten, dem zugehörigen Pfad nach rechts zu folgen – wenn man glaubt, mit dem »Croce Roen« sei das (Gipfel-) Kreuz am Monte Roen gemeint. Wir bleiben hier auf dem nicht beschilderten, halblinks weiterführenden Weg. Bald lichten sich die Latschen, und das Gipfelkreuz, 2116 m, am **Monte Roen (5)** wird sichtbar. Dort angekommen, heißt es aufpassen, wenn man Kinder dabei hat: So sehr die Westhänge unterm Kreuz zum Herumtollen einladen, nach Osten bricht das Gelände unvermittelt in senkrechte Wände ab – stellenweise gleich mehrere hundert Meter tief!

Auf dem Anstiegsweg geht es zurück. Den Lift sparen wir uns nun und gehen unterhalb der **Halbweghütte (3)** vorbei zur Skiabfahrt und auf dem Weg darauf zum **Parkplatz (1)** hinab – bergab bringt man diesen weniger reizvollen Wegabschnitt ja schnell hinter sich.

Auf den Gipfelwiesen des Monte Roen. Blick übers Nonstal.

Der Monte Roen mit seiner Ostwand. 1900 m tiefer das Etschtal.

Überetsch / Kalterer See

47 Rastenbachklamm und Altenburg, 614 m

Vom Kalterer See nach Altenburg

Wilde Wasser und eine sehr alte Kirche

Westlich über dem Kalterer See gibt es am Fuße des Mendelkamms eine Talterrasse, die die meisten Badeurlauber gar nicht wahrnehmen. Dabei gibt es dort auf einer kurzen Wanderrunde wirklich Interessantes zu entdecken: Die wildromantische Rastenbachklamm mit ihrem reizvollen Wasserfall. Die Klamm wurde mit Holztreppen und Geländern so gangbar gemacht, dass man durch sie vom Kalterer See ohne Kletterkünste zum kleinen Ort Altenburg hinaufsteigen kann. Dem Dorf vorgelagert steht auf einer etwas tieferen Terrassenebene die Ruine der dreischiffigen Basilika St. Peter, die zwischen dem 4. und 6. Jahrhundert erbaut worden ist. Damit können wir die Reste einer der ältesten Kirchen Südtirols, ja ganz Tirols, bestaunen. Gar 3000 Jahre alt sollen die schalenförmige Vertiefungen im Fels nahe der Basilika sein, die als Getreidemühlen oder Öllampen interpretiert werden.

KURZINFO

Talort: Kaltern, St. Josef am See, 228 m, Hst. der Buslinie 123 Bozen – Salurn.
Ausgangspunkt: Kalterer See, 214 m, Parkplatz, ca. 220 m, im Nordwesten des Sees beim Lido bzw. der »Gretl am See«. Bushaltestelle St.-Josef-Seeleiten der Linie 130 Bozen – Überetsch.

Gehzeit: 3¼ Std.
Höhenunterschied: 500 m.
Anforderungen: Gesicherte Weganlage; sie ist problemlos zu begehen, stellenweise aber feucht und glitschig; falls man ausrutscht, ist man an kritischen Stellen durch Brücken- und Weggeländer geschützt – zumindest als Erwachsener; kleinere Kinder dagegen könnten durchrutschen, ggf. also gut festhalten!
Einkehr: Sonnegghof (Altenburg, südlich der Straßenbrücke); Altenburger Hof (neben der Kirche St. Vigilius), 614 m.
Karte: Tabacco 1:25.000, Blatt 049: Südtiroler Weinstraße.

Blick vom Aussichtspunkt bei der Ruine St. Peter (Wegpunkt 4) über den Kalterer See zur Leuchtenburg (Tour 49).

Vom großen Parkplatz beim Lido am **Kalterer See (1)** gehen wir zunächst zum hier kanalisierten und meist trockenen **Rastenbach** hinauf. Daran entlang gelangt man zur Südtiroler Weinstraße zurück. Dort wegen einer unübersichtlichen Kurve kurz nach rechts und beim **Gasthof Seeperle** auf dem Zebrastreifen über die Straße. Am jenseitigen Gehweg nach links zum **Sonnleitenhof (2)** und direkt davor nach rechts auf ein schmales Asphaltsträßchen. Das führt durch einen Weinberg direkt auf die Klamm zu. Aus dieser Perspektive ahnt man schon: es muss eine verwunschene, dicht bewachsene Schlucht sein. Im Dorf hält man sich bei zwei Gabelungen jeweils rechts. Auf einem steilen Teersträßchen kommt man zum Dorfrand. Nach einem kleinen **Parkplatz** wechseln wir auf den links abzweigenden Weg. Bei der gleich folgenden Verzweigung lassen wir den Kardatscher Weg rechts zurück und folgen einem Waldpfad nach links.

Auf zunehmend steilem Waldweg erreichen wir bei einigen Schrofen eine Verzweigung: den Weg Nr. 13 lassen wir rechts zurück, wir gehen nach links über eine felsige **Geländerippe**. Gleich dahinter führt ein Abstecher zu einem imposanten, kirchturmhohen Wasserfall hinunter. Wieder zurück am Hauptweg, folgen wir dem Klammweg talein. Mittels einiger Holztreppen überwindet die Steiganlage eine Steilstufe. Stellenweise ist es etwas feucht und glitschig, an kritischen Stellen aber schützen Geländer. Den Steig, der nach links aus der Klamm hinausführt, ignorieren wir (Abkürzungsmöglichkeit zur Hängebrücke). Nach Passieren einer beeindruckend bemoosten Wand schlängeln wir uns sodann auf einer Steiganlage direkt

Weinberg von St. Josef am See. Im rötlichen Quarzporphyr darüber versteckt sich die Rastenbachklamm. Ganz oben die hellen Dolomitwände des Mendelkammes.

an und über dem Bach durch eine Engstelle. Nachdem sich das Tal geweitet hat, verlässt man es in einem Bogen nach rechts hinauf, um dann in einem Linksbogen zur Straße zu gelangen. An dieser Straße nach links, überquert man den Rastenbach. Beim **Sonnegghof** (er liegt rechts) gehen wir noch einige Meter geradeaus, dann hinauf in den Orts-

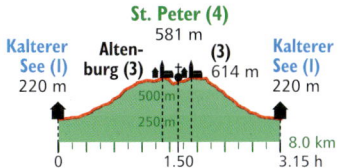

Messe an der Ruine von St. Peter.

In der Rastenbachklamm.

kern von **Altenburg (3)**. An der Kirche **St. Vigilius**, 614 m, links vorbei führt ein Spazierweg zu einem geräumigen Aussichtsplatz. Über diesen in einem leichten Linksbogen hinweg finden wir die Wegfortsetzung. Jetzt geht es an einem Halteseil etwas steiler hinunter zu einer **Hängebrücke**. Von einer massiven mittelalterlichen Vorgängerversion stehen noch mächtige Pfeiler. Durch bewaldetes, auffallend ebenes Gelände (wohl ein alter Siedlungsplatz) gelangt man in wenigen Minuten zu den Resten der Basilika **St. Peter (4)**. Wenn man auf den Altar schaut, findet man rechts neben der Kirche eine größere Vertiefung im Gestein; sie wird als Grab des Hl. Vigilius gedeutet, der die Basilika erbauen ließ. Von dieser Stelle sollte man noch die wenigen Meter nach rechts zu einem Aussichtsplatz gehen – es ist der beste über dem Kalterer See!

Nun auf gleichem Weg zurück nach Altenburg. Wer auf die Einkehr im Altenburger Hof verzichtet, kann gleich nach der Kirchenruine nach links zum Nusstalweg hinab abkürzen oder vor der Hängebrücke auf einem kurzen Kraxelsteig wieder in die Klamm absteigen.

Wenn man zum **Altenburger Hof** zurückgegangen ist, geht man entlang der Straße nach Süden zum **Feuerwehrhaus (5)**. Dort geht es dann nach links ab. Um das Gebäude links herum kommt man auf den schattigen Nusstalweg (Nr. 14). Er führt zu dem am Ausgang der Klamm liegenden Ortsteil von St. Josef. Von dort am Anstiegsweg zurück zum **Kalterer See (1)**.

Überetsch / Kalterer See

Frühlingstal, Montiggler Seen, 519 m

Vom Kalterer See zu den Montiggler Seen ★★

»Wandern light« in einer lieblichen Naturidylle

Am Parkplatz am Nordwesteck des Kalterer Sees ist man – gelinde gesagt – selten allein. Kaum vorstellbar, dass man nach einem nur halbstündigen Fußweg Stille und Einsamkeit genießen kann – z. B. im Fuschgaleintal am bewaldeten Porphyrrücken nordöstlich des Sees und am weiteren Weg zu den Montiggler Seen im Frühlingstal. Der Name lässt es schon vermuten: Besonders schön ist es hier im Frühling, und der beginnt hier wegen der tiefen und windgeschützten Lage besonders früh. Manchmal kann man hier schon Ende Februar Veilchen und Schlüsselblumen finden. Was wann an welchen Standorten sonst noch wächst, erklären Infotafeln. Auch im Sommer ist es hier angenehm, da der Weg überwiegend durch schattigen Wald verläuft und man in den Montiggler Seen (im Strandbad des Kleinen oder beim Gletscherschliff am Großen) auch erfrischende Züge im Wasser einlegen kann.

Lichter Wald im Frühlingstal.

KURZINFO

Talort: Kaltern, St. Josef am See, 228 m, Hst. der Buslinie 130 Bozen – Überetsch.
Ausgangspunkt: Kalterer See, 214 m, Parkplatz, ca. 220 m, im Nordwesten des Sees beim Lido bzw. der »Gretl am See«. Bushaltestelle St.-Josef-Seeleiten der Linie 130 Bozen – Überetsch.
Gehzeit: 4¼ Std.
Höhenunterschied: 400 m.
Anforderungen: Leichte Wanderung auf Wald- und Spazierwegen.
Einkehr: Imbiss der Badeanstalt am Kleinen Montiggler See; Pizzeria Geier am Kalterer See.
Karte: Tabacco 1:25.000, Blatt 049: Südtiroler Weinstraße.

Vom Parkplatz beim Lido **Kalterer See (1)** gehen vorbei Richtung Norden zur **Pizzeria Geier**. Daran links vorbei, kommt man in eine mit Apfelkulturen bestandene Ebene. Der Wegweisung nach Klughammer folgend kommt man an ein Asphaltsträßchen. Dort links (Wegweisung zum Frühlingstal) und bei der folgenden Verzweigung rechts, trifft man auf eine größere Kreuzung. Von dort folgt man für knapp 150 m der nach rechts bergan führenden Straße.

Bei einer **Schranke (2)** gehen wir nach links in den Wald und zweigen gleich darauf nach rechts auf den Weg Nr. 19 ins **Fuscaleital** ab. Ein Hohlweg führt nun abschnittsweise steil bergan zu einer Forststraße, auf der es nach links weitergeht. Nach einer einsamen Strecke – mit Blick auf die rechts oben aus dem Wald ragenden Porphyr-Felsen des Höhenbühel – kommen wir auf einen Fahrweg, dem wir nach links hinab folgen.

Nach der **Brücke (3)**, bei der Infotafel über die Natur des Frühlingstals, halten wir uns rechts und wandern nun durch einen äußerst reizvollen Wald – streckenweise entlang des Angelbaches, der die Montiggler Seen entwässert. Bald ergibt sich (links) ein schöner Blick zum Ort Montiggl. Wo unser Weg auf ein Asphaltsträßchen stößt, folgen wir diesem nach links, um dann nach rechts in die Zufahrt zum See einzubiegen. Der Zugang zum See ist hier aber durch eine größere Hotelanlage versperrt; so müssen wir auf einer bergauf führenden Straße nach links ausweichen. Die Grundrich-

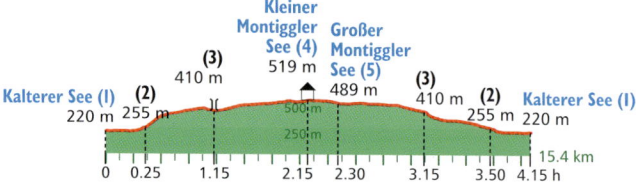

Im Überetscher Baustil: Montiggl, gesehen vom Frühlingstal.

tung beibehaltend nehmen wir bald darauf einen Wanderweg, der parallel zu einem Versorgungssträßchen verläuft. So gelangen wir bei einer Badeanstalt mit Jausenstation zum **Kleinen Montiggler See (4)**, 519 m. Den umrunden wir im Uhrzeigersinn – aber nicht vollständig, denn beim Abfluss des Sees folgen wir dem kleinen Pfad nach links. Er führt in wenigen Minuten zum **Großen Montiggler See (5)**, den wir bei einem interessanten Gletscherschliff erreichen. Weiter geht es auf dem Wanderweg links des Sees. Nachdem wir den See hinter uns gelassen haben, nicht nach rechts auf den Rundweg einschwenken, sondern die Grundrichtung beibehalten. So kommen wir zu dem Teersträßchen, von dem auf der anderen Straßenseite der Weg ins Frühlingstal ansetzt – unser Herweg, dem wir nun wieder folgen.

Bei der Infotafel vor dem kreuzenden Sträßchen **(3)** gehen wir geradeaus und betreten damit wieder »Neuland«: den romantischen unteren Abschnitt des **Frühlingstales**. An spitzwinkligen Verzweigungen halten wir uns links, gehen ein kurzes Stück leicht bergauf und bleiben so immer knapp oberhalb des Waldrandes. Bei der **Schranke (2)** haben wir wieder die vom Anfang der Tour bekannte Wegstrecke erreicht. Darauf zurück zum Ausgangspunkt am **Kalterer See (1)**.

Rast auf dem Gletscherschliff am Großen Montiggler See.

Überetsch / Kalterer See

49 Leuchtenburg, Rosszähne, 609 m

Auf den Mitterberg über dem Etschtal

Schattige Rundwanderung über dem Kalterer See

Sie ist ein Wahrzeichen der Landschaft um den Kalterer See: die Ruine der Leuchtenburg, die um 1250 von den Herren von Rottenburg erbaut wurde. Sie steht auf dem Porphyrrücken zwischen dem Etschtal und dem Überetsch – der Landschaft um den Kalterer See, die in vorgeschichtlicher Zeit von der Etsch durchflossen wurde. Zur Burgruine wandern viele Urlauber hinauf, die Wegfortsetzung von der Burg nach Süden wird dagegen selten begangen, obwohl dort mit den Rosszähnen ein landschaftliches Kuriosum und auf einem dieser Zähne eine besonders schöne Aussicht wartet.

KURZINFO

Talort: Kaltern, St. Josef am See, 228 m; Hst. der Buslinie 130 Bozen – Überetsch.
Ausgangspunkt: Kalterer See, 214 m, Parkplatz, ca. 220 m, im Nordwesten des Sees beim Lido bzw. der »Gretl am See«. Bushaltestelle St.-Josef-Seeleiten der Linie 130 Bozen – Überetsch.
Gehzeit: 4 Std.
Höhenunterschied: 520 m.
Anforderungen: Mittelgebirgswanderung ohne nennenswerte Probleme; der kurze Abstecher auf den einen der Rosszähne erfordert jedoch Trittsicherheit und ein bisschen Schwindelfreiheit.
Einkehr: Restaurants in Klughammer und am Ausgangspunkt.
Variante: Zurück in Klughammer, kommt man auf dem gut ausgeschilderten Seerundweg auch links herum zum Ausgangspunkt zurück (1¼ Std. länger, dafür aber mit einem interessanten Naturerlebnisweg im Verlandungsbereich südöstlich des Sees). Wenn man ohnehin am See wohnt, bietet sich die Umrundung auch als Jogging-Runde an.
Karten: Tabacco 1:25.000, Blatt 049: Südtiroler Weinstraße.

Rosen und Palmen beim alten Lido, Blick auf die Leuchtenburg.

Vom Parkplatz am **Kalterer See (1)** gehen wir am Lido-Gelände vorbei zur **Pizzeria Geier**. Daran links vorbei, bald darauf rechts, schlängelt sich der Seerundweg durch Apfelkulturen nach **Klughammer (2)**. Dort führt ein kleiner Anstieg auf die Hauptstraße; darauf 15 m nach rechts und vor dem Hotel Leuchtenburg (der Wegweiser zur Burg steht links, also unauffällig für unsere Gehrichtung) nach links hinauf. Bei der gleich folgenden Verzweigung rechts, noch ein kurzes Stück auf einer Zufahrtsstraße, und wir kommen auf einen schmalen Bergpfad in einem herrlichen Laubwald.
Wenn man sich vor einem Weinberg rechts hält und kleinere Abzweigungen ignoriert, erreicht man eine Forststraße. Der folgt man nach rechts. Bei der nächsten Verzweigung geht man links. Bald nachdem von links ein kleinerer Abkürzungspfad eingemündet ist, kommt man zu einem **Christuskreuz**. Dort zweigt der Abstecher zur **Leuchtenburg (3)**, 576 m, links ab.
Zurück beim Kreuz, wandern wir der Wegweisung zu den Rosszähnen folgend nach links (Richtung Süden). Nach einem schönen Ausblick aufs Etschtal kommt man zu einer etwas unscheinbaren Wegverzweigung, bei der wir uns rechts halten. Weitere Abzweigungen ignorierend steigen wir schließlich etwas steiler bergan und erreichen bald bemooste Felsen mit einer markanten, klammartigen Scharte dazwischen. Wenn man durch diese einige Meter absteigt, sieht man auf die spektakuläre, steil aufragende Seite der Rosszähne und kann eine weitere, noch viel engere und gewundene Kluft bewundern. Zurück am Weg

Die Ruine Leuchtenburg.

Blick von den Rosszähnen aufs Überetsch. Links unten der Kalterer See, in der Bildmitte der Penegal, rechts der Gantkofel und davor die Leuchtenburg.

gibt es für trittsichere und schwindelfreie Bergwanderer noch die Möglichkeit, auf den nördlichsten der **Rosszähne (4)**, 609 m, zu steigen, um die Aussicht auf das Etschtal und die umliegenden Berge zu genießen. Dazu steigt man (aus der Kluft zurückkommend nach rechts) über einen erdigen Pfad erst schräg an einer überhängenden Zahnpartie vorbei und dann steil nach rechts hinauf. Oben bitte Vorsicht: Direkt daneben fällt eine senkrechte Wand ab!

Von dem kurzen Gipfelabstecher zurück, wandern wir auf dem Pfad weiter, der – zunächst noch knapp unter der Kammlinie – nach Süden führt. Immer stärker fallend führt der Weg zu einem **Wendeplatz (5)**. Dort nimmt man den Fahrweg, der scharf nach rechts führt. Durch den bewaldeten Westhang des Leuchtenbergs kommt man so zurück zum Anstiegsweg und auf diesem wieder zum Ausgangspunkt am **Kalterer See (1)**.

Bemooste Felsen der Rosszähne.

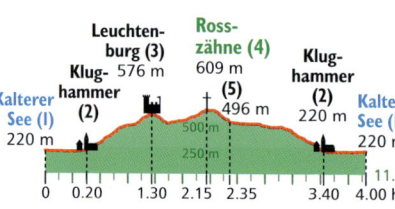

Fleimstaler Alpen

Hornalm (Malga Corno), 1718 m

Auf dem Europäischen Fernwanderweg 5 ★

Im waldreichen Naturpark Trudner Horn, ganz im Süden Südtirols
»Von Sigmundskron der Etsch entlang bis zur Salurner Klaus« – diese Zeile aus dem Südtirollied hat wohl jeder schon mal gehört. Warum nicht mal das schmucke Dorf Salurn mit der sehenswerten Haderburg an der Südgrenze Südtirols besuchen? Nur zu, es lohnt sich! Und wenn man schon so weit »unten« ist, sollte man auch mal einen Blick ins Trentino hinüberwerfen. Dazu fährt man am besten die 1100 Höhenmeter zum Bergweiler Gfrill hinauf und wandert zur herrlich gelegenen Hornalm. Die liegt dann schon knapp jenseits der Grenze im italienischsprachigen Italien. Der Hit am südlichen Horizont ist das wohl unbekannteste Gebirge im Trentino: die Lagorai-Kette. Übers Fleimstal hinweg kann man diese interessante Gebirgskette studieren – da gibt's noch viel zu entdecken! Wenn man die Aussicht dort oben genießt, vergisst man schnell die ausgedehnten Wälder, die am größten Teil des Weges den Blick begrenzen – aber auch das Haupt beschatten. Und darüber wird man an heißen Tagen froh sein.

Blick über die Hornalm auf den Schlern (rechts) und den Alpenhauptkamm.

KURZINFO

Talort: Salurn, 224 m, südlichster Ort Südtirols, Bhf. der Strecke Bozen – Trient, Buslinien von Neumarkt und Tramin.
Ausgangspunkt: Gfrill, 1328 m, Zufahrt auf schmaler Asphaltstraße.
Gehzeit: 3¾ Std.
Höhenunterschied: 460 m.
Anforderungen: Ein waches Auge für teils unscheinbare Markierungen.
Einkehr/Übernachtung: Hornalm, 1718 m (Tel. +39 0471 869 210 oder +39 338 102 2342).
Variante: Hornspitz, 1817 m, Hauptgipfel des Naturparks: Fahrweg bis unter den Sender, auf Waldweg nach links, erst rechts, dann links des Rückens zum versteckten Felsgipfel (kurzer Kletterabstecher), teils weglos in gleicher Richtung weiter zu einer Forststraße, darauf nach links und am Schwarzsee vorbei zum Anstiegsweg (viel Orientierungssinn nötig!).
Karten: Freytag & Berndt 1:50.000, WKS 7: Überetsch, Südtiroler Unterland. Tabacco 1:25.000, Blatt 049: Südtiroler Weinstraße.

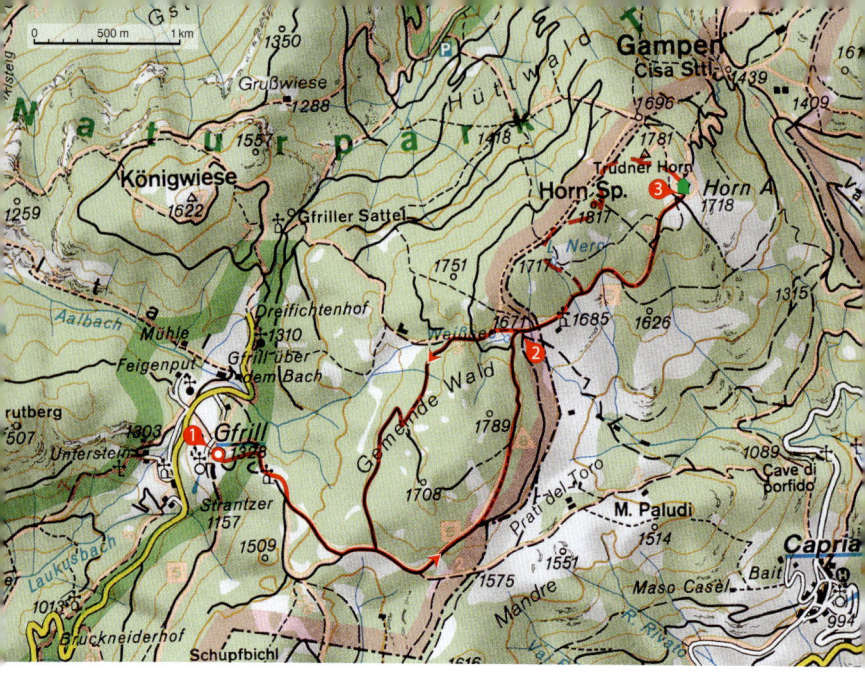

Die Wanderung beginnt auf dem Fahrweg, der in **Gfrill (1)** neben dem Parkplatz ansetzt und zum Wald hinaufführt. Dort folgt man mit **E5** gekennzeichneten Waldwegen, die die Schleifen der Forststraße abkürzen. Nach einem längeren Stück Waldweg treffen wir wieder auf die gekieste Forststraße und folgen dieser nach links. Eine bald abzweigende Forststraße, die in einer Linkskehre nach oben führt, ignorieren wir. Dann heißt es bald aufpassen: Wir müssen die relativ breite Forststraße an einer leicht zu übersehenden Stelle (Markierung am Baum) nach links verlassen und auf einem Waldweg weitergehen.

Wo links vor uns die Lichtung auftaucht, die den fast verlandeten **Weißsee (2)** beherbergt, treffen wir wieder auf ein Kiessträßchen und folgen diesem nach rechts (kurz davor ein kleiner, mit E5 markierter Abkürzer durch den Wald). Nach einer längeren Waldpassage öffnet sich der Blick nach Südosten und weckt Vorfreude auf die Brotzeit vor der **Hornalm (3)**, 1718 m – garniert mit beeindruckender Aussicht.

Nach genussvollem »Fern-Sehen« (»Lagorei« und »Pala« sind die Hauptprogramme) wandern wir zurück zum ehemaligen **Weißsee (2)**. Dort verlassen wir den Anstiegsweg und folgen dem Weg Nr. 3, der oberhalb des Sees vorbei weiterhin nach Westen führt. Wir behalten die Grundrichtung auch bei den Abzweigungen bei. So wandern wir nun auf einer unmarkierten Forststraße, die selbst zwar nicht besonders reizvoll ist, dafür aber immer wieder schöne Ausblicke über den südlichen Mendelkamm hinweg zur Brenta bietet. Bei einer Straßenverzweigung folgen wir der nach unten führenden rechten Straße. So treffen wir bald wieder auf den Anstiegsweg, folgen ihm nach rechts und gelangen so zurück nach **Gfrill (1)**.

Rast bei der Hornalm – im Hintergrund die Lagorai-Kette.

In Gfrills gotischer Kirche St. Margareth. Sie wurde erstmals um das Jahr 1400 erwähnt.

Ötztaler Alpen / Texelgruppe

51 Meraner Höhenweg, 2895 m

Um und durch den Naturpark Texelgruppe

Bergbauernhöfe, Hütten, Seen, Schalensteine und viel Aussicht
Meran wird im Norden von einem wuchtigen Gebirge dominiert, dessen Gipfel die Stadt bis zu 3000 Meter überragen – ein gewaltiger Höhenunterschied! Dieses Gebirge, die Texelgruppe, wird zwar nach den gängigen Alpeneinteilungen nur als Teil der (noch höheren) Ötztaler Alpen eingestuft – man kann sie aber auch als eigenständige Gebirgsgruppe sehen. Wer sich ein Bild von der Größe und Bedeutung der Texelgruppe machen will, umrundet sie am besten – auf dem Meraner Höhenweg; der führt nämlich gänzlich um die Gruppe herum. Dabei bewegt man sich meistens hoch oben über Passeier- und Etschtal auf den aussichtsreichen Hängen der Außenseite des Gebirges. Manche der malerisch gelegenen Bergbauernhöfe und Almen, die man am Weg passiert, bieten auch Quartier an. Die Etappen der Nordseite führen durch die beiden Hochtäler, die die Grenze zum Hauptkamm der Ötztaler Alpen bilden: das Pfossental, das zum Schnalstal hin entwässert, und das Pfelderer Tal, das sein Wasser zum Passeiertal hinabschickt. So schön die klassische Runde des Meraner Höhenwegs ist, sie hat einen Nachteil: Man ist einer der reizvollsten Naturschönheiten ganz Südtirols, den Spronser Seen, zwar ständig nahe, bekommt sie aber nie zu Gesicht. Deshalb schlage ich vor, auf den ohnehin nicht gar so spektakulären östlichen Teil der Umrundung zu verzichten und dafür von Pfelders durchs Faltschnaltal und übers Spronser Jöchl nach Meran zu wandern und die Texelgruppe damit zu überschreiten. So bekommt man wenigstens einen Teil der hoch gelegenen Seenplatte zu sehen – und kann am Pfitscher Sattel die geheimnisvollen Schalensteine bestaunen, für die dieses Gebiet bei urgeschichtlich Interessierten so berühmt ist. Streckenmäßig ist die vorgeschlagene Route zwar kürzer, sie bietet dafür aber auch neue Eindrücke, ist landschaftlich einfach abwechslungsreicher. Und diese Variante gibt einen guten Eindruck von der rauen Welt des Hochgebirges. Die Route verbindet damit die schönsten Abschnitte des klassischen Meraner Höhenwegs im Süden, Westen und Norden der Texelgruppe mit einer Durchquerung dieses Gebirges, das als Naturpark einem besonderen Schutz unterliegt.

Die vorgeschlagenen Etappen lassen für den ersten und letzten Tag genug Zeit für eine längere An- und Abreise. Wer will, kann sich die Zeit dank der zahlreichen Unterkünfte problemlos anders einteilen.

Die Hohe Weiße (3278 m), gesehen von der Stettiner Hütte (2875 m).

KURZINFO

Talort: Meran, 325 m.
Ausgangspunkte: Klassischer Startort ist die Hochmuth-Seilbahn (7.30–19.00, 12.00–13.00 Uhr Mittagspause, Haslachstr. 64, 39019 Dorf Tirol, Tel. +39 0473 923 480, Bus 221 vom Bhf. Meran, Parkplatz zum mehrtägigen Abstellen des Kfz). Einen großen Parkplatz direkt am Meraner Höhenweg gibt es in Pfelders. Dorthin gelangt man auch, indem man per Ötztaler-Bus von Innsbruck nach Obergurgl fährt, weiter mit dem Timmelbus nach Moos i. P. und dort in den 240er-Bus von Meran umsteigt. Die günstigste Möglichkeit, öffentlich direkt an den Meraner Höhenweg zu gelangen, bietet der Bus 261 Meran – Naturns – Katharinaberg. Beliebte Seilbahn-»Zustiege« sind die Texelbahn (Zielstraße 11, 39020 Partschins, Tel. +39 0473 968 295, für Mehrtageswanderer kostenloser Parkplatz 3 gut 100 m Richtung Partschins beim Friedhof) sowie die Seilbahn Unterstell (Via Bersaglio, 2, 39025 Naturns, Tel. +39 0473 668 418).
Gehzeit: Knapp 30 Std., hier auf vier ganze und zwei halbe Tage aufgeteilt.
Höhenunterschied: Circa 4000 m.
Anforderungen: Bergwege und -pfade, die bei guten Bedingungen zwar Trittsicherheit erfordern, aber keine nennenswerten alpinistischen Schwierigkeiten aufweisen. Bei Nässe kann es stellenweise glitschig werden, bei Neuschnee können unscheinbare Wegabschnitte (v. a. am Faltschnaljöchl und Spronser Joch) unauffindbar sein. Um das Eisjöchl können sich Altschneereste lange halten, manchmal sogar ganzjährig. Dort bei Schnee bzw. Nebel genau an die Markierungen und Wegspuren halten! Orientierungsprobleme anderer Art können im Bereich der zahlreichen Höfestraßen und -wege im südwestlichen Teil des Höhenweges auftreten; dort immer nach Markierungen und Wegweisern Ausschau halten! Steinschlag ist v. a. während oder nach stärkeren Niederschlägen im Grabensystem des Lahnbachs (2. Tag) sowie am Weg zwischen Hochmuth und Hochganghaus möglich. Dort gibt es auch ausgesetzte (aber mit bergseitigen Halteseilen gesicherte) Abschnitte, die schwindelanfälligen Menschen Probleme bereiten können. Auch der abschließende Jägersteig quert durch steiles Gelände; dem kann man über die Bockerhütte und das untere Spronser Tal ausweichen.
Beste Zeit: Wegen der Höhe des Eisjöchls (fast 2900 m) und der damit verbundenen Schneesituation ist eine Begehung der Runde in der Regel nur von Anfang Juli bis Ende September empfehlenswert. Schneefall ist aber auch im Sommer möglich, Flexibilität kann also hilfreich sein. Die südexponierten Abschnitte zwischen Hochmuth und Katharinaberg können auch in den Übergangsjahreszeiten begangen werden – was wegen der farbenprächtigen Vegetation im Frühjahr und der klaren Luft im Herbst sogar besonders schön ist.

Meran (325 m über Meer), gesehen von den Hängen der Texegruppe.

Ötztaler Alpen / Texelgruppe

Einkehr/Übernachtung: Am Meraner Höhenweg gibt es so viele Unterkunftsmöglichkeiten, dass man von der vorgeschlagenen Etappenplanung leicht abweichen kann. So kann sich jeder Wanderer selbst überlegen, wie lange er pro Tag unterwegs sein will. Diese Überlegungen sollte man möglichst schon vorher anstellen, weil man die Quartiere reservieren sollte (und fairerweise auch wieder absagen, falls sich etwas ändert). In der beschriebenen Gehrichtung trifft man der Reihe nach auf folgende Einkehrmöglichkeiten (wo übernachtet werden kann, ist die Telefonnummer angegeben, bei geringer Kapazität der Unterkünfte teilweise auch die Zahl der Übernachtungsplätze):

1. Tag: Gasthof Hochmuth, 1361 m (17 Betten, Tel. +39 333 266 8484); Steinegg, 1400 m; Leiteralm, 1522 m (Tel. +39 333 6255903); Hochganghaus, 1839 m (40 Lager, Tel. +39 0473 443 310).

2. Tag: Tablander Alm, 1788 m; Nasereithütte, 1523 m (+39 0473 968 222); Gasthaus Giggelberg, 1565 m (17 Betten, 4 Lager, Tel. +39 0473 967 566); Pirchhof, 1445 m (2 Doppelzimmer, zusätzlich Lager, Tel. +39 0473 667812).

3. Tag: Galmein, 1384 m; Linthof, 1464 m (1 Mehrbett, 1 Doppelzimmer, Tel. +39 0473 667 884); Patleidhof, 1386 m (4 Doppelzimmer, zusätzl. Lager im hist. Bauernhaus, Tel. +39 0473 667 767); Kopfron, 1436 m; Hotel am Fels,

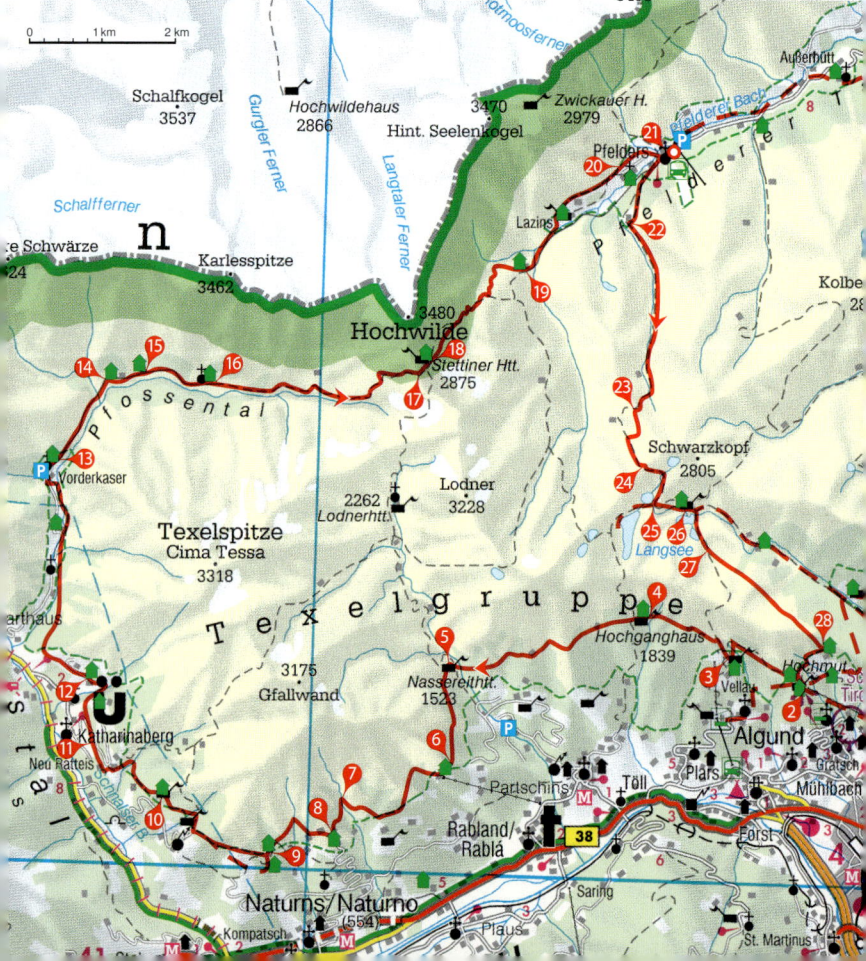

Ötztaler Alpen / Texelgruppe

Katharinaberg Nr. 61, Tel. +39 0473 679139; Untervernatschhof, 1500 m (10 Betten, Tel. +39 0473 679 241); Montfert, 1471 m (Bioland-Bauernhof, Abendessen und Frühstück für Übernachtungsgäste), 4 Zimmer, Tel. +39 0473 679 236); Nassreidhof, 1535 m (5 Doppel-, 1 Mehrbettzimmer, Tel. +39 0473 679 233); Jägerrast, Vorderkaser, 1693 m (7 Doppelzimmer, Tel. +39 0473 679 230); Mitterkaser Alm, 1954 m (+39 333 374 7779 oder +39 333 787 5636); Rableidalm, 2004 m (25 Betten, Tel. +39 0473 420 631 oder +39 335 366 766).

4. Tag: Eishof, 2071 m (28 Betten, Tel. +39 0473 420 524 oder +39 347 134 1721); Stettiner Hütte, 2875 m (CAI/Land, mehrere Schlafcontainer, Tel. +39 0473 424 244); Lazinser Kaser, 1860 m; Lazinser Hof, 1782 m; Gasthaus Zeppichl, 1676 m (25 Betten, Tel. +39 0473 646 762).

5. Tag: Pension Wiesental, Pfelders 28 (Tel. +39 0473 646 712); Hotel Pfeldererhof, Pfelders, 1628 m (30–40 Betten, Tel. +39 0473 646 706); Faltschnalalm, 1871 m; Oberkaser, 2131 m (10 Zimmerlager, 35 Matratzenlager, Tel. +39 0473 923 488 oder +39 349 0720 957).

6. Tag: Ghf. Mutkopf, 1684 m; Steinegg, 1400 m; Ghf. Hochmuth, 1361 m.

Varianten: 1) Wegfortsetzung ab Pfelders auf dem klassischen Meraner Höhenweg: Von Pfelders (21) talaus, bei Außerhütt nach rechts hinauf, durch Ulfas, am Hang entlang nach Christl, wo der Weg nach Süden umbiegt und über Matatz (gut 5 Std.) Richtung Meran führt (weitere 6½ Std. bis Hochmuth). Dabei kommt man an folgenden Gasthäusern vorbei: Gasthaus Bergkristall; Gasthof Innerhütt (Tel. +39 0473 646 818); Unterchristl Hof (Christl, Tel. +39 0473 656 246); Valtelehof (Matatz, Tel. +39 0473 641 329); Krusterhof (Matatz, Tel. +39 0473 641 335); Gasthof Magdfeld (Tel. +39 0473 641 249); Hofschenke Alpenland (Tel. +39 335 563 2580 oder +39 348 776 8296); Gasthaus Brunner (Tel. +39 0473 241 036); Unterthurnerhof (einst »Bergrast«, Tel. +39 345 8114918); Berggasthof Walde (Tel. +39 0473 241 196); Gasthaus Longfall; Talbauer (Hüttenlager, Tel. +39 0473 229 950). Ab Longfall kann man auf dem Weg der Variante 2 in 1 Std. direkt zur Talstation (1) abkürzen.

2) Am letzten Tag direkter Abstieg von der Oberkaser Alm (26) durchs Spronser Tal über die Bockerhütte, 1717 m (3 Zimmer, 30 Lager, Tel. +39 0473 424 030 oder +39 349 770 762) sowie die Gasthäuser Longfall und Tiroler Kreuz zur Talstation der Hochmuth-Bahn (1); 3 Std.

Karten: Kompass-Wanderkarte Bl. 043, 1:25.000: Naturpark Texelgruppe, Meraner Höhenweg. Tabacco 1:25.000, Blatt 11: Meran und Umgebung; Blatt 39: Passeiertal.

Die erste Etappe führt durch die Flanken der Mutspitze. Links das Etschtal.

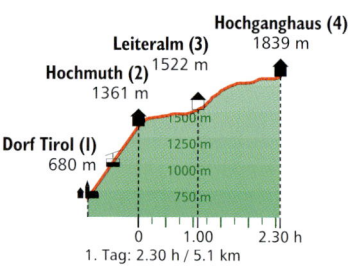

1. Tag: 2.30 h / 5.1 km

Stilvoll: das Hochganghaus.

1. Tag: Von **Dorf Tirol (1)** schweben wir hinauf zum Gasthof **Hochmuth (2)**, 1361 m. Dort starten wir der Markierung 24 folgend bergauf. Schon nach 10 Minuten ist das **Gasthaus Steinegg**, 1410 m, erreicht. Nach dem kurzen Prolog folgt gleich die imposante Ouvertüre: Der Hans-Frieden-Weg, der luftig durch steiles Gelände quert – gut ausgebaut, mit Sicherungen versehen und nicht schwierig, aber eben doch ausgesetzt; Stolpern ist hier an manchen Stellen nicht angesagt. Steinschlag ist nicht auszuschließen, daher sollte man zügig weitergehen. Nach einem Graben geht es auf einen Geländerücken und zur **Leiteralm (3)**, 1522 m. Durch Wald und über eine stabile Hängebrücke wandern wir dann zum **Hochganghaus (4)**, 1839 m.

2. Tag: Wir starten nach Westen und lassen die Abzweigung zur Lodnerhütte (Franz-Huber-Steig) rechts zurück. Über die Goiener Alm und die

Ötztaler Alpen / Texelgruppe

Hohe Wiege – eine teils steile Geländerippe mit Super-Aussicht – steuern wir die **Tablander Alm**, 1788 m, an, die sich als »Hollersaft-Tankstelle« anbietet. Der AVS-Jugendweg führt weiter zur **Nasereithütte (5)**, 1523 m. Von dort quert unser Weg durch den rechten Hang talaus. Im folgenden Wald geht es in mühsamem Auf und Ab zum **Gasthaus Giggelberg (6)**, 1565 m (Bergstation der Texelbahn von Partschins). Nach Querung des Schindelbachtals und einem ansteigenden Stück Asphaltstraße passieren wir den Hof **Hochforch**, 1555 m (keine Einkehr mehr). Bald danach geht es hinab in einen der wildesten Abschnitte am südlichen Meraner Höhenweg: das Lahnbach-Grabensystem, bekannt als **1000-Stufen-Schlucht (7)**. Sie wird mithilfe vieler Treppen, Halteseile und einer Hängebrücke durchquert. Im **Pirchhof (8)**, 1445 m, übernachten wir.

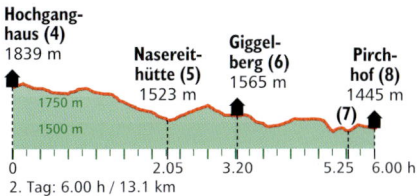

Die zweite Tagesetappe verläuft durch die Hänge des Tschigat (ganz rechts) ins Zieltal (Bildmitte) und weiter durch die Hänge der Zielspitze.

Bewässerung am Sonnenberg.

3. Tag: Auf der asphaltierten Zufahrtsstraße geht es erst neben einer von Smaragdeidechsen besiedelten Steinböschung bergab. Nach einer Kurve gehen wir nach rechts zum **Grubhof**, 1377 m. Nach einer weiteren Hängebrücke passieren wir die Jausenstation **Galmein**, 1384 m, und den Hof **Innerforch**, 1470 m. Am folgenden Aussichts-»Balkon« hoch über der Schnalstalmündung lockt der **Linthof (9)**, 1464 m, zur Einkehr; wer sich die Etappen anders einteilt, kann hier auch übernachten, ebenso beim 80 m unterhalb gelegenen **Patleidhof**, 1386 m, in einem behutsam renovierten historischen Hofgebäude. Vom unteren Hof geht man auf dem Weg Nr. 10/24a weiter, um bald darauf wieder auf den eigentlichen Meraner Höhenweg zu treffen. Gleich nach dem Hof **Inner-Unterstell**, 1470 m, folgen wir der nach oben führenden Straße, verlassen sie aber gleich wieder auf einen nach links abzweigenden Pfad. Bei der Jausenstation **Kopfron (10)**, 1436 m, gehen wir einige Meter bergab und folgen dann wieder einem querenden Pfad. Nach Überwindung einer ausgeprägten Bachkerbe gehen wir links um den **Unterperflhof** herum. Bald lassen wir die Abzweigung nach **Katharinaberg (11)** links zurück und wandern oberhalb des Dorfes vorbei zum Graben des Montfertbaches, in dessen Nähe zwei schöne Unterkünfte liegen: Kurz davor an der Straße oberhalb des Weges der **Untervernatschhof**, zu dem man knapp 150 Meter vor dem Bach nach rechts abbiegt, nach dem Graben der **Montferthof (12)**, 1471 m. Über einen Geländerücken schwenken wir bald darauf in die raue Welt des Pfossentals ein. Zunächst wandern wir noch hoch über dem Tal (über eine Rutschung mit losem Gestein), dann nähern sich die Talstraße und unser Weg an. Wir bleiben aber rechts davon, lassen den **Nassreidhof**, 1535 m, links liegen und wandern vom Rauschen

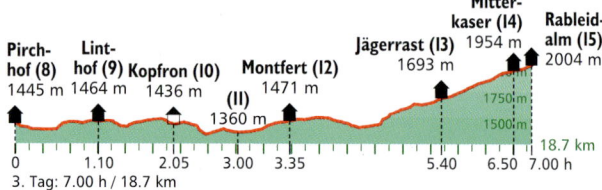

des Baches begleitet zum Vorderkaser mit dem **Gasthof Jägerrast (13)**, 1693 m. Ein Versorgungsweg leitet schließlich am **Mitterkaser (14)**, 1954 m, vorbei zur **Rableidalm (15),** 2004 m, dem nächsten Nachtquartier.

4. Tag: Im Gegensatz zu den letzten Tagen geht es nun nicht mehr hoch über dem Tal, sondern im Talgrund dahin: anfangs tief unten im Vergleich zur hochalpinen Umgebung, aber doch in großer Höhe über dem Meer. Am Scheitelpunkt der Etappe und der ganzen Tour kommen wir dann der 3000-Meter-Marke nahe! Zunächst beginnt der Tag ganz sanft auf einem Versorgungsweg. Der **Eishof (16)**, 2071 m, bis 1897 der höchste Dauersiedlungsplatz der Ostalpen, lockt heute zu einem zweiten Frühstück. Etwas weiter talein und höher (auf etwa 2500 m), im Bereich der **Grubalm**, fand man mittelsteinzeitliche Feuerstein-Werkstücke aus der Zeit von 5800 bis 4500 vor Christus; hier waren also schon Menschen unterwegs, lange bevor »Ötzi« am Tisenjoch starb. Ein ehemaliger Militärweg führt weiter talein. Links über uns das 3152 m hohe Gurgler Eisjoch, über das bis 1963 noch Schafe auf die Weidegebiete der Gurgler Großalm in Nordtirol getrieben worden sind (über Nieder- und Hochjoch weiter westlich werden bis heute Schafe zu den altangestammten Weiden in Nordtirol getrieben).

Zunehmend steil schlängelt sich unser Weg schließlich zum Kulminationspunkt des Meraner Höhenwegs, dem **Eisjöchl (17)**, 2895 m. Gletschereis trifft man dort trotz des Namens keines mehr an, oft aber Schnee. Durchgehend schneefrei ist es dort oben in manchen Jahren nur für einige Wochen. Vom Eisjöchl queren wir in wenigen Minuten hinüber zur **Stettiner Hütte (18)**, 2875 m, also zu den Gebäuden, die hier wieder entstanden sind, seit

Hoch über dem Schnalstal gelegen: der Unterperflhof.

Im Pfossental – Blick talein.

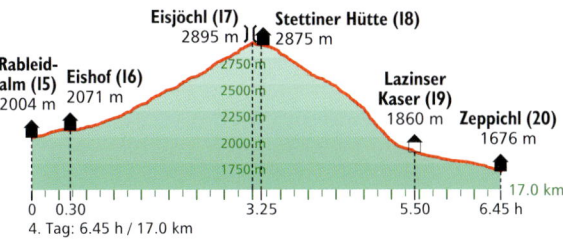

Blick vom Eisjöchl zur Stettiner Hütte und zum Zillertaler Hauptkamm.

Blick von Pfelders Richtung Eisjöchl.

das einst große Unterkunftshaus im Februar 2014 von einer Lawine weitgehend zerstört wurde. Manche reizt es vielleicht, hier oben zu übernachten. Wer es nicht gewohnt ist, wird nach einer Nacht in dieser Höhe aber Ringe unter den Augen haben; schlafen kann man weiter unten nämlich besser. So gehen wir am Nachmittag nach Osten hinab. Dabei halten wir uns zunächst an einen alten Militärweg. Wo nahe einer großen Endmoräne der Pfelderer Höhenweg links abzweigt, gehen wir nach rechts über eine Art Damm. Weiter unten wurde der Militärweg wegen eines Felssturzes gesperrt. Die nach links steil hinabführende Umgehung wurde 2019 zu einem breiten, stabilen Weg ausgebaut. Vom Hangfuß wandern wir quer hinüber zur **Lazinser Kaser (19)**. Schließlich geht es relativ flach talaus, über den Lazinser Hof zum **Gasthaus Zeppichl (20)**, 1676 m, auf der linken Talseite (mehr Quartiere im nahen Pfelders).

5. Tag: Zunächst gehen wir hinunter nach **Pfelders (21)**, 1628 m. Dort verlassen wir den klassischen Meraner Höhenweg und streben nach rechts zum südwestlichen Ortsrand.

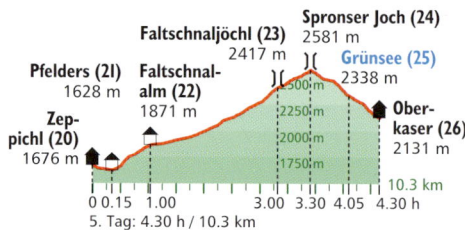

Wir steigen nun auf einem Fahrweg an; gleich nachdem dieser nach links umbiegt, wechseln wir auf den Waldpfad Nr. 6 zur **Faltschnalalm (22)**, 1871 m. Wieder auf einem Fahrweg, ist gleich darauf die Alm erreicht. Dort geht es nach links in das lange Faltschnaltal. Erst im hinteren Talbereich zieht der schmale, aber problemlose Pfad nach rechts hinauf zum **Faltschnaljöchl (23)**, 2417 m. Dort nach links, gehen wir auf dem jetzt steinigeren Pfad unter der Schieferspitze nach Süden. Wo von rechts der Weg aus dem Lazinstal mündet, halten wir uns links und erreichen bald das **Spronser Joch (24)**, 2581 m. Von nun an geht's bergab zu den Spronser Seen: erst zur Verlandungszone des kleinen Schiefersees, um diesen links herum und über eine Geländestufe zum Abfluss des **Grünsees (25)**, 2338 m. Von dort bietet sich ein kurzer Abstecher nach rechts hinauf zum größten der Spronser Seen an, dem Langsee. Vom Grünsee ist es nicht mehr weit zur **Oberkaser Alm (26)**, 2131 m, unserem letzten Quartier.

6. Tag: Gut 100 m nach der gastlichen Alm zweigen wir nach rechts ab und wandern an der **Kaser Lacke** und der **Pfitscher Lacke**, 2126 m, vorbei zum nur wenig höheren **Pfitscher Sattel (27)**. Dort gibt es das wohl bekannteste Südtiroler Schalensteinvorkommen mit über 600 Schalen und Gravuren auf einer Fläche von 50 mal 50 m – wahrscheinlich ein bronzezeitlicher Brandopferplatz (siehe P. Gleirscher: »Ein urzeitliches Bergheiligtum am Pfitscher Jöchl über Dorf Tirol?« In: Schlern-Schriften, Nr. 67, 1993). Wir gehen weiter nach Südosten, lassen die Abzweigung zur Taufenscharte rechts und die zur Bockerhütte links zurück. So queren wir dann auf dem stellenweise schmalen **Jägersteig** durch die Nordostflanke der Mutspitze zum Mutkopfrücken, auf dem das **Gasthaus Mutkopf (28)**, 1684 m, thront. Der Weg Nr. 22 führt dann zurück zum Gasthof **Hochmuth (2)**.

Wenn das Auto an der **Talstation (1)** steht, schwebt man per Bahn hinab. Ansonsten sei als Abstieg der luftige, aber gesicherte Vellauer Felsenweg als Finale empfohlen. Von Vellau kommt man per Bus 235 direkt zum Bahnhof **Meran**.

Am Schiefersee beim Spronser Joch.

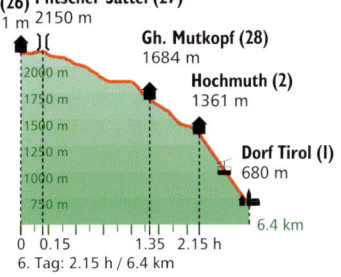

Unten die Kaser Lacke, ganz am rechten Bildrand der Pfitscher Sattel.

Sarntaler Alpen

52 Sarner Hufeisenrunde mit Hirzer, 2781 m

Klassische Rundtour im Herzen Südtirols

Aussichtsreicher Höhenweg mit vielen Gipfelmöglichkeiten

Das Sarntal mit seiner Bergwelt kann auch im 21. Jahrhundert noch als »Geheimtipp« gelten. Hier sind traditionelles Leben, Arbeiten und Feiern noch authentischer erhalten als in den meisten anderen Alpenregionen. Das liegt u. a. an der bis ins 20. Jahrhundert großen Abgeschiedenheit des Tals. Es liegt zwar nahe an Bozen, war aber nur von dort und durch eine eng eingeschnittene Schlucht für Fuhrwerke zugänglich. Im Westen, Norden und Osten umschließt eine hufeisenförmige Bergumrahmung die Talschaft. Das Penser Joch, das im Norden dieser Bergkette einen Übergang bietet, wurde erst in den 1930er-Jahren als Militärstraße ausgebaut. Auch mit dem Ausbau und der Freigabe für jedermann kam kein nennenswerter Durchgangsverkehr ins Tal, denn wer einfach nur von Sterzing nach Bozen will, fährt auch heute noch durchs Eisacktal.

Als Gebirge haben die Sarntaler Alpen einen eher zahmen Ruf. Das stimmt insofern, als es dort nirgends über die magische 3000er-Grenze hinausgeht und es keine Gletscher gibt. Aber die Topografie ist immerhin wild genug, dass sie im Nordwesten keine einfache Wegführung über den Gebirgsrücken zulässt: Als normaler Wanderer muss man zwischen Penser Weißhorn und Hirzer ins Tal absteigen und ein Stück ganz unten zurücklegen. Das mag man als Schönheitsfehler sehen. Angesichts des urtümlichen Charakters des Tals kann man diesem Umweg aber durchaus auch etwas abgewinnen, denn damit kommt man durch fast unverfälschtes Bergbauernland mit kleinen Dörfern und frei stehenden Gehöften. Dass dabei auch ein komfortables Talquartier angesteuert wird, werden die meisten Bergfreunde als angenehmen Nebeneffekt empfinden.

Die landschaftliche Vielfalt der Sarntaler Alpen erlebt man am eindrucksvollsten, wenn man Bozen als Ausgangs- und Zielort wählt, das Hufeisen also voll ausgeht und damit auch die südlichen, besonders sanft geformten Ausläufer des Gebirges miteinbezieht. Die haben auf den zweiten und dritten Blick nämlich durchaus auch ihre Reize, so z. B. die berühmten Rittener Erdpyramiden. Sie bestehen aus eiszeitlichem Moränenmaterial, das durch Starkregen ausgewaschen wurde. Wo besonders große Gesteinsbrocken an der Oberfläche waren, wurde das Lockermaterial darunter geschützt, das dadurch oft sogar turmförmig erhalten blieb. Manche der Decksteine liegen noch mehr oder weniger labil darauf.

Am vorletzten Tag weicht der Routenvorschlag deutlich von der klassischen Runde ab, schließlich lockt der höchste Berg der Gruppe mit einem verhältnismäßig leichten Gipfelanstieg zu einem Umweg; als Ausgleich für die zusätzlichen Mühen sparen wir uns an diesem Tag dann den Schlussanstieg zur Kesselberghütte und schlendern dafür gleich zur Meraner Hütte hinab. Zum Abschluss folgen wir bei der langen Runde dem Europäischen Fernwanderweg 5 über den Tschöggelberg nach Jenesien, von wo wir die große Runde mit einer bequemen Seilbahnfahrt nach Bozen abschließen.

Sarntaler Alpen

KURZINFO

Talort: Bozen, 260 m.
Ausgangspunkt: Rittner Seilbahn nach Oberbozen, Talstation nordöstlich des Bozner Bahnhofs. Variante 1: Sarnthein, 961 m, im Sarntal, Parkplätze im Süden, Bus 150 von Bozen.
Gehzeit: Rund 40 Std., 7 Tage.
Höhenunterschied: 4900 m aufwärts, 5475 m abwärts.
Anforderungen: Wenn man auf die anspruchsvolleren Gipfelabstecher (Tagewaldhorn, Penser Weißhorn) verzichtet, bleibt die Route im »roten Bereich« unserer Schwierigkeitsskala. Die Runde verläuft auf Wegen und Pfaden, die bei guten Bedingungen Trittsicherheit erfordern, aber keine wirklich ernsten alpinistischen Schwierigkeiten bieten. Bei Nässe können manche Abschnitte unangenehm sein, bei Neuschnee können manche Wegabschnitte (z. B. zwischen Fortschellscharte und Tellerjoch) unauffindbar werden. Altschnee kann sich an der Hörtlaner Scharte oder am Gröller Joch länger halten.
Beste Zeit: Sommer und Spätsommer. Im Frühsommer sollte man sich nach der Schneelage erkundigen. In der Regel ist eine Begehung des Sarner Hufeisens von Ende Juni bis Mitte/Ende September empfehlenswert. Schneefall ist aber auch im Sommer nicht auszuschließen.
Einkehr/Übernachtung: Da die Unterkunftsmöglichkeiten am Sarner Hufeisen teilweise relativ weit auseinanderliegen, kann man nicht überall ausweichen, wenn die Hütten voll belegt sind. Reservierung ist daher – zumindest in der Hochsaison – auch für Einzelwanderer dringend zu empfehlen. Wenn man gegen den Uhrzeigersinn geht, trifft man der Reihe nach auf folgende Einkehrmöglichkeiten und Unterkünfte:
1. Tag: Gasthöfe in Klobenstein und Lengmoos, Gasthof Bad Siess, 1434 m (Tel. +39 0471 356 492); Gasthof Pemmern, 1532 m (Tel. +39 0471 356 431); Gasthof Unterhorn, 2042 m (Tel. +39 0471 356 371); Rittner-Horn-Haus, 2260 m (CAI/Land, Tel. +39 340 802 8521).
2. Tag: Latzfonser-Kreuz-Hütte, 2302 m (Tel. +39 0472 545 017).
3. Tag: Flaggerschartenhütte (Marburg-Siegener-Hütte, CAI/Land), 2481 m (Tel. +39 347 828 4867, +39 340 937 2144).
4. Tag: Penser-Joch-Alm, 2158 m; Alpenrosenhof am Penser Joch, 2211 m (Tel. +39 0472 647170 oder +39 335 6547582).

An der Latzfonser-Kreuz-Hütte – ein traumhafter Platz.

5. Tag: Murrerhof (Weißenbach 18, Tel. +39 0471 627 121); Hotel Feldrand (Weißenbach Nr. 55, Tel. +39 0471 627 101); Gasthof Rabenstein (Muls 6, Tel. +39 0471 627 347).

6. Tag: Durralm, 1568 m; Anteranalm, 2053 m; Meraner Hütte, 1940 m (AVS, Tel. +39 0473 279 405).

7. Tag: Möltner Kaser, 1763 m; Langfenn, 1527 m; Gasthof Edelweiß, 1351 m; Gasthöfe in Jenesien.

Variante 2 (am 2. Tag): Stöfflhütte, 2057 m (Tel. +39 338 73 19 464).

Variante 4 (am 6. Tag): Kesselberghütte, 2300 m, Mittager Hütte, 2260 m.

Sonnenaufgang nahe der Flaggerschartenhütte – rechts im Hintergrund die Dolomiten.

(Seil-)Bahnen: Seilbahn Bozen (Rittner Str. 12) – Oberbozen, Tel. +39 0471 345 121, fährt im 4-Minuten-Takt; Schmalspurbahn Oberbozen – Klobenstein (Rittner »Bahndl«), verkehrt stündlich; Rittnerhorn-Seilbahnen, Tel. +39 0471 352 993; Seilbahn Jenesien – Bozen, Tel. +39 0471 978 436 (Mittagspause 12–15 Uhr).

Varianten: 1) Gerne wird die »klassische« Hufeisentour mit Sarnthein als Ausgangspunkt gewählt. Angesichts besserer Parkmöglichkeiten als in Bozen ist das bei Anreise mit dem Auto vorteilhaft. Dann übernachtet man am besten gleich im Ort, um die Auftaktetappe mit ihrer satten Anstiegsleistung auf einen ganzen Tourentag verteilen zu können. Wer die erste Etappe nicht gar zu stramm haben will, kann bis zum Thaler, 1459 m, ein Taxi nehmen und sich damit etwa 1¼ Std. Aufstieg sparen. Die Markierung 3 leitet über die Westhänge des Villanderer-Berg-Massivs – erst über Wiesen (immer wieder Hofzufahrtssträßchen berührend), dann durch Wald und schließlich über zunehmend steiles Matten- und Schrofengelände, bevor beim Biwak am Sarner Schartl, 2380 m, der höchste Punkt des Tages erreicht ist. Jenseits hinab ins Tal des Plattenbachs, queren wir über viele Bäche hinweg zum Gasteiger Sattel (9). Dort rechts und hinauf zum Rittner-Horn-Haus (8). Ab dem zweiten Tag folgen wir der Hauptroute. Am letzten Tourentag verlassen wir den E 5 am Auener Jöchl (29) nach links zur Auener Alm, 1798 m. Bald darauf ist die Sarner Skihütte, 1614 m, erreicht, von der ein Wanderweg (die Zufahrtsstraße wiederholt berührend) nach Sarnthein hinabführt.

2) Bei oder nach Regenwetter kann es angenehmer sein, die Feuchtzonen der Jocherer Alm (2. Tag) östlich zu umgehen. Dazu wandert man vom Gasteiger Sattel (9) auf Weg 7 oder auf der Villanderer Alm (Weg 6) Richtung Moar in Plun und geht dann der Markierung 0 folgend zur Stöfflhütte, 2057 m. Der Weg 1a trifft schließlich wieder auf die Hauptroute.

3) Erfahrene Bergsteiger, die bei stabilem Wetter am Tellerjoch (12) am 3. Tag noch Zeit- und Konditionsreserven haben, können von dort fast weglos nach rechts zur sehr aussichtsreichen Jakobspitze aufsteigen: zunächst über einen breiten Rücken, dann auf und knapp rechts eines anregenden Felsgrates (teils knapp I). Auf dem nach Norden führenden, nicht zu verfehlenden Steig kommt man dann eine gute Stunde später auf der Flaggerscharterhütte (13) an.

4) Am vorletzten Tag kann man den Hirzer natürlich auch auslassen und stattdessen auf dem klassischen Hufeisenweg unter der Durralm (22) vorbei durchs Sagbachtal direkt zum Missensteiner Joch (26) gehen. Mit der gesparten Kraft kann man von dort nach links über die Kesselberghütte auf den Großen Mittager, 2422 m, steigen und anschließend über die Mittager Hütte zur Meraner Hütte (27) absteigen.

Karten: Tabacco 1:25.000, Blatt 40: Sarntaler Alpen.

Sarntaler Alpen

Enge Gassen in Bozen, Ausgangspunkt der Hufeisentour.

1. Tag: Angesichts der tiefen Lage von **Bozen (1)**, 260 m, nutzt man sinnvollerweise öffentliche Verkehrsmittel, um auf die Höhen zu kommen: Zunächst (ca. 300 Meter nordöstlich des Bahnhofs) die Seilbahn nach **Oberbozen (2),** 1220 m, dann die historische Schmalspurbahn (»das Bahndl«, seit 1907 unterwegs) bis zur Endstation in **Klobenstein (3)**. Von dort verkehrt zwar zweimal täglich der Linienbus 161 zur Talstation der Rittner-Horn-Seilbahn (6) beim Gasthaus Pemmern, dieser Streckenabschnitt bietet sich aber auch als attraktive Auftaktetappe an: Zunächst spazieren wir entlang der Straße nach **Lengmoos** (Gasthof Amtmann mit schönem Biergarten am Weiher!). Gleich nach dem Café Erdpyramiden verlassen wir die Straße nach rechts, um auf einem schön angelegten Wanderweg (24 blau) oberhalb der berühmten **Erdpyramiden (4)** entlangzugehen. Auf dem Weg 3a (blau) wandern wir zum alten Bauernbad **Bad Siess (5)**, 1434 m. Der Weg Nr. 9 (blau) führt schließlich zum Gasthof Pemmern und zur Talstation des Sessellifts der **Rittner-Horn-Seilbahn (6)**. Damit schaukeln wir auf die **Schwarzseespitze (7)**, 2070 m. Nach dem etwas tiefer gelegenen Unterhornhaus, 2042 m, steigen wir auf direktem Weg auf das **Rittner-Horn (8)**, das zwar alles andere als ein Horn ist, dafür aber eine Gipfelhütte, 2260 m, mit 360°-Rundblick bietet.

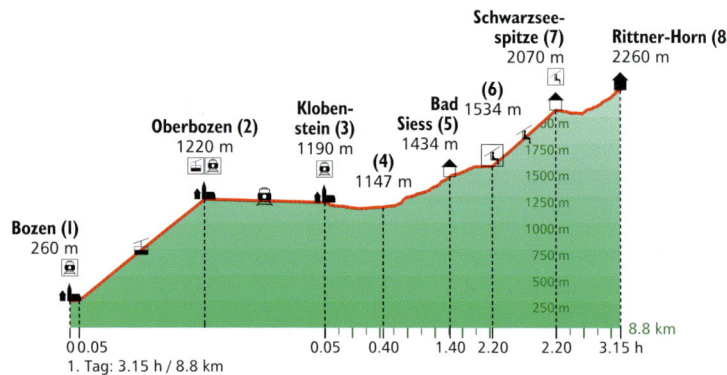

1. Tag: 3.15 h / 8.8 km

Sarntaler Alpen

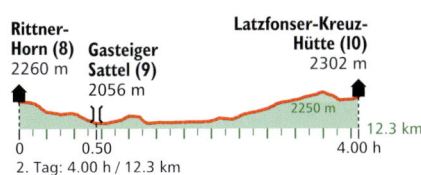

2. Tag: 4.00 h / 12.3 km

Die Rittener Erdpyramiden, ein Highlight am ersten Tourentag.

2. Tag: Den neuen Tag begrüßt man am besten mit dem Sonnenaufgang – auf einem Gipfel ein überwältigendes Erlebnis. Das Frühstück darf heute mal deftiger sein, schließlich geht es erstmal bergab – da muss man nicht sofort topfit sein. Der Markierung 1 folgend passieren wir das Gelände der Neuen Tramisalm, 2141 m, und den Sattelberg. Beim **Gasteiger Sattel (9)**, 2056 m, zweigt die erste Feuchtwetter-Variante Richtung Moar in Plun rechts ab. Auf dem Weg 1 gewinnen wir zum Bildstock »Große Froja«, 2161 m, wieder etwas an Höhe. Den Weg zum Villanderer Berg lassen wir links liegen und wandern hinab zu einem Güterweg (zweite Möglichkeit, auf die »Feuchtwetter-Variante« zu wechseln). Bei trockenen Bedingungen können wir auf dem Hauptweg (Nr. 1) bleiben und über die sanfte Plateaulandschaft der **Mooswiesen** weitergehen. Aber »nomen est omen!« – das Moos ist oft feucht, ja sumpfig. Ohne wirklich große Höhenunterschiede gelangen wir via **Jocherer Alm** und durch eine Senke mit Bildstock zum **Jocherer Berg**, dessen Gipfel rechts umgangen wird. Von einem weiteren Bildstock, 2342 m, geht es schließlich hinüber zu einer Verebnung, an deren Ostrand die **Latzfonser-Kreuz-Hütte (10)**, 2302 m, wartet. Bei sicherem Wetter kann man den Tag mit einer Abendwanderung auf die aussichtsreiche Kassianspitze, 2581 m, abrunden (1½ Std. rauf und runter).

3. Tag: Wir starten auf dem schmalen Weg, der von der Kirche weg ohne großen Höhenverlust am Hang entlang weiterführt. Stellenweise gesichert, leitet er um die Ausläufer der Kassianspitze herum zur **Fortschellscharte (11)**, 2299 m, die wir überschreiten. Nun geht es sanft bergab zu einer unscheinbaren Verzweigung: Der deutlichere Weg

Rast an der Fortschellscharte. Rechts im Hintergrund die Dolomiten.

Flaggerschartenhütte und -see.

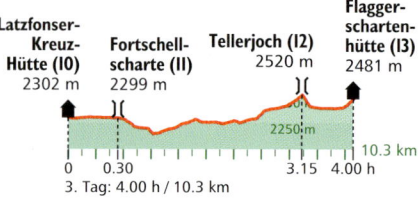

3. Tag: 4.00 h / 10.3 km

führt zum Durnholzer See. Wir wollen aber oben bleiben und folgen daher dem unauffälligeren, spitzwinklig nach rechts abzweigenden Weg, der nur durch eine Bodenmarkierung gekennzeichnet ist (Holzpfosten würden hier jeden Winter von Lawinen »weggeputzt« werden)! Wir kommen jetzt in militärisches Übungsgelände, in dem Blindgänger möglich sind – daher nicht vom Weg abweichen, ggf. ausgewiesenen Umleitungen folgen. Der Weg quert mehrere Mulden und Tälchen; in das erste tiefere Tal quert er als etwas rauer Steig hinab, ansonsten geht es relativ harmlos dahin. In einigen Latschenzonen gilt es jedoch aufzupassen, um sich nicht in den Gassen zu verirren. Nach einem steilen Anstieg wird das **Tellerjoch (12)**, 2520 m,

überschritten (dort alternativ nach rechts zur Variante über die Jakobspitze). Nach einem Abstieg und einer weiteren Querung steigen wir zur **Flaggerscharte**, 2436 m, hinauf. Von dort nach links gelangen in wenigen Minuten zur **Flaggerschartenhütte (13)**, 2481 m.

4. Tag: Den **Flaggersee** lassen wir links zurück. Nach einer Felspassage mit Sicherungen und der Abzweigung zum Tagewaldhorn steigen wir hinauf zur **Hörtlaner Scharte (14)**, 2600 m. Auf der anderen Seite geht es wieder bergab und westlich unter dem Tagewaldhorn vorbei. Die Abzweigung zur Traminscharte bleibt rechts zurück, auch den kurz darauf links abzweigenden Weg ins Tal nach Asten ignorieren wir. Durch einsames Gelände folgen wir den nicht immer deutlichen Markierungen und Pfadspuren und passieren den kleinen **Distelsee (15)**. Später geht es über eine Geländestufe auf den Nied(er)eck-Kamm. Dabei halten wir rechts, um auf den **Tatschspitz (16)** zu steigen. Der hat zwei Gipfel – der linke ist der höhere (2526 m). Beim Abstieg lösen wir uns bald vom bekannten Weg. Nach Querung der Nied(er)eck-Nordflanke leitet der Pfad durch steile Grashänge um den Astenberg zur **Penser-Joch-Alm**, 2158 m. Zum **Alpenrosenhof (17)** am Penser Joch, 2211 m, gelangt man entlang der Straße, alternativ auch über den Rücken rechts der Straße.

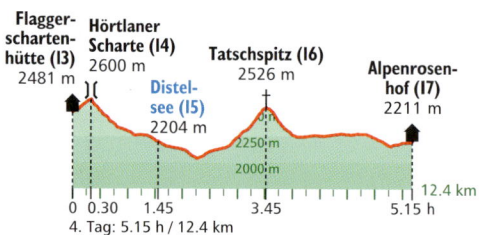

4. Tag: 5.15 h / 12.4 km

5. Tag: Am **Penser Joch** startet man gegenüber dem Gasthof. Der Wegweiser zum Weißhorn schickt uns leicht bergan zu einer Bank. Nach kurzem Abstieg zu zwei fast verlandeten Lacken folgt man dem linken, deutlicheren Weg. Eine Wegspur, die an einem Weidezaun geradeaus führt, lassen wir links liegen. Wir halten uns hier rechts und queren unter dem Rötenecker vorbei zu einem **Sattel**, 2359 m, an dem sich ein schöner Blick auf die Stubaier Alpen auftut.

Im weiteren Verlauf weicht der Weg der steil aufragenden Gartlspitze nach links aus und quert – oberhalb der kleinen Steinwandseen – in ein steiniges Kar. Unmittelbar vor dem **Gröller Joch (18)**, 2557 m, zweigt der anspruchsvolle Gipfelabstecher (Schwierigkeitsgrad I) aufs Weißhorn rechts ab.

Wir überschreiten das Gröller Joch. Jenseits steigen wir auf alpinem Steig mit vorsichtigem Tritt steil ab. Die Abzweigung zum Wannser Joch ignorierend gehen wir über eine Talstufe hinab zur **Oberbergalm (19)**, 1795 m. Auf einem befestigten Gütersträßchen geht es schließlich hinunter zum Ort **Weißenbach (20)**, 1335 m. Dort steuern wir den Murrerhof links des Weißenbachs an; man kann sich auch (ggf. per Linienbus) zu den talab gelegenen Unterkünften Hotel Feldrand oder Rabensteinerhof begeben.

Der Alpenrosenhof am Penser Joch.

6. Tag: In diesen Tag starten wir bequem mit einer kurzen Busfahrt zu der Haltestelle **Aberstückl (21)**, 1196 m. Durch den kleinen Bergweiler (1320 m) wandern wir auf einem Teersträßchen bergauf und schließlich talein. Bei einer scharfen Rechtskehre folgen wir dem Sagenweg nach links. Nach einem Bergbauernhof durchqueren wir den etwas abschüssigen Windlahner-Graben und gehen am Hangweg weiter ins Sagbachtal. Über eine Brücke und durch Buschwerk führt der Pfad auf einen Fahrweg. Dem taleinführenden Fahrweg folgt die klassische Hufeisenrunde – reizvoller ist es aber, sich hier auf einen Umweg zu begeben, um den Hirzer »mitzunehmen«: Dazu auf dem Karrenweg nach rechts hinauf zur **Durralm (22)**, 1568 m, wo der Weg einen Rechtsbogen beschreibt. Bei der **Premstallötzalm**, 1677 m, gehen wir nach links hinauf und halten über eine Weide auf einen freistehenden Baum zu. Auf schwachen Wegspuren gelangen wir durch steileres Weidegelände etwas rechts haltend zu einer Quellzone und bald danach zu einem querenden Höhenweg. Darauf nach links an der **Anteranalm (23)**, 2053 m, vorbei

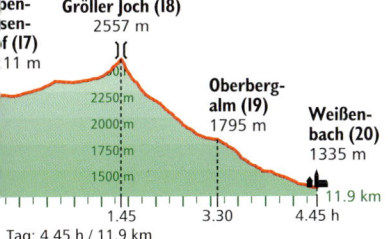

Tag: 4.45 h / 11.9 km

Sarntaler Alpen

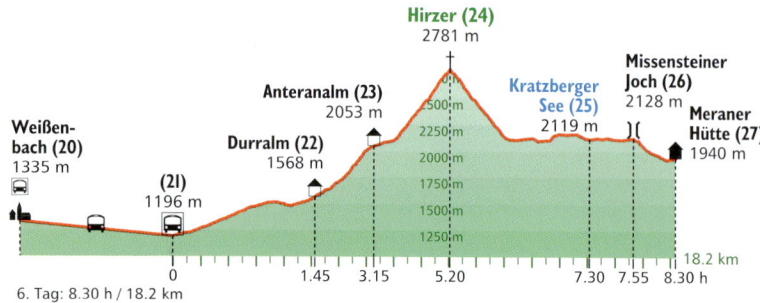

6. Tag: 8.30 h / 18.2 km

ziemlich eben zum Hangfuß. Dort trifft man auf den Europäischen Fernwanderweg 5. Nachdem wir nun schon tagelang durch die Sarntaler Alpen gestreift sind, sollten wir auch dem höchsten Berg der ganzen Gebirgsgruppe aufs Haupt steigen. Dazu folgen wir dem E5 nach rechts über alpine Matten Richtung Obere Scharte. Kurz davor halten wir rechts und steigen auf schmalem Pfad über einen steilen Schrofenhang auf den **Hirzer (24),** 2781 m.

Auf dem Anstiegsweg wandern wir zurück zur Verflachung der Anteranalm. Dort jetzt nicht zur kleinen Hütte, sondern geradeaus weiter – dabei genau auf die spärlichen Trittspuren achten! Im steilen Gelände wird der Weg wieder deutlicher und quert durch einige Gräben und über eine besonders markante Rippe zum **Kratzberger See (25),** 2119 m. Nach einer weiteren Geländerippe ist das **Missensteiner Joch (26),** 2128 m, erreicht. Nun ist unser Tagwerk bald vollbracht: Nach dem

Blick vom Gröller Joch auf den westlichen Ast der Sarntaler Alpen. Unten das Oberbergtal, durch das wir nach Weißenbach absteigen (5. Tag). Links das Penser Tal, darüber am Horizont das Missensteiner Joch (6. Tag).

Umweg über den Hirzer gönnen wir uns dafür jetzt den direkten Weg hinab zur **Meraner Hütte (27)**, 1940 m.

7. Tag: Die letzte Etappe verläuft gänzlich auf dem Europäischen Fernwanderweg 5. Nach der **Unteren Scharte**, 1964 m, folgen wir einem Bergrücken mit mehreren Kuppen und Sätteln: Wir passieren den Spieler, 2080 m, und gelangen ins **Kreuzjöchl,** 1984 m. Wir ignorieren die abzweigenden Wege und steigen geradewegs auf das **Kreuzjoch (28)**, 2086 m. Beim Abstieg geht es leicht nach links hinab. Nach einem kleinen Rücken ist dann das **Auener Jöchl (29)**, 1926 m, erreicht. Von dort hat man die Möglichkeit, nach Sarnthein abzusteigen (Variante 1, nach links).

Bleibt man oben, kann man bald nach rechts abkürzen (indem man dem E5 folgt) oder geradewegs weiter übers Schöneck, 2003 m, mit den »**Stoanernen Mandln« (30)** gehen. In beiden Fällen kommt man zur **Möltner Kaser (31)**, 1763 m. Vor der Alm nach rechts, führt der E5 nun am Rücken des Möltner Jochs nach Süden. Bei einer Verzweigung am Wiesenrand gehen wir geradeaus. Mit der E5-Markierung wandern wir hinab zum Parkplatz beim **Schermoos (32)**, 1449 m, und jenseits wieder hinauf nach **Langfenn (33)**, 1527 m – mit einem Gasthaus und der Kirche St. Jakob.

Zum Ausklang schlendern wir durch die fast schon paradiesische Parklandschaft des Salten zum **Gasthaus Edelweiß (34)** und schließlich nach **Jenesien (35)**, 1087 m. Dort Richtung Südosten am Seilbahn-Parkplatz vorbei zur Bergstation, von der wir mit der Gondel zu Tal schweben. Unten spazieren wir über die St.-Anton-Brücke, die Wassermauerpromenade und die Altstadt zum Bahnhof **Bozen (1)** – oder nehmen den Linienbus ab der Talstation.

Haflingerweide auf dem Saltenplateau.

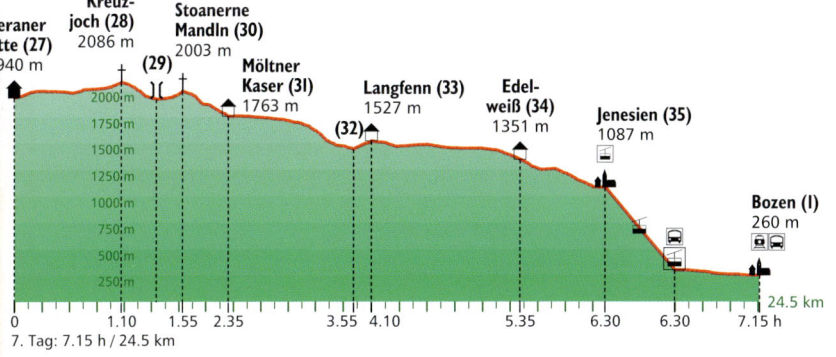

7. Tag: 7.15 h / 24.5 km

Stichwortverzeichnis

1000-Stufen-Schlucht 175

A
Aberstückl 145
Algund 96
Altenburg 158
archeoParc Schnals 16

B
Becherhaus 119
Bozen 182
Burgeis 31

C
Christl 173
Churburg 16
Cima Careser 65
Cruschetta 34
culturamartell, Nationalparkhaus 16

D
Dorf Tirol 98, 171
Dorigoni-Hütte 56, 65
Durnholz 135, 138
Düsseldorfer Hütte 43

E
Ebenes Jöchl 60
Eishof 173
Eisjöchl 85, 106, 177
Endkopf 22
Enzianhütte 49, 51, 54, 56

F
Flaggerschartenhütte 17, 135, 182
Flecknerspitze 127
Fortschellscharte 185
Franz-Huber-Steig 92
Frühlingstal 161
Furglauer Schlucht 152
Furkel 30

G
Gampenjoch 149
Gelbsee 60
Getrumalm 139, 142
Gfrill 167
Giggelberg 172

Gleckspitze 68
Gletscherlehrpfad 26
Glurns 18, 36
Graun 22
Grohmannhütte 120
Gröller Joch 132, 187
Große Laugenspitze 149
Gschnofer Stall 146

H
Halbweghütte 155
Haselgruber Hütte 68
Hasenöhrl 72
Hintere Eggenspitze 62
Hintere Rotspitze 56
Hinterer Seelenkogel 112
Hintere Schöntaufspitze 48
Hinteres Schöneck 43
Hirzer 101, 145, 180
Hirzerhütte 102
Hochganghaus 92, 96, 172
Hochmuth 172
Höchster Hütte 62
Hochwilde 84
Hoher Zahn 124
Hornalm 167

I
Im Hintern Eis 80

J
Jägerrast 84, 173
Jaggl 22
Jakobspitze 135, 183
Jaufenpass 128, 130
Jaufenspitze 130
Jenesien 183
Jocherer Alm 183

K
Kalterer See 158, 161, 164
Kaltern 152, 155, 158, 162, 164
Kassianspitze 139, 185

Katharinaberg 171, 173
Kirchbergalm 68
Kleiner Grünsee 60
Klobenstein 182
Kloster Marienberg 16
Konzenlacke 54
Kratzberger See 144
Kuppelwieser Alm 72
Kurzras 80

L
Lana 149
Langtauferer Eiswände 24
Langtauferer Tal 24
Latsch 74, 77
Latscher Joch 73, 74
Latzfonser-Kreuz-Hütte 138, 182
Laugenalm 149
Lazins 104, 110, 178
Lazinser Rötelspitze 104
Leiteralm 96, 174
Leuchtenburg 164
Lodnerhütte 88, 92, 104

M
Madritschjoch 50
Marteller Hütte 54
Martelltal 49, 51, 54, 56, 60
Matatz 173
Matsch 27
Matscher Tal 27
Melag 24
Mendelpass 152, 155
Meran 16, 98, 171
Meraner Höhenweg 170
Meraner Hütte 183
Mitterwaal 36
Moarerbergalm 117
Möltner Kaser 183
Monte Roen 155

Montiggler Seen 161
Moos in Passeier 117
N
Nasereithütte 172
Nationalpark Stilfserjoch 15
naturatrafoi, Nationalparkhaus 16
Naturns 171
Naturpark Texelgruppe 15, 104, 170
Naturpark Trudner Horn 15, 167
O
Oberetteshütte 27
Oberkaser 96, 173
Ötzi 82
P
Paradies 55
Partschins 88, 92, 171
Pederspitze 51
Penegal 152
Penser Joch 132, 182
Penser Weißhorn 132
Pfelderer Höhenweg 109
Pfelders 104, 110, 112, 171
Pfitscher Sattel 179
Pflerschtal 124
Piz Lat 20
Piz Sesvenna 34
Poschhaus 116
R
Rastenbachklamm 158
Reinswald 138, 142
Reschen 21
Ridnauntal 119
Rittener Erdpyramiden 180
Rittner-Horn-Haus 182
Roenalm 155
Rosimtal 46
Rosszähne 164

Roteck 88
Rötlspitz 40
S
Saldursee 27
Sällentjoch 59
Saltaus 102
Saltner Höhe 146
Salurn 167
Sarner Hufeisenrunde 180
Sarntal 132, 135, 144, 182
Sarnthein 182
S-charl-Jöchl 34
Schildspitze 51
Schlinig 31
Schloss Juval 16
Schloss Sigmundskron 16
Schloss Tirol 16, 98
Schnalstal 80, 82
Schnalstaler Gletscherbahn 80
Schneeberghütte 116
Schneebergscharte 116
Schneidalm 110, 112
Schöne Aussicht 80
Seebalm 135
Sesvennahütte 30
Sesvennascharte 30
Similaunhütte 82
Spronser Joch 179
Spronser Rötelspitze 95
Spronser Seen 170
Spronser Seenplatte 95
St. Anton 124
Sterzing 130, 132
Stettiner Hütte 84, 104, 109, 173
Stilfser Joch 40
St. Leonhard in Passeier 128, 130

St. Martin a. Schneeberg 118
St. Martin im Kofel 77
St. Michael 152
Südtiroler Archäologiemuseum 16
Südtiroler Weinmuseum 16
Sulden 43, 46, 48
T
Tappeinerweg 98
Tarscher Alm 72, 74
Tarscher Jochwaal 74
Taufers im Münstertal 34, 36
Teplitzer Hütte 120
Terlan 146
Tisenhof 82
Trafoi 40
Tribulaunhütte 124
Tschaufenhaus 146
Tschenglser Hochwand 43
U
Überetscher Hütte 155
Ultental 62, 65, 68, 72
V
Vermoispitze 77
Vernagt 82
Verschneid 146
Vorderkaser 84, 173
W
Weißbrunner See 62, 65, 68
Weißenbach 183
Weißhorn 187
Weißkugelhütte 24
Wilder Freiger 119
Wormisionssteig 40
Z
Zeppichl 173
Zufallhütte 54
Zufrittsee 60
Zwickauer Hütte 112

Impressum

Titelbild:
Im oberen Martelltal (Tour 13). Blick über die Zufallhütte zur Madritschspitze (3265 m).

Bild Seite 1:
Fast 3000 Meter über dem Meer, Blick übers ganze Land: Sonnenaufgang vor der Zwickauer Hütte am Hinteren Seelenkogel (Tour 32).

Alle 175 Fotos von Gerhard Hirtlreiter.

Der Autor:
Dr. Gerhard Hirtlreiter ist seit früher Jugend als Wanderer und Bergsteiger in Südtirol unterwegs. Er hat in Innsbruck und München Geowissenschaften studiert. Beim Rother Bergverlag gibt es von ihm u. a. das Wanderbuch »Südtirol Ost−Eisacktal, Pustertal, Dolomiten«, eine Reihe von Wanderführern wie »Antholz−Gsies«, »Bozen−Kaltern« und »Chiemsee« sowie die Langlaufführer »Münchner Loipen« und »Tiroler Loipen«.

Kartografie:
Wanderkarten im Maßstab 1:50.000 bei den Touren 1–50,
Übersichtskarten 1:150.000 (Tour 51), 1:185.000 (Tour 52) und
1:500.000 (hintere Buchklappe)
© Freytag & Berndt, Wien

4., überarbeitete und aktualisierte Auflage 2020
© Bergverlag Rother GmbH · München
Alle Rechte vorbehalten
ISBN 978-3-7633-3025-6

Liebe Bergfreunde!
Alle Angaben dieses Buches wurden vom Autor nach bestem Wissen recherchiert und vom Verlag mit größtmöglicher Sorgfalt überprüft. Für die Richtigkeit der Angaben kann jedoch – soweit gesetzlich zulässig – keine Haftung übernommen werden. Wir bitten dafür um Verständnis und freuen uns über jede Anregung bzw. Berichtigung zu diesem Rother Wanderbuch.

Rother Bergverlag · Keltenring 17 · D-82041 Oberhaching
Tel. (089) 60 86 69-0 · Fax 60 86 69 69
E-Mail: leserzuschrift@rother.de
Besuchen Sie uns im Internet: www.rother.de